이기는 말
WIN

WIN
by Frank Luntz

WIN

비즈니스를 승리로 이끄는 최상의 커뮤니케이션 전략

이기는 말

프랭크 런츠 지음 | 이진원 옮김

해냄

모든 비즈니스의 성공 뒤에는
'승자의 언어'가 있다

이 책은 '위대한 승자들을 성공으로 이끈, 가장 효과적인 커뮤니케이션의 실제'를 조사해 보자는 취지로 기획되었다. 최고의 성과를 내는 사람들이 어떻게 탁월한 소통의 기술을 이용해서 승리의 영광을 거머쥐는지를 조사한 것이다.

이를 위해 나는 《포춘》지 선정 500대 기업 경영인들과, 《포브스》지 선정 미국 최고 부자 400명, 자신의 활동 분야에서 정상에 오른 각계각층의 사람들과 30차례가 넘는 개별 인터뷰를 진행했다. 스티브 잡스, 버락 오바마, 잭 웰치, 오프라 윈프리에서부터 마이클 블룸버그, 도널드 럼스펠드, 루퍼트 머독, 셰릴 샌드버그, 스티브 윈까지, 수많은 인사들의 이야기를 통해 그들의 언어적 강점들이 어떻게 성공의 밑바탕이 됐는지를 면밀히 분석했다.

그들은 자신이 경영하는 기업을 위대한 위치에 올려놓았고, 자신이 이끄는 팀을 세계 일류로 만들었다. 모두가 각자의 활동 분야에서 가장 유명하면서도 가장 존경받는 사람들이다. 수백 쪽에 이르는 인터뷰 내용을 정리해 보니, 그들의 경력 전반을 꿰뚫는 일관된 태도와 행동 패턴이 보였다.

그 과정에서 내가 발견했던 가장 핵심적인 교훈은, 어떤 도전이라도 성공을 거두려면 반드시 효과적인 소통 규칙을 따라야 한다는 점이다. 성공적인 커뮤니케이션 없는 승리란 불가능하다. 모든 승자들은 자신을 대변할 어휘를 정하여, 그것을 실전적으로 완벽하게 가다듬고 있었다. 그들의 '성공 비결'을 이 책에 정리하고 종합해 놓았다.

인생은 궁극적으로 다른 사람들을 이기기 위해 애쓰는 경쟁의 장이다. 시중에는 경쟁에서 이기는 커뮤니케이션 비결을 다룬 경제경영서가 즐비하지만, 정작 실전에서 쓸모 있는 실행 방법을 알려주는 책은 많지 않다. 이 책은 각계각층에서 위대한 업적을 이룬 사람들이 실제 겪은 사례를 집중 조명하여 그들에게 공통된 성공 요인을 도출해 냄으로써, 최대한 실질적인 도움을 주고자 했다. 또한 승자들이 '이기는 말'을 활용하는 방법과 그 말의 효과들을 분석하여, 최종적으로 모든 경쟁에서 승리하는 비법을 전한다.

이 책에는 상사와의 일대일 면담, 수백 명의 동료들 앞에서 하는 공개 프레젠테이션, 수백만 명의 시청자들이 보는 TV 프로그램 출연 등에 이르기까지, 모든 커뮤니케이션 상황에 도움 되는 70개 이상의 새로운 '이기는 말'이 담겨 있다. 또한 30개가 넘는 구체적인 교훈과 조언들도 등장한다.

성공적인 제품과 서비스의 마케팅 활동, 성공한 기업 문화, 멋진 기업인들과 CEO들의 성공을 만든 언어에 대해 분석하고 있으며, 비즈니스뿐 아니라 정치, 스포츠, 엔터테인먼트 분야에 이르는 넓은 범위를 총망라 하는 '승리의 언어'를 찾아내고자 했다는 점에서도 특별하다.

2007년에 출간한 전작 『먹히는 말(Words That Work)』에서는 기업, 정치, 개인의 차원에서 구체적인 단어와 문장이 가진 힘을 탐구했다. 그러나 이 책을 작업하면서, 나는 커뮤니케이션의 '스타일'이 커뮤니케이션의 '내용'만큼이나 성공에 중요함을 깨달았다. 이것은 내가 『먹히는 말』에서 해결하지 못했던 바였다. 그래서 '먹히는 말'들만큼이나 그러한 메시지들이 전달되는 방법, 즉 스타일에 대해서도 많이 강조했다.

승리를 만드는 커뮤니케이션의 9가지 원칙

이 책을 심도 깊게 파고들기 전에, 먼저 다음 두 가지 질문에 답해 보라. 첫째, 당신은 얼마나 간절히 이기고 싶은가? 둘째, 당신은 평범한 사람에서 벗어나 특별한 사람으로 거듭나기 위해 어떤 일이라도 기꺼이 할 의사가 있는가? 이 두 가지 질문에 모두 긍정적으로 대답했다면 이제부터 본격적으로 이기는 방법에 대해 알아보자.

내가 지난 20년 동안 경영, 정치, 스포츠, 엔터테인먼트 분야의 엘리트들을 대상으로 연구해온 결과를 하나의 단순한 점검표로 요약해보니, 승자에게는 공통적으로 다음과 같은 특성이 있음을 알 수 있었다. 당신은 이 중 몇 가지를 갖추고 있지 점검해보라.

• 모든 상황이 가진 인간적 측면을 이해하는 능력
• 무엇을 언제 질문해야 할지 아는 능력

- 아직 존재하지 않는 것을 찾아내고 그것을 새롭게 만드는 능력
- 모든 각도에서 도전과 해법을 찾아내는 능력
- 많은 중요한 일들 중에서 가장 중요한 일을 구분하는 능력
- 더 많은 일을 더 잘할 수 있는 능력과 욕구
- 자신의 비전을 열정적이고 설득력 있게 전달하는 능력
- 모든 사람이 움츠리거나 뒤로 물러날 때 홀로 전진하는 능력
- 다른 사람과 자연스럽게 연결되는 능력
- 미지의 것에 대한 호기심
- 모험과 도전에 대한 열정
- 사람들과의 관계를 지속하고 발전시켜나가는 능력
- 실패를 극복하고 다시 일어나 도전하는 용기
- 행운에 대한 믿음
- 삶에 대한 애착

　승리는 단순히 경쟁에서 이기는 것만을 의미하지 않는다. 내가 생각하는 승리는 새로운 경로를 개척하고, 정상에 오르며, 이정표를 세우고 다른 모든 사람들이 따라오게 확신을 심어주는 것이다. 승리는 또한 전례 없던 일이 이루어지도록 만드는 것이다. 당신이 진정한 승리를 거두었을 때, 그 영향은 당신이 떠난 뒤에도 오랫동안 지속된다.

　이 책에서 예로 들고 있는 승자들의 이야기가 멀게 느껴질 수도 있다. 승리는 일부 특출한 사람들의 전유물이라고 생각할 수도 있다. 물론 대부분의 승자들은 태어날 때부터 특정한 자질이나 재능을 가지고 있다. 하지만 그렇지 않은 경우도 많기 때문에, 우리는 승리의 원칙들을 배우고 자신의 것으로 만들어야 한다. 깊이 들어가 보면 겉에서 보는 것만큼

어려운 일은 아니다. 앞으로 이 책에서 소개할 9가지의 필수 원칙들은 일반 사람들의 삶에도 적용될 수 있다.

1. **사람을 먼저 얻어라**(People-Centeredness) : 타인의 마음을 읽는 능력만큼 모든 직업을 망라해서 중요한 건 없다.

2. **패러다임을 파괴하라**(Paradigm Breaking) : 승자는 개선에 몰두하는 게 아니라 판도를 변화시킨다.

3. **우선순위를 결정하라**(Prioritization) : 승자는 전달하는 메시지들의 우선 순위를 매긴다. 하나에 제대로 집중하는 사람만이 전부를 얻을 수 있다.

4. **완벽함을 습관화하라**(Perfection) : 충분히 좋은 것으로는 부족하다. 완벽을 추구한 사람만이 승자가 된다.

5. **파트너십을 구축하라**(Partnership) : 당신이 완벽하지 않다면, 다른 뛰어난 사람을 파트너로 얻어라.

6. **열정을 발산하라**(Passion) : 열정 없는 승자는 세상 어디에도 없다.

7. **상대의 언어로 설득하라**(Persuasion) : 승자는 설교하지 않고, 상대의 마음에 있는 말로 상대를 설득한다.

8. **끈기를 몸에 새겨라**(Persistence) : 승자는 한 번의 게임뿐 아니라 장기전에서 성공하는 법을 알고 있다.

9. **원칙적으로 행동하라**(Principled Action) : 올바른 방법으로 제대로 이기는 사람만이 승리를 영원히 지속시킬 수 있다.

이 9가지 원칙들은 단순한 술책이나 요령과는 거리가 멀다. 승자는 현재 상태에 만족하지 않고 항상 더 많은 걸 추구한다. 더 낫고, 더 높고, 더 빠르고, 더 쉬운 걸 원한다. 그렇기 때문에 그들은 본래부터 가지고 태어난 기술들에 만족하지 않는다.

당신이 이러한 원칙들을 자연스럽게 얻지 못할지도 모른다. 연습에만 몇 년이 소요될 수도 있고, 올바로 습득하지 못할 수도 있다. 그러나 원칙들을 익히면 익힐수록 비즈니스에서 성공할 확률은 점점 더 높아진다. 승리의 언어를 파헤친 사상 최초의 조사 결과인 이 책을 통해, 승자들의 비결을 당신 것으로 만들고 끝내 당신의 일과 인생에서 위대한 승리를 거두기를 바란다.

차례

1

People-Centeredness

인간 중심주의

사람을 먼저
얻어라

클린턴 주지사님이 악수하는 걸 수백만 번은 봤지만
어떻게 저 많은 악수 세례를 다 받아내는지 모르겠어, 헨리.
그건 오른손이 하는 일이야.
하지만 왼손으로 하는 일에 대해서는 말해 줄 수 있어.
그는 왼손을 천재적으로 사용하지.
지금처럼 상대방의 팔꿈치나 이두근에 손을 얹는 건
기본적인 동작이야. 그가 상대에게 관심이 있다는 뜻이지.
그는 상대를 만나서 영광이라고 생각해.
하지만 왼손을 더 높이 들어서 상대방의 어깨 위로 올린다면
그건 친밀함의 표현이 아니야.
그저 같이 웃으며 가벼운 비밀을 나눌 정도라는 거지.
그리고 그가 상대를 잘 모르지만 교감하고 싶어 할 때에는
두 손으로 상대방의 손을 감싸 쥐지.
주지사님이 너와 악수할 때를 봐, 헨리.

— 영화 〈프라이머리 컬러스〉의 첫 장면

1992년 봄, 뉴욕 시에서 열린 대선 기금 모임 행사에 참가한 클린턴은 화가 머리끝까지 난 한 남성을 만났다. 그는 에이즈 운동 단체 ACT UP의 회원인 밥 라프스키였다. 그는 군중 사이를 헤치고 클린턴의 바로 앞까지 다가와서, "지난 11년 동안 정부의 무관심 때문에 숨진 사람이 에이즈로 세상을 떠난 사람보다 많다"고 말했다. 이 말을 듣고 짐짓 놀란 클린턴은 "나는 당신의 고통을 함께 느낀다"라고 대답했다.[1]

클린턴은 라프스키와 논쟁을 벌이기보다 그의 분노를 인정하고, 그가 제기한 문제에 공감한다고 알려주었다. 바로 그 순간, 클린턴은 잠시나마 정치인이 되기를 멈추고 한 인간이 되었다. 단 한 마디로 그는 사람들의 마음속에 가장 인간적인 정치인으로 각인되었다.

클린턴은 다른 정치인들에 비해 당시 미국에서 일어나는 일을 잘 이해하고 있었고, 그것을 사람들에게 적절히 알리는 능력을 타고났다. 덕분에 그는 대선에서 승리할 수 있었다. 클린턴은 인간적이었다. 그는 사람들의 고통을 이해했고 사람들과 연결되는 방법을 알았다.

그해에 벌어진 한 토론에서, 클린턴은 자신의 고향인 아칸소 주에서 누군가 일자리를 잃었다면 자기는 아마 그의 이름을 알고 있을 것이라고 말했다. 물론 과장이었지만 그것이 중요한 건 아니다. 클린턴은 미국 정치 드라마에서 새로운 성격을 지닌 등장인물이었다. 그는 진정으로 사람들을 이해했으며, 개인적 차원에서 사람들과 교류했다. 이 덕분에 다른 정치인들이 할 수 없었던 방식으로 사람들에게 다가갈 수 있었다.

그는 부드러우면서도 자신감이 넘쳤다. 그것은 우연의 산물이 아니었다. 그의 이야기와 단어, 목소리의 톤, 제스처, 얼굴 표정이 자연스러워 보였지만, 실은 모두 경청하고 있음을 보여주기 위해 특별히 고안된 것이었다. 이것이 클린턴을 가장 '인간 중심적'인 공인이라 말하는 이유다.

그가 말할 때면 사람들은 정치 성향과는 상관없이 그의 말에 귀 기울인다. 그는 사실들의 무게를 재고 정치를 공부하고 여러 주장을 경청한 다음, 모든 고려사항들을 "이 아이디어가 모든 평범한 사람들에게 어떤 영향을 미칠까?"라는 단순한 질문으로 정리하는 것 같다.

클린턴은 자신이 사람들과 같이 고통을 느끼고 있으며, 그 고통을 치유하기 위해 열심히 일하고 있다는 걸 세상이 알아주기를 원했다. 그는 공부벌레처럼 공부했지만 친구처럼 소통했다. 공부벌레에서 친구로 변신하는 모습은 정치인들 사이에서 보기 드문 일이다.

클린턴은 '리드'의 화신이다. 그는 수천 명이 모인 강단에서나 일대일 대화에서나 모든 청중들이 하던 일을 멈추고 돌아볼 수 있게 목소리와 단어, 심지어는 얼굴 표정까지도 관리한다. 그리고 청중들은 그가 다른 누구도 아닌 자신에게 이야기하는 것 같은 기분을 느낄 것이다. 그는 자신을 가장 열렬히 비판하는 사람들조차 자신의 치어리더로 바꿔놓을 수 있을 만큼 유대 관계를 잘 맺는 사람이다. 공화당 의원들과 상원 의원들은 그가 말할 때 불빛을 본 사슴처럼 꼼짝도 하지 못했다.

'인간 중심적'이라는 것은 무엇을 의미하는가

'인간 중심적(people-centered)'이라는 말은 사람들과 어울리기 좋아한다는 의미와는 다르다. 사람들과 연결되는 법을 알고 사람들의 마음을 사로잡는다는 것도 아니다. '인간 중심적'이라는 말에는 이보다 훨씬 더 큰 뜻이 담겨 있다.

당신이 사람들과 어울리기를 좋아한다면 낯선 사람들이 모인 곳에서도 곧바로 최소 3명 이상의 친구를 사귈 것이다. 이미 파티를 열 수 있을 만큼 인맥을 확보했을지도 모른다. 당신이 정말로 괜찮은 사람이라면 파티에 참석한 사람들에게 명함도 받고 당신의 명함도 몇 장 건네주었을 것이다. 어쩌면 마지막 참석자가 파티장을 빠져나가기 전에 이미 실질적인 소득을 얻고 있을지도 모른다.

빌 클린턴은 여기서 한 발 더 나아가, '인간 중심적'이라는 의미를 완벽하게 보여준다. 그에게 인맥 쌓기란 단순히 명함을 나눠주고 다른 사람들의 명함을 수집하고, 행사에 참가해서 행사가 끝나기 전까지 시간을 최대한 활용하는 문제가 아니었다.

클린턴은 명함을 주고받은 사람들과 나눈 대화를 섬세하게 기록하는 걸 '습관적으로 실행'했다. 그들이 어디서 무슨 일을 하고 어떤 사람인지 기억하려고 노력했다. 다음에 그들을 만나 던지는 "어떻게 지내십니까?"라는 클린턴의 질문은 단순히 의례적인 인사가 아니었다. 그것은 상대방의 욕구를 알고 충족시키려는 이해심으로 가득 찬 말이었다.

클린턴은 사람들을 오래된 친구처럼 대했다. 나에게도 그렇게 했다. 심지어 내가 그의 반대편에 있었는데도 말이다! 그는 '회상의 힘을 과소평가하지 말라'는 교훈을 준다. 모든 사람은 눈에 띄고 싶어 하고 기억되기를 바란다. 점점 더 빨리 변하고 사람들이 물건처럼 취급되는 세상에서 사람을 정말로 사람답게 대접하는 리더가 승리하는 법이다.

사람들과 어울리기를 좋아한다고 해서 꼭 성공할 수 있는 건 아니다. 재치 있는 농담과 순발력 넘치는 언변이 인맥 리스트의 길이를 늘려줄지는 모르지만, 당신의 욕구나 바람을 채워주지는 못한다.

그러나 인간 중심적인 사람들은 대중의 욕구와 바람을 충족시킬 줄 안다. 페이스북이 대표적이다. 이 회사는 전 세계적으로 13억 명이 넘는 사용자들을 확보하고 21세기 인간의 상호작용 방식을 재정의했다.

페이스북은 사람들이 서로 관계 맺고 정보를 공유하는 방식을 변화시키고 있다. 유대관계 구축은 페이스북이 추구하는 핵심 가치다. 이러한 노력의 중심에는 페이스북의 최고운영책임자(COO) 셰릴 샌드버그가 있다.

셰릴 샌드버그는 20대에 미국 재무부 장관의 참모직을 맡았고, 구글에서는 부사장으로 일했으며, 디즈니와 스타벅스의 이사를 지냈다. 또한《포춘》지 선정 '비즈니스계에서 가장 영향력 있는 여성'에 꼽히기도 했다.

그녀에게 성공의 비결을 물었더니, "일이 잘못되면 내 탓, 일이 잘되면 남의 덕으로 돌려라. 다른 사람들을 신뢰하는 과정에서 팀이 만들어진다"고 말했다. 미국에서 가장 위대한 팀 빌더 중 한 사람으로서 그녀는 승리하는 데 필요한 것이 무엇인지를 정확히 알고 있었다.

샌드버그는 자신이 경영하는 회사만큼이나 인간 중심적이다. 그녀의 회의실에는 "자신의 손을 더럽히는 사람들에게 미래가 있다"라는 말이

CEO가 지녀야 할 가장 중요한 자질은 무엇이라고 생각하는가?

사람들을 이해하는 능력(구성원을 이끌고 그들에게 다가가는 능력)	58%
강력한 열정과 기업의 성공을 위한 헌신	36%
뛰어난 커뮤니케이션 기술과 신뢰감	29%
상식적인 태도	29%
훌륭한 비즈니스 수완	16%
자신의 회사와 다른 회사의 팔리는 제품과 서비스에 대한 지식	16%
뛰어난 지능	10%
수십 년 동안 쌓아온 실무 경험	6%

출처: The Word Doctors, 2010

적힌 대형 포스터가 붙어 있다.

그녀는 말했다. "나는 고객들을 직접 방문한다. 모든 사람들이 그래야 한다. 만약 직원들이 자신은 고참이라 생각해서 고객들과 직접 대화하지 않고 접촉을 끊는다면 분명 일이 잘못될 것이다. 영업팀과 회의할 때 나는 가장 먼저 지난 24시간 동안 고객과 대화를 나눠본 적 있는지 묻는다. 없다고 답한다면 반드시 직원들에게 문제가 있는 것이다."

인간 중심의 철학이 어떻게 성공으로 이어지는가

인간 중심적인 개인과 기업들은 그렇지 않은 이들에 비해 승자가 될 가능성이 훨씬 더 높다. 그들은 타인을 움직이는 법을 알고 있기 때문이다. 사람들이 원하는 것을 찾아내고, 숨겨진 욕구를 풀어내 그것을 어떻게 자신의 일과 연결시켜야 하는지도 안다.

그런 능력은 1980년대에 어머니들과 인형 수집가들이 양배추 인형을 구하기 위해 토이저러스(ToysRus)에서 몇 시간이고 줄을 서게 했다. 2007년 여름에는 매일 오전 8시마다 아이폰을 사기 위해 수많은 사람들이 애플 매장 앞에 줄을 서는 광경이 벌어졌다. 2010년에도 애플은 아이패드로 매일 많은 사람들을 끌어모았다.

애플의 스티브 잡스가 무조건적으로 사랑받는 기기들을 개발하는 데 수완을 보인 이유는 무엇이었을까? 세계 최대의 기타 제조업체 깁슨의 회장 헨리 저스키위츠에게 물어보았더니, 그는 이렇게 대답했다.

스티브 잡스는 놀라울 만큼 직관적으로 사고하는 인물이다. 아이팟이 나오기 전에도 이미 시장에는 기발한 MP3 기기들이 많이 있었다. 그러나 모두 큰 인기를 얻지는 못했다. 사람들 사이에서 많이 회자되었다 해도 변방에 머무르는 수준이었다. 이런 기기를 만든 사람들은 정작 그것을 사용할 사람보다는 기술 자체를 보여주는 데 더 관심이 많았기 때문이다.

스티브 잡스는 기술을 가지고 고객의 마음속에 들어가 그들이 마음껏 이용할 수 있게 했다. 그것이 그가 가진 통찰력이 낳은 결과다. 그는 사람들이 스스로 무엇을 필요로 하는지 알아차리기 전에 사람들이 원하는 걸 먼저 알았다. 그는 진정 사람의 마음을 읽을 수 있었다.

당신이 비즈니스를 하는 사람이라면 소비자의 욕구를 충족시켜 주는 제품이나 서비스를 찾아내는 일이 중요한 과제일 것이다. 가끔은 소비자들도 미처 깨닫지 못한 욕구를 찾아내야 할 때도 있다. 또 그 승리가 잠재 욕구에 적중했기 때문이 아니라 단순히 대형 마케팅의 성과에 불과

할 수도 있다.

그러나 진정으로 성공한 제품은 사람들의 삶을 놀라운 수준으로 개선한다. '인간답게' 산다는 것의 의미를 바꾸기도 한다. 승자들이 우리가 정말로 원하던 것을 실현해 낸 뒤에는, 우리 평범한 인간들은 그것이 나오기 전과 다른 방식으로 사는 삶을 상상할 수 없다.

그런데 사람들을 이해하고 관계맺는 능력, 즉 사람들이 자기 자신을 아는 것보다 그들을 더 잘 이해하는 능력이 있다고 해서 반드시 인간적으로도 매력적이거나 카리스마가 넘치는 것은 아니다. 인류 역사상 가장 인간 중심적인 개인들은 가까이 하기 어렵거나 불편한 사람인 경우도 많았다.

《보그》의 편집장인 안나 윈투어와 일했던 사람들은 영화 〈악마는 프라다를 입는다〉의 내용이 현실과 아주 동떨어진 것은 아니라고 말한다. 극중에서 윈투어가 모델이 된 미란다 프리슬리는 중년의 악독한 여성 편집장이다. 1조 3,000억 달러에 이르는 전 세계 의류 업계에서 가장 중요한 사람으로 등극한 인물이기도 하다. 그런데 한 신출내기 저널리스트 지망생이 프리슬리의 비서가 되어 그녀가 사는 세상에서의 성공은 다른 사람들의 감정을 무시하는 것임을 배운다.

이 이야기는 인간의 품위와 기업의 승리 사이의 부조화에 대해 완벽하게 그리고 있다. 비즈니스에서 승리하기 위해 반드시 인간적인 매력이 필요한 것은 아니다. 승자는 다른 누구보다도 사람들이 무엇을 원하고 어떻게 하면 더 행복해질 수 있는지를 잘 이해하지만, 그것이 인간적인 관계에서도 상냥하다는 뜻은 아니다. 안나 윈투어는 양손으로 직원들의 목을 조르고 있을 때조차 여성들의 취향을 확실히 파악하고 있었다.

그러나 분명 매력과 위트, 품위는 사람들이 진정으로 원하는 것을 이해하는 능력과 관련이 있다. 그러한 특성들은 당신이 인간 중심적으로 변하는 데 필수 조건은 아니더라도 대개 도움이 된다. 당신의 매력, 위트, 품위는 분명 당신의 팀을 충성스럽고 헌신적이면서 동기부여된 상태로 만들어줄 것이다.

더불어 다른 사람들을 한번에 포섭할 수 있는 강력한 능력은 타인에 대한 '존경심'에서 나온다. 누군가가 우리에게 자신의 시간과 관심을 전적으로 쏟는다면 우리는 자신이 존중받고 인정받는 중요한 사람이라고 느낄 것이다. 이 책에서 소개한 승리자 대부분은 단순히 존경심의 힘을 믿는 차원을 떠나, 먼저 다른 사람들을 진정으로 존중할 줄 안다.

암웨이 공동 창업자이자 20세기의 위대한 기업인으로 손꼽히는 리치 디보스는 이렇게 말했다. "당신이 다른 사람들을 존경한다는 마음을 보여주지 않으면 당신도 존경받지 못할 것이다. 커뮤니케이션에서 가장 먼저 취해야 할 행동은 대화하는 사람 누구에게나 존경심을 보여주는 것이다. 그들의 가치관이 어떻고, 그들의 취향이 어떻고, 그들의 피부색이 어떻든 간에 당신이 그들을 존중한다는 걸 보여줘야 한다. 사람들이 당신을 존경하지 않는다면 당신에게 마음을 열지 않는다. 그들이 원하는 것을 그들에게 주기 위해 당신이 필요로 하는 정보 또한 주지 않는다."

사람의 마음을 얻는 법

오늘날 암웨이만큼 효과적인 메시지 전달 방식을 활용하는 회사는 찾아보기 어렵다. 창업자 리치 디보스가 커뮤니케이션 이론을 말할 때 2만 명에 이르는 암웨이 직원들과 수백만 명이 넘는 독립 사업자 IBO들은 열렬히 경청한다.

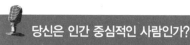

다음 5가지 질문에 답해 보라. 긍정적인 대답이 4개 이상이면, 당신은 인간 중심적인 사람이다.

1. 다른 사람들의 눈을 쳐다보며 말하는가?

인간 중심적인 사람은 상대방이 말하는 내용뿐만 아니라 말하는 방식에 매우 주의를 기울인다. 그들은 또한 상대방의 말 뒤에 숨겨진 감정을 찾는다.

2. 거듭 이유를 묻는 편인가?

인간 중심적인 사람들은 본래 호기심이 많고 다른 사람들이 어떻게 생각하는지 알고 싶어 한다. 그리고 그들은 과학자가 분자를 분석하듯이 누군가 하릴없이 나누는 대화조차 분석하려 한다.

3. 사람들과의 상호작용으로 얻을 수 있는 성과를 분석하는가?

인간 중심적인 사람들은 계속해서 다른 사람들과의 상호작용을 통해 얻을 수 있는 의미와 혜택을 따져본다. 그들이 이기적이라서 그런 것이 아니라 항상 다른 사람들에게 배우고 목표를 성취하는 데 집중하기 때문이다. 다른 사람들의 욕구를 경청하고 배려함으로써 딱 들어맞는 기회를 찾아낼 수 있다.

4. 결과나 상황을 개선하기 위한 방법을 적극적으로 찾는가?

인간 중심적인 사람들은 대개 문제 해결자들이다. 그들은 항상 고쳐야 할 것을 찾은 다음에, 그것을 고쳐나간다. 이런 과정에서 기회를 찾거나 창조한다.

5. 당신의 경험을 활용하는가?

인간 중심적인 사람들은 사람이나 서비스, 경험 등 어떤 상황에서 배운 것을 다른 영역에 적용할 수 있는 능력이 있다. 당신이 경험하고 지금까지 배운 모든 것들이 승리하기 위한 자본이다.

50년에 걸쳐 성공을 이룬 후 암웨이는 《포브스》가 선정하는 상위 50대 민간 기업의 명단에 꾸준히 이름을 올리고 있으며, 컨설팅 회사인 딜로이트는 암웨이를 세계에서 가장 성공한 소매 업체 중 하나로 선정했다. 이러한 숫자들만 놓고 봤을 때도 디보스는 당대 최고의 세일즈맨이라 할 수 있다. 2009년 그는 전 세계 매출만 84억 달러에 이르는 위대한 직판 제국을 세웠다.

원리조트 회장 스티브 윈은 사람의 '마음을 얻는' 데 탁월한 또다른 사례다. 그는 이렇게 말했다.

아버지는 항상 내게 이렇게 말씀하셨고, 실제로 그런 삶을 사셨다. "스티브, 고객들이 우리가 살 수 있게 해준단다. 이 말을 잊지 말고 그들에게 감사해라. 너는 고객들을 사랑해야 한다." 어느 날 한 직원이 몸집이 큰 고객에 대해 험담하는 소리를 듣고 아버지는 "고객을 깔보는 사람은 여기에 있을 필요가 없다"며 그를 해고해 버렸다.

윈은 호텔 디자인에도 조예가 깊지만, 완전히 경직된 사람들조차 마음 놓고 편안한 분위기를 즐길 수 있는 리조트를 만드는 법은 더 잘 알고 있다. 윈의 목소리는 마치 클래식 선율이 흐르는 듯해서 최면을 걸듯 사람들의 마음을 사로잡는다. 그래서 그가 당신에게 기다려달라고 부탁하더라도 당신은 전혀 개의치 않게 된다.

이 대목에서 스티브 윈이 주는 교훈은 비즈니스를 위해 자신이 어떤 사람이 돼야 할지를 이해한 뒤 사람들을 포용하라는 것이다. 당신이 오늘 GM의 자동차를 팔고 있다면 당신은 겸손하면서도 신뢰감 있게 "일하러 가자"는 말을 할 줄 알아야 한다. 도요타 자동차를 판다면 "미안합니다. 이것이 제가 당신의 신뢰를 다시 얻기 위해서 계획한 일입니다"라고 말할 수 있어야 한다. 소비자들은 바로 그런 것을 기대한다. 당신이 라스베이거스에 있는 가장 화려한 카지노에서 사치스러운 경험을 팔고 있다면 사람들은 뛰어난 쇼맨십을 기대할 것이다. 이에 맞추지 못한다면 당신은 승자가 되기 어렵다.

조지 부시 전 미국 대통령은 일대일 또는 소그룹 회의를 통해서 '평범한 미국인들'과 연결되는 놀라운 능력을 보여준 바 있다. 빌 클린턴과 매우 비슷했다. 그는 연단이나 프롬프터, TV 등에 압박당한다는 느낌을 전혀 풍기지 않았다.

대통령 선거 토론회를 한 차례 끝낸 후, 앨 고어의 대변인이었던 토드 웹스터는 이렇게 인정했다. "부시는 늘 매력적인 사람이다. 그는 호감을 주고 위트가 넘친다."[2] 움직임은 경직되고 연설에는 활력이 없어서 '지루하기만 해도 다행'이라는 말을 듣던 고어와는 달리 부시는 사람들과 이어지는 법을 알고 있었다. 그의 매력과 인간적인 모습은 재선에 성공하는 바탕이 되었다. 그의 아버지나 지미 카터도 이룰 수 없었던 업적이었다.

당신이 조지 부시를 좋아하건 싫어하건 간에 미국 대통령에 두 번 선출됐다는 것만으로도 부시는 승리자다.

나는 존 케리가 2004년 대선에서 패한 중요한 원인이 조지 부시가 강력한 후보였기 때문이 아니라, 존 케리가 보통 사람들과 너무 멀리 떨어져 있어서 절반 이상이 그를 미처 알아보지도 못했기 때문이라고 생각한다. 미국인들의 눈에 존 케리는 매우 진보적인 동북부 귀족 출신이었다.

버락 오바마는 2008년에 존 케리 못지않게 진보적이었던 자신의 이미지를 뒤집는 방법을 알고 있었다. 그는 국민이 듣고 싶어 하는 언어로 연설할 줄 알았다. 부시와 마찬가지로 오바마도 사람들과 관계를 맺었다.

2006년, 그의 집무실로 초대받았을 때 나는 단번에 인간 중심적인 그의 태도를 목격했다. 그의 달력에는 '만나서 인사하자(meet-and-greet)'라는 말이 적혀 있었는데, 나는 그것이 '만나서 인사만 하는 것' 이상의 의미라는 걸 즉시 알 수 있었다.

오바마는 자신의 개인 집무실 밖에서 나를 만났다. 일반적으로 상원의원들은 책상에 앉아서 일하는 모습을 손님들이 봐주기를 바란다. 그런 점에서 오바마와의 만남은 이례적인 일이었다. 그는 재킷을 벗은 채 믿기 어려울 정도로 캐주얼한 복장을 하고 있었다. 그때 그와 내가 겨우 두 번째 만난 사이라는 점을 감안하면 이 역시 특이한 일이었다(아마도 그는 진정으로 인간 중심적인 스타일을 보여주면서 나를 편안하게 해주려고 애썼던 것 같다).

당시 그는 손님이 앉는 소파에 자신이 앉고 나를 '그가 앉던' 의자로 이끌어 또 한 번 놀라게 했다. 나는 그의 태도에 놀라서 왜 그렇게 자리를 정했는지 물었다. 그의 대답은 어땠을까? "내가 당신을 좀더 잘 알았다면 나는 이 의자에 앉지 않고 이 소파에 누웠을 것입니다."

그 순간부터 그는 나의 믿음, 신념 그리고 선거 이론 등에 대해서 내게 질문하기 시작했다. 그리고 내가 대답할 때마다 그는 자신의 인생과 내가 한 말을 연결지어 보려고 짧은 이야기나 일화를 말해 주었다. 그는 배우고 싶어 하는 차원을 넘어 나와 교감하기를 원했다. 인간 중심적인 태도는 바로 이런 것이고, 승자의 태도 역시 마찬가지이다.

자, 이제 자문해 보라. '당신은 사람들과 커뮤니케이션을 할 때 자연스럽게 친밀감을 표시하는가?' 그리고 생각해 보자. '편안하면서도 아주 쾌활한 버락 오바마와 맨날 짜증 내는 삼촌 같은 존 매케인 중에서 당신은 누구와 더 어울리고 싶은가?'

노드스트롬을 30년간 승자로 만든 비결

『노드스트롬식 고객 감동 서비스의 진수(*The Nordstrom Way to Customer Service Excellence*)』에서 로버트 스펙터는 다음과 같이 말한다.

기업들이 고객 감동 서비스를 제공하기가 그토록 어려운 이유는 무엇일까? 고객처럼 생각하지 않기 때문이다. 그런 기업은 고객의 입장에서 생각하는 법이 없다. 항상 그래왔듯이 자신의 조직, 프로세스, 규정만 생각한다. 대부분의 기업들은 고객이 아니라 자신의 인생이 더 편안해지기를 원한다.[3]

대부분의 기업은 구성원들에게 고객 서비스의 중요성을 가르치고 설파한다. 하지만 그들이 세운 기준과 절차는 첫 번째 고객이 매장 문을 열고 들어오기 전에 무너지는 경우가 비일비재하다. 특히 소매업 분야 직원들의 경우, 고객의 목소리를 듣기보다는 무작정 강매하는 데 더 관심이 있는 것 같다. 종업원 수를 줄이고 시스템을 자동화하고 이메일을 이용하면 단기적으로는 간접비를 낮추고 수익성을 높이는 효과를 얻겠지만 고객과 대면 접촉이 어렵다는 문제가 생긴다.

"생선은 대가리부터 썩기 시작한다"는 속담이 있다. 직원들을 제대로 동기부여하지 못하는 리더는 고객과도 효과적으로 커뮤니케이션하지 못한다. 진정 승자가 되고 싶다면 고객이 원하는 게 무엇이고, 직원들에게 전달해야 하는 메시지가 무엇인지를 분명히 알고 있어야 한다.

당신에게 필요한 대답이 여기 있다. 2010년 전미 소비자들을 대상으로 실시한 다음의 조사 결과를 보면, 소비자들은 '존중받는다'와 '가치를 인정받는다'는 느낌을 '잘 대접받는' 것보다 더 중요하게 생각하고 있었다.

거래하는 기업이 당신에게 어떤 기분이 들게 해주면 좋겠는가?

존중받는다	40%	편안하다	11%
가치를 인정받는다	29%	통제력이 있다	11%
잘 대접받는다	27%	행복하다	4%
안전하다	24%	사회적 책임을 진다	4%
자신감이 있다	15%	여유롭다	3%
감사해 한다	13%	연결되어 있다	3%
전문적이다	13%	희망적이다	2%

출처: The Word Doctors, 2010년 1월

이것은 고객 서비스가 낳는 가치가 그 절차보다 더 중요하다는 걸 보여주는 좋은 신호다.

아카데미 상을 받은 영화배우 워런 비티는 이렇게 말했다. "사람들은 당신이 한 말은 금방 잊어버리지만 당신이 그들에게 준 느낌은 항상 기억할 것이다."

인간 중심적인 접근 방식으로 지난 30년 동안 승자의 지위를 유지해온 회사가 바로 미국의 유명 백화점인 노드스트롬이다. 노드스트롬은 '안 된다'라는 말을 절대 쓰지 않았고 다음과 같은 원칙들을 지키는 것으로 유명했다.

- 쇼핑객들의 주차료 내주기
- 영수증 확인이나 별도의 질문 없이 반품 받아주기
- 구입한 물건을 사무실까지 신속히 보내주기
- 돈이 궁한 고객에게 현금 빌려주기

• 고객의 집에 재단사 보내기[4]

노드스트롬을 방문해 보면 그곳에서만 10년 넘게, 혹은 그보다 훨씬 오랫동안 일해 온 판매원들을 만날 수 있다. 2~3년마다 한 번씩은 직원이 교체되는 유통 업계에서 노드스트롬은 가장 충성스러운 직원들이 일하고 있고, 이로 인해 충성도가 높은 고객 기반이 만들어졌다. 노드스트롬은 모든 매장 관리자를 교육하고 관리 능력을 키우는 8가지 관리 원칙을 지키고 있다.

1. 고객에게 다양한 선택권을 준다.
2. 고객의 마음에 드는 공간을 만든다.
3. 상냥하고 동기부여가 충분히 된 사람들을 채용한다.
4. 고객과의 관계를 중시한다.
5. 직원들이 주인의식을 가질 수 있도록 권한을 준다.
6. 규칙에 얽매이지 않는다.
7. 내부 경쟁을 장려한다.
8. 고객 만족 서비스에 100퍼센트 전념한다.[5]

노드스트롬의 판매원들은 합리적인 수당을 받으며 자신들이 올린 성과로 평가받는다. 이러한 평가 방법 덕분에 노드스트롬에서 대고객 서비스는 예외가 아니라 마땅히 기대할 수 있는 것이 된다.

노드스트롬에서 눈에 띄는 또다른 요소는 직원 채용 기준이다. 노드스트롬은 "좋은 직원으로 만들기 위해서 회사가 노력해야 하는 사람이 아니라 본래부터 좋은 사람을 뽑는다"라는 채용 철학에 맞춰 직원을 찾

는다. 누가 직원들을 훈련시키냐는 질문에 브루스 노드스트롬 회장은 '직원들의 부모'라고 대답했다.[6]

또한 브루스 회장의 아들이자 현재 CEO인 블레이크 노드스트롬은 자신들이 다시 성공할 수 있었던 비결을, 판매원들에게 명령하기보다 그들의 말을 경청하고 그들이 원하는 바를 지원하는 정책에서 찾았다. 그는 "경영진이 맨 아래에 있고 판매원과 고객이 위에 있는 역피라미드 구조를 믿는다"라고 말했다.[7]

고객 만족 서비스에 대한 전설적인 비밀들이 공개된 『노드스트롬식 고객 감동 서비스의 진수』가 베스트셀러가 된 것은 결코 놀랄 일이 아니다.

스토리텔링과 스타일을 활용하라

인간 중심의 승자는 비유와 은유를 능수능란하게 사용하고 이야기를 훌륭하게 주무른다. 그들은 당신을 기존 사고의 틀에서 벗어나 자신이 하는 말에 따라 비전을 그려보게 만든다. 자신이 정한 목적지로 여행하도록 당신을 이끌면서, 마치 그곳이 본래 당신이 가고 싶어 하던 곳이라는 확신을 주는 여행 가이드와 같다.

그들은 흥미를 일으키고 참여를 유도하는 이야기로 프레젠테이션이나 광고를 시작한다. 가장 훌륭한 영감은 '상호작용'에서 나온다는 걸 잘 알고 있기 때문이다.

흥미로운 스토리텔링은 전체 프리젠테이션의 분위기와 방향을 결정하므로 그 영향력은 측정 불가능할 만큼 크다. 그리고 잘만 하면 이야기는 청중 모두에게 유대감을 느끼게 하고 더 큰 도전을 시도할 수 있게 해준다. 승자는 적절한 비유와 잘 전달되는 이야기를 가지고, 회의론자들로 가득 찬 방을 승전보를 올리기 위해 싸우러 나갈 준비를 하는 군인들로 가득 찬 방으로 바꿔낸다.

어떤 이야기를 할 때는 그에 어울리는 외모와 스타일을 갖추는 게 중요하다. 외모가 전달하려는 메시지에 어떤 영향을 미치는지 물었을 때, BMW와 포드의 부사장, 크라이슬러의 사장, 제너럴 모터스의 부사장을 지낸 자동차 업계의 살아 있는 전설 밥 루츠는 이렇게 말했다.

외모가 전혀 매력적이지 않거나 신뢰를 줄 수 없다면 메시지가 갖는 힘과 그 의미는 상당 부분 퇴색할 것이다.

그 누구보다도 수많은 자동차의 외관을 디자인한 그가 한 말이니 틀림이 없을 것이다. 외모는 말하는 것만큼 중요하다. 설득해야 하는 사람과 심도 있는 대화를 나누어야 하는데 구깃구깃한 셔츠에 점심에 먹은 음식의 소스가 묻었다면 밥 루츠의 말을 떠올리도록 하라.

경청과 학습의 힘

인간 중심적인 승자는 사람의 특성을 좌우하는 원리를 이해한다. 이것은 그들의 성공에 결정적이다. 인간 중심적인 승자는 설사 당신의 생각에 동의하지 않더라도 그 믿음을 존중하고, 당신이 내리는 가정이 틀렸다는 걸 알아도 인정할 줄 안다. 또한 우리의 경험이 우리 행동에 어떻게 영향을 미치는지를 이해한다. 그들은 우리가 인생에서 정말로 원하는 게 무엇인지 알기 위해 우리의 생각 속으로 들어오는 방법도 알고 있다. 이 같은 그들의 능력은 엄청난 호기심에서 비롯된다.

루퍼트 머독은 '대중'이 생각하고 원하는 것이 무엇인지를 정확하게 파악하는 능력에 따라 성공이 좌우됨을 일찍이 간파했다. 그리고 항상 새로운 비즈니스 정보를 얻으려 끊임없이 탐색했다. 나와의 인터뷰에서 머독은 다음과 같이 말했다.

나는 대중이 무엇을 하는지, 무엇을 원하는지에 항상 민감하다. 나는 다른 사람들이 무슨 생각을 하는지에 대해서도, 세상에 대해서도 호기심이 많다. 그런 지속적인 호기심이 나를 움직이는 힘이다.

이처럼 승자는 다른 사람들이 행동하고, 말하고, 생각하는 것을 궁금해 한다. 그들은 적당히 넘어가는 법이 없다. 승자는 해박한 지식을 자랑하며 다양한 분야에서 중추적인 역할을 한다.

그리고 그들은 전체적인 그림을 본다. 그러면서도 주위의 모든 것을 마구잡이로 소화하기보다는 항상 전략적이고 독특한 방식으로 생각한다.

"쇼핑몰에 갈 때면 주위의 모든 것에 주의를 기울여라. 주위 사람들을 보라. 그들이 나누는 대화도 조심스럽게 엿들어라. 새로 나온 치약이나 감기약 같은 소재로 낯선 사람과 잡담도 나눠보라." 이런 조언들이 바보같이 들릴지 모르지만 승자는 이미 이런 경험을 해본 사람들이다.

우리들 대부분은 이런 일을 귀찮다고 생각할지 모르지만, 승자는 보통 사람들의 일상생활을 관찰하기를 즐긴다. 여론조사 전문가로서 나는 본격적인 여론조사를 통했을 때만큼이나, 붐비는 공항에서 사람들을 가만히 관찰하는 것만으로도 그들에 대해 많은 것을 배웠다.

태도에서 숨겨진 마음 읽어내기

나는 지난 몇십 년간 언어를 연구해 왔지만, 말하지 않을 때 보여지는 태도 역시 그 사람이 말하는 내용만큼이나 중요하다.

1. 위나 다른 곳을 쳐다본다.

누군가와 눈을 계속 맞추면서 말하기란 어려운 일이다. 종종 사람들이 시선을 아래로 내린다고 해서 고깝게 생각할 필요는 없다. 정면을 응시하기보다는 눈을 내리깔고 말하기가 더 쉬워서 그런 것뿐일 수 있다. (여성은 남성보다 눈을 맞추는 걸 더 편하게 느끼고, 남성들은 다른 남성보다는 여성과 눈을 맞추는 걸 더 편하게 생각한다.) 그러나 위나 당신 주위를 쳐다보는 사람은 당신에게 뭔가를 숨기고 있거나 다른 생각을 하고 있거나 대화를 중단하기 위한 변명을 찾고 있을 확률이 높다.

2. 팔짱을 끼고 있다.

이런 자세는 시각적으로 부정적인 메시지를 전달한다. 특히 CEO들이 빈번하게 이런 자세를 취한다. 이 자세는 "난 (당신에게) 관심이 없다" 혹은 "어찌 감히 그런 말을 하는가"라는 메시지를 준다. 이는 어떤 상황에서나 치명적인 부작용을 낳는다. 외도 사실이 밝혀진 후에 열린 기자회견에서 타이거 우즈는 팔짱을 낀 채로 약 30분 정도 말했다. 그는 반성의 뜻을 전달하고 싶었을지 모르지만 실제로 그의 몸은 다른 이야기를 하고 있었다.

3. 대화 도중 전화기를 확인하거나 문자 메시지를 주고받는다.

아주 거만하고 사람을 무시하는 태도이다. 유대 관계를 깨는 가장 빠른 방법이기도 하다. 성공한 사람들은 다른 사람과 말할 때 절대 이런 행동을 해서는 안 된다는 걸 안다. 대화 도중에 전화를 받아야 한다면 이유를 충분히 설명하라. 당신이 상대방을 무시하는 뜻이 아니라고 양해를 구한다면 이해를 받을 것이다.

4. 머리를 끄덕인다.

이러한 행동은 양날의 칼이다. 당신이 대화에 집중하고 있으며 동의 및 승인한 다는 걸 알리는 태도이나, 머리를 너무 자주 끄덕일 경우 오히려 산만해질 뿐더러 대화가 오가는 걸 방해한다. 말할 기회가 주어지기 전에 동의의 뜻을 표현할 필요 가 없다면 가급적 고개를 끄덕여서는 안 된다.

질문하라, 사람을 얻고 싶다면

사람들의 행동이 어떠한 동기에서 비롯되었는지 아는 데는 질문보다 더 좋은 방법이 없다. 나는 부동산 개발 업체인 보스턴 프로퍼티스의 창립자이자 《뉴욕 데일리 뉴스》와 《US 뉴스 & 월드 리포트》의 소유자인 모트 주커먼에게 한평생 어떻게 초대형 부동산과 미디어 계약을 체결할 수 있었는지를 물었다.

내 질문에 그는 이렇게 대답했다. "그저 듣기만 하면 된다. 들으면서 사람들의 관심사가 무엇인지 감을 잡아야 한다. 그리고 반드시 질문해야 한다." 명심해야 할 점은 당신이 아니라 '그들이' 하는 말을 경청하는 것이다. 그래야만 그들은 당신이 봐주기를 원하는 것뿐만 아니라 당신이 보고 싶은 것을 보여준다.

1989년 이후로 나는 포커스 그룹(여론조사나 시장조사에서 각 계층을 대표하도록 뽑은 소수의 사람들로 이뤄진 그룹-역주)과의 인터뷰와 서베이를 통해서 100만 명이 넘는 사람들과 대화를 나누었다. 나는 거의 모든 주제를 가지고 질문을 던졌다. 속옷에서부터 식습관, 좋아하는 영화, 경제 문제에 대한 판단 등에 이르기까지 모든 것을 보고 들었다.

나는 사람들과 어울리기를 좋아하지 않지만 인간 중심적으로 말하려 한다. 그리고 사람들이 뒤로 숨기는 방어 기제를 층층이 벗겨낼 기회를 잡기 위해 애쓴다.

오랜 시간 사람들의 욕구를 연구하면서 배운 것을 한 가지 꼽는다면, 적절한 때에 적절한 사람들에게 적절한 질문을 해야 한다는 것이다. 성별, 거주지, 연령, 소득, 인종, 종교, 교육 수준 등등과 상관없이 대부분의 사람들은 자신의 생각과 욕구를 털어놓고 싶어 한다. 그들은 자신의 말을 들어주기를 바란다.

그러나 많은 기업들은 질문하는 일에도 경청에도 서툴다. 많은 CEO와 기업 임원들은 포커스 집단을 만들라는 충고를 얕잡아본다. 사람들이 원하는 것을 자신들이 더 잘 알고 있다고 생각하기 때문이다.

나는 종종 기업 임원들이 제품에 한해서라면 자신들이 그 어떤 고객보다도 더 잘 알고 있다고 주장하는 소리를 듣는다. 정치인들은 유권자들이 복잡한 정치 이슈들을 제대로 이해하지 못한 채 투표한다고 주장한다.

기업인과 정치인 모두 잘못된 이유로, 똑같이 잘못된 결론에 도달했다. '내 제품을 내 고객보다 더 잘 알고 있는데 왜 굳이 고객들이 하는 말을 듣는단 말인가?'라는 생각은 단순하면서도 오만하다. 이 질문에 대한 답은 간단하다. "고객에게 묻지 않는다면 당신의 제품이 사람들의 실제 삶과 어떻게 연관되는지 모르기 때문"이다.

질문만 한다고 끝나는 것이 아니다. 고객의 말을 듣고, 이해하고, 그들의 시각을 받아들여야 한다. 가지고 있던 모든 선입견을 버리고, 온전히 고객 입장에서 생각해 보라는 말이다. 쉬울 것 같지만 정말로 그것을 실천하는 사람은 드물다. 내 동료들조차 조사 결과를 무시하고 이미 생각하는 뻔한 것만을 말하곤 한다.

고객에게 물어야 하는 질문을 직원에게도 해야 한다. 흔히 인간 중심적인 기업은 주로 고객에게만 초점을 맞춘다고 생각한다. 하지만 페덱스의 CEO 프레드 스미스는 자신의 회사가 고객만큼이나 혹은 그 이상으로 직원에게도 집중하고 있다는 믿음을 주기 위해 몇십 년을 투자했다. 내가 페덱스의 고객 만족 서비스에 대해서 말해 달라고 물었을 때 그는 대신 직원 만족 시스템에 대해 자세히 설명해 주었다.

페덱스는 북극성이 선원들에게 길을 인도해 주는 것처럼 우리를 인도해 준 사람들에 대한 굳건한 믿음을 가지고 있다. 그 믿음은 여러 가지 근본적인 질문에 기초한다. 그것은 우리가 즉흥적으로 만든 것이 아니라 최고의 사회학자들과 심리학자들이 수십 년 동안 개발한 것이다.

누군가를 고용할 때는 "내게 기대하는 바가 무엇인가?"를, 조직에 들어오면 "내가 앞서기 위해서 뭘 해야 하는가?"를, "여기서 나에게 이로운 것이 무엇인가?"를, "조직 내에서 어려운 상황에 빠졌을 때 어떻게 정의를 구하는가?"를, "내가 하는 일이 중요한가?"를 스스로 묻게 한다.

우리는 직원들이 아주 높은 수준의 성과를 낼 수 있도록 질문들에 집중하며 일해주기를 바라고, 이를 위해 부단히 노력한다. 이는 올바른 일이기 때문이다. 또한 이것은 우리 회사의 DNA에 각인된 자동항법장치와 같다.

기업인과 CEO에 대해 냉소적이고 적대적인 현실에서도, 페덱스에서 일하는 사람들은 존경과 경외의 마음으로 프레드 스미스를 '스미스 씨'라고 부른다. 그를 자신들의 대변인으로 여기기 때문이다. 그는 직원들의 가장 위대한 팬이며, 그들은 스미스의 가장 소중한 팬이다.

지나치게 단순한 질문들은 발전을 가로막지만 통찰력 있는 질문들은 더 큰 통찰을 유도한다. 토니 로빈스는 성공한 저술가이자 비즈니스 컨설턴트다. 그는 17개 회사를 대표하면서 매년 5억 달러에 가까운 소득을 올리고 있다.[8] 토니 로빈스, 이 위대한 승리자는 이런 충고를 남겼다.

"좋은 질문은 좋은 인생을 창조한다. 성공한 사람은 나날이 더 나은 질문을 던지며 그런 질문은 결과적으로 더 나은 대답을 낳는다."[9]

 런츠의 교훈

인간 중심적으로 조직을 이끄는 9가지 핵심 질문

1. 올바른 질문을 하고 있는가?
2. 대답을 진정으로 경청하고 있는가?
3. 배운 대로 행동하고 있는가?
4. 영향을 주고 싶은 사람들이 있다면, 그들을 진정으로 이해하기 위해 할 수 있는 일은 무엇인가?
5. 다른 사람들이 나를 이해할 수 있게 하려면 어떤 일을 해야 하는가?
6. 나의 사람들이 내가 하는 일에 관심 갖게 만들려면 어떻게 해야 하나?
7. 나의 사람들이 우리의 성공에 더 투자하고 싶다고 느끼게 하려면 어떻게 해야 하나?
8. 이것이 정말로 가치가 있는 여정·미션·일인가?
9. 성공 여부를 떠나서도 그 자체로 가치 있는 일인가?

대화 속에서 진실 찾기

승자는 사람들과의 대화에 깊이 파고들어서 진실을 찾아낸다. 정직은 분명 위선보다 전략적으로도 더 현명한 태도이고, 가장 중요한 가치 중 하나다. 신뢰를 중시하는 사람들은 이 말의 의미를 이해할 것이다.

나는 이 교훈을 로웰 베이커 미 상원 의원에게 배웠다. 그는 내게 진실이야말로 신뢰를 얻는 데 가장 중요함을 가르쳐주었다. 다양한 주장과 요구가 넘쳐나는 세상에서 반드시 지켜야 할 하나의 가치가 있다면 그것은 진실이다. 절대로 그것을 고리타분하다고 여기지 말라.

사람들은 어떤 동기로 행동하는가? 사람들을 밤새 깨어 있게 만드는 것은 무엇인가? 그들의 진정한 희망과 꿈, 공포는 무엇인가? 당신이 진실하게 묻지 않는다면, 사람들이 어떤 원리로 행동하고 결정하는지, 진실을 제대로 알 수 없다. 끊임없는 질문은 한 인간이 처한 여건을 이해하는 열쇠다.

나쁜 언어는 진실을 찾으려는 노력을 방해한다. 영국의 세계적인 인터뷰어 데이비드 프로스트를 만나 훌륭한 인터뷰를 한다는 게 어떤 의미인지 물었을 때, 그는 이렇게 말했다.

가장 중요한 점은 아무 의미 없이 사람들을 자극하는 언어를 사용하지 않는 것이다. 어떤 사람과 이견을 보인다면 그와 충돌할 수도 있지만, 무의미하게 마찰을 일으키지는 말라. 확실한 증거도 없이 사람들에게 야유를 퍼붓는 것은 아무런 의미가 없다.

승자는 모든 만남에서가 아니라 중요한 만남에서만 승리한다. 가장 똑똑한 전술은 그 자리에서 가장 똑똑한 사람처럼 보이려 노력하지 않는 것이다. 침묵을 지키는 게 좋을 경우엔 그렇게 하고, 대화가 화기애애한 분위기에서 잘 돌아가도록 가끔씩 맞장구를 쳐주라는 뜻이다.

훌륭한 예술 작품이 그렇듯 좋은 질문은 복잡할 필요가 없다. 좋은 질문은 단순하고 직설적이다. 마치 버터를 관통하는 뜨거운 칼처럼 불필요한 혼란과 불명확함을 가르기 때문에 강력하고도 효과적이다.

마찰을 일으킬 수 있는 질문은, 분란을 만드는 게 아니라 진심에서 나온 대답을 구하려는 의도일 때만 던져야 한다. '깨달음을 얻을 수 있는' 질문을 하고 싶을 때 이 말을 명심하라. 조용하면서 격식 없고, 친근하게 대화를 나누는 편이 훨씬 더 좋을 때가 있다.

당신에게 과제를 하나 주겠다. 이번 주에는 하루도 거르지 말고 질문만 던지는 대화를 시도해 보라. 상대방이 언급하는 모든 것에 질문으로 반응하라. 질문은 단순하게 하라. 10초 이상 질문하지 말라. 그렇다고 급하게 심문하듯 묻지는 말라. 첫 질문에 대한 계획을 세우고 반드시 대답을 경청하라. 알고자 하는 주제에 대한 진실을 찾아낼 때까지 이전 질문에 대한 대답에서 만들어낸 질문을 던져라.

다른 사람들의 삶에서 빠진 것을 찾아내라

인간 중심적인 태도는 사람들의 삶에서 빠진 것이 무엇인지를 이해하고, 그것을 채우는 방법을 찾아내게 해준다. 빠진 것을 찾아내기 위해서는 해결책이 '제품'인지 '플랫폼'인지 분명히 해야 한다. 예를 들어 삼성 3D HD 대형 TV 같은 제품은 특정한 목적을 위해 사용하는 것인 반면,

마이크로소프트 윈도우 같은 플랫폼은 다양한 목적을 위해서 사용하는 것이다.

기업의 고위 인사들에게는 플랫폼이 제품보다 더 가치 있고 흥미롭다. 플랫폼은 더 넓은 커뮤니티로 나아가게 해주기 때문이다.

현재 가장 앞서가는 플랫폼은 애플 매장이다. 애플은 분명 전화기를 팔지만 사실은 전화기만 파는 것이 아니다. 많은 아이폰 사용자들에게 구매의 1순위 요건은 전화를 걸고 받는 것이 아니다. 아이폰은 일상에서 상상력과 창의력의 경계를 허무는 애플리케이션 기술과 커뮤니케이션 기술을 전달하는 플랫폼이다. 아이폰은 분명 단순한 전화기가 아니다.

1982년 프레드 스미스의 지휘하에 페덱스는 '익일 배송'으로 비즈니스 전략을 수정하기로 결정했다. 이 새로운 서비스와 핵심 가치를 알리기 위해서 페덱스는 "그것이 꼭 다음 날 도착해야 할 때"라는 슬로건을 내세운 광고를 시작했다. 사람들은 이 광고에 곧바로 공감했고, 페덱스는 거의 하루 만에 '익일 배송' 분야 1위로 발돋움했다.

페덱스는 새로운 욕구를 창조해서 채워주었다. 기본적으로 불가능하다고 여겨졌기 때문에 아무도 익일 배송이 필요한지 궁리해 본 적조차 없었다. 익일 배송 서비스 없이 어떻게 비즈니스를 할 수 있을지 상상해 보라. 페덱스는 경쟁사와 차별화된 '보장'을 고객들에게 제시할 수 있었고, 오늘날까지도 계속해서 그렇게 하고 있다.

인간 중심적이라는 말의 의미를 이해하는 또다른 CEO로 사우스웨스트 항공의 게리 켈리가 있다. 사우스웨스트는 미국 내 항공사 중에서 유일하게 신용 등급이 투자 등급이며, 지속적으로 흑자를 냈다. 똑똑한 기업인이자 커뮤니케이션 전문가인 켈리가 눈앞의 이익보다 사람을 중시하는 것을 자신의 미션으로 삼았기 때문이다. 크리스토퍼 힌튼은 2008년

12월에 경제·금융 전문 사이트인 '마켓워치'에 다음과 같이 썼다.

다른 항공사들이 탁송 화물, 음료수, 담요처럼 이전에 무료였던 서비스들을 유료로 전환하여 비용 문제를 해결할 수밖에 없었던 때에, 사우스웨스트의 CEO인 게리 켈리는 그러한 위험들을 피할 수 있는 예방책을 세웠다. 다른 항공사들의 경우 승객들의 인내가 시험 대상에 올랐지만, 사우스웨스트는 인간 중심의 비즈니스 모델을 유지하면서 주가가 경쟁사들에 비해 더 높아졌다. 이로 인해서 켈리는 2008년 마켓워치 선정 '올해의 CEO' 최종 후보에 올랐다.[10]

게리 켈리가 사람에게 집중하고 적절한 질문들을 했기 때문에, 사우스웨스트는 경쟁사들보다 우위에 설 수 있었다. 승객들은 비행기에서 자신이 원하는 게 정확히 무엇인지를 그에게 알려줌으로써 화답했고, 그는 승객들의 바람을 훌륭하고 즐겁고 낙관적인 서비스로 채워주었다.

사우스웨스트 항공의 비행기를 타면 가격을 비롯한 다양한 차원에서 승객의 욕구에 맞게 비행기를 설계했음을 알 수 있다. 반면 US 에어웨이즈 비행기를 타보면, 승객이 우선 고려되는 게 아니라 허브 공항 중심으로 운행하는, 대단히 복잡한 기계처럼 억지로 끼워 맞춰진 것 같은 인상을 받는다. 소비자들은 이런 US 에어웨이즈를 그다지 사랑하지 않는다.

승자들의 인생, 그들이 쌓은 엄청난 부와 명성에 대한 이야기를 들으면 '그들은 나보다 훨씬 똑똑하고 전문 지식과 현장 경험이 많아서 성공했을 거야' 하며 열등감을 느낄지도 모른다.

그러나 속단할 필요는 없다. 보통 사람들보다 타인을 더 깊이 이해하고 모든 사람과 연결되려 한다는 점 외에, 승자들은 특별한 차이가 없다. 그들은 성실한 삶의 가치를 믿는다. 그리고 자신의 비전을 실현시키는 데 필요한 어떤 일이라도 기꺼이 하려고 한다.

승자는 또한 자신만이 중요한 게 아니라는 사실을 이해한다. 이 책에 등장하는 성공한 사람들은 자기 삶만큼이나 다른 사람들의 인생을 개선하는 일에 집중한다.

필라델피아 플라이어스 아이스하키 팀의 구단주인 에드 스나이더는 팀이 지고 있을 때 절대 말을 걸고 싶지 않은 사람이며, 이기고 있더라도 쉽게 말을 걸 수 없는 사람이다. 경기 중일 때는 무슨 일이 있어도 그를 방해해서는 안 된다. 그가 팀의 경기를 주시하는 모습을 봤는데, 그렇게 결연할 수가 없었다. 그에게는 경기가 모든 것이다. 자기 자신이 아니라 결과에 관심 있는 모든 사람들을 위해서 그렇다. 스나이더는 이렇게 말했다.

경기에서는 승리가 제일 중요하다. 팀을 소유한 사람이라 할지라도 팬들의 관리인에 불과하다. 팬들은 우리가 애쓰고 있는지, 경청하고 있는지를 안다. 우리가 팬들에게 정직하고 100퍼센트 최선을 다한다면 설사 승리하지 못하더라도 고마워할 것이다. 그러나 속고 있다고 생각하거나 잘못된 정보를 얻고 있다고 느낄 때, 아니면 승리하고자 하는 어떤 바람도 느낄 수 없을 때 팬들은 참을 수 없어 한다.

비즈니스나 정치, 그 밖에 인생 어디서나 승리를 추구하고 있는지가 중요한 게 아니다. 얼마나 많은 밤을 불태우며 일했는지, 일과 비즈니스에 얼마나 수완이 있는지는 중요하지 않다. 비전이 얼마나 독특한지, 얼마나 의욕적인지도 중요하지 않다. 사람들을 이해하지 못한다면 이러한 일들 중 어느 것도 중요하지 않다. 사람들에게 지지를 받지 못한다면 '충분히 좋은' 정도의 일만 하면서 평생 중간관리자에 머물게 될 것이다.

나는 아이스하키 명예의 전당에 이름을 올린, 뉴욕 레인저스의 전설적인 골키퍼 마이크 리히터에게 최고의 주장이 누구이고, 어떻게 그토록 특별한 인물이 되었는지 물어봤다. 리히터는 마크 메시에를 꼽았는데, "마크 메시에는 사람들과 어울리기 좋아할 뿐만 아니라 사람들을 잘 다루기 때문"이었다.

다른 사람들을 벽으로 밀어내는 스포츠를 업으로 삼은 승자들조차 주위 사람들을 주의 깊게 관찰하는 게 얼마나 중요한지를 안다. 또한 개개인의 요구에 맞추고, 말과 행동을 조화시키는 법을 알고 있다.

나는 우리가 목격하는 대부분의 성공이 인간 중심적일 때 가능하다고 주장하고 싶다. 오프라 윈프리가 오랫동안 방송계에서 일했기 때문에 TV 제국을 세우는 방법을 알았다고 생각하는가? 그렇지 않다. 오프라는 여성들과 연결되는 방법을 알았다. 그녀의 청중들은 주로 가정주부, 특히 전업주부들이었으며, 그들의 삶에서 빠진 공동체 의식을 제공함으로써 그들과 연결됐다.

다른 유능한 기업인들과 마찬가지로, 그녀는 청중들이 허전해하는 부분을 채워주었다. 그녀는 비밀을 털어놔도 좋을 정도의 친구가 되었고, 그들에게 그녀는 매일 평일 점심시간만이라도 의지할 수 있는 사람이었다. 오프라는 미국 여성들의 삶에서 부족한 부분을 이해했기 때문에 역사상 가장 뛰어난 토크쇼 진행자로 인정받았다. 그리고 청중과 깊이 교감하는 능력으로 그녀는 인종과 경제적 장벽들을 허물고 이 세상에서 가장 부유한 여성이 되었다.[11]

이와 마찬가지로 빌 게이츠가 컴퓨터를 잘 알아서 윈도우를 생각해 냈다거나, 버락 오바마가 똑똑했기 때문에 47세라는 젊은 나이로 미국 대통령이 됐다거나, 제프 베조스가 죽어가는 출판 산업을 오랫동안 주시해 왔기 때문에 아마존 킨들을 개발할 수 있었다고 생각할지 모르겠다.

그러나 이들을 조금만 더 깊이 분석해 보면 공통점을 찾을 수 있다. 그들은 하나같이 사람들을 알고, 사람들에게 이야기를 걸고, 사람들이 원하는 걸 찾아내서 그것을 사람들에게 안겨준다. 인간 중심적이 되면 아무도 그렇게 한 사람이 없을 때, 적절한 시기에 적절한 사람들에게 적절한 질문을 던진다.

충족되지 않은 욕구를 찾아내는 것과, 그러한 욕구를 예상하는 능력을 갖는 건 별개의 문제이다. 한 걸음 더 나아가서 그러한 욕구를 충족시켜 주기 위해서 모든 위험을 무릅쓸 수 있는 사람이 필요하다.

GM이 바로 쉐보레 볼트를 가지고 그렇게 하고 있다. 휘발유 가격이 갤런당 4달러까지 오르면서 사람들이 기름값에 비명을 지를 때 전기 자동차에 막대한 돈을 투자하는 것과, 기름값이 적절한 수준까지 떨어지고 회사가 파산해서 정부로부터 구제금융을 받게 됐을 때 돈은 많이 들고 검증은 안 된 신기술에 거액을 투자하는 건 완전히 다른 문제이다. GM은 위험을 무릅썼다.

GM은 지난 수십 년 동안 이뤄놓은 성공 속에서 쌓아온 인지도와 대중성에 의존하는 것 같았다. 이 틈에 도요타, 혼다, 포드 같은 기업들은 디자인과 품질뿐만 아니라 판매에서도 GM과 비슷한 수준까지 올라가거나 GM을 능가했다. 그러나 GM은 한 차례 충전만으로 64킬로미터 이상 달릴 수 있는 플러그인 하이브리드 전기 자동차 '쉐보레 볼트'를 출시함으로써, 경쟁사들을 따라잡기보다는 이번에는 반드시 시장을 리드하는 기업이 되겠다는 의지를 보여주었다.[12]

GM은 휘발유의 가격 변동이 심해진 상황에서 불안정한 휘발유 공급과 기후변화를 둘러싼 우려를 감안했을 때 다른 연료를 사용하는 새로운 운송 수단에 대한 요구가 나타날 것으로 예상했다. 그래서 많은 자동차를 팔지 못하더라도 새로운 세대를 향해 선제적으로 움직였고, 그들을 자동차 전시장으로 유인하면서 열렬한 관심을 불러 일으켰다.

쉐보레 볼트는 미국 자동차 업계의 혁신을 갈구하는 동시에 기름값을 걱정하는 미국 소비자들에게 "우리는 당신들이 하는 말을 듣고 있다. 우리는 당신들이 느끼는 고통을 함께 느낀다. 우리가 그 고통을 치유하기 위해서 이런 일을 하고 있다"라고 말한다.

두려움 대신 안정감을 선사하라

인간답다는 건 희망과 공포를 동시에 갖는 것이다. 인생에서 어디쯤에 와 있건 상관없이 우리는 모두 미래를 기대하는 동시에 미래에 닥칠 일을 두려워한다. 두려움을 무시하는 건 인생에서 중요한 요소를 놓치는 것과 같다. 사람들 사이의 장벽을 허물고, 사람들을 이해하고, 거대한 차원에서 사람들과 연결되는 일은, 그저 좋은 삶을 사는 것만으로 이루어질 수 없다. 그러기 위해서는 우리가 인생의 여정에서 직면하는 문제들을 해결할 수 있어야 한다.

나의 공화당 전략가로서의 활동을 탐탁지 않게 여기는 사람들은 내가 미국 유권자들에게 내재된 두려움을 찾아내서 그것을 더 심화시키려 애쓴다고 비난한다. 그리고 그런 두려움을 찾아낼 수 없을 땐, 두려움을 일으키기 위한 단어라도 만들어낼 것이라고 말한다. 나는 완전히 정반대라고 생각한다.

두려움은 항상 존재한다. 9·11 사태와 2008년부터 시작된 경기침체로 인해서 사람들은 두려움을 느끼며 산다. 이런 두려움은 충분히 일리가 있다. 세상은 무섭고 광적이고 위험한 장소이기에 두려움은 합리적인 반응이다. 이것이 없다면 잡아먹히기 전까지 행복하게 물을 마시는 작은 영양처럼 살다가 생을 마감할 것이다. 누군가와 소통할 때 그들의 욕구를 이해하고 있다는 사실을 입증하기 위해서라도 그들의 두려움을 찾아내야 한다. 그러나 정말로 필요한 건 두려움으로부터 사람들을 보호해줄 해결책이다.

고통 자체가 없을 때는 '나는 당신의 고통을 느낀다'라고 해봤자 소용이 없다. 성공적인 커뮤니케이션은 궁극적으로 고통을 인정하게 하고, 그것을 해결 또는 치유할 수 있는 방법을 찾는 것이다. 나는 고객들의 두려움을 더 키우려 하기보다 두려움을 완화하고 해소할 수 있는 언어를 찾아내려 노력하고 있다.

기업인들은 정치인들에 비해 해결책을 창조하고 전달하는 데 훨씬 더 뛰어나다. 내가 정치에 등을 돌리고 비즈니스 세계로 돌아선 이유이기도 하다. 나와 함께 일하는 기업인들은 거의 매일 이런 능력을 계발하고 있다.

사람들의 두려움을 해소해 주기 위해서 사용하는 말로 "당신보다 더 ~을 잘 아는 사람은 없다"라는 매우 긍정적인 표현이 있다.

"당신보다 돈을 현명하게 쓰는 법을 더 잘 아는 사람은 없다."

"당신보다 가족에게 좋은 게 뭔지 더 잘 아는 사람은 없다."

"당신보다 자녀들의 교육 방법을 더 잘 아는 사람은 없다."

이러한 간단한 양식은 사람들에게 통제력을 부여하기 때문에 매우 강력한 효과를 낸다. 그 결과 당신은 그들 인생의 결정권자가 아니라 그들의 바람을 담는 용기가 된다.

금융 시스템과 정부 그리고 정부의 통치 방식과 관련해서 많은 사람들이 자신의 운명과 미래, 그리고 정부에 대한 통제력까지 잃고 있는 게 아닌지 두려워한다. CNN이 2010년 2월에 실시한 설문 조사 결과, 절반 이상의 미국인들은 미국 정부가 통제 불능 상태에 빠졌다고 대답했다.

조사에 참가한 미국인들 중에서 56퍼센트는 연방정부가 너무 크고 강력해져서 평범한 시민의 권리와 자유를 즉각적으로 위협한다고 대답했다.[13] '즉각적인 위협'은 센 표현이지만, 절반 이상이 비슷한 말을 사용했다. 56퍼센트 안에는 사커맘(soccer mom: 자녀를 스포츠, 음악 교습 등 여러 활동에 데리고 다니느라 정신이 없는 전형적인 중산층 엄마-역주), 도시 직장인, 공화당과 민주당 지지자들이 모두 포함되어 있다. 이것은 충격적인 결과다.

또 개인의 자유를 증진하고 개인의 삶에 대한 정부의 통제를 제한하는 데 앞장서는 조직인 버넌 K. 크리블 재단이 실시한 조사를 보면, 미국인들 중 무려 53퍼센트는 5년 전에 비해서 더 자유롭지 않다고 믿고 있었다. 그들은 자신을 미국인답게 만든 자유를 잃을까 봐 공포에 질려 있다.

미국인들이 느끼는 두려움은 매우 실제적으로 감지된다. 그러한 사람들에게는 더 나은 미래와 최고의 날들을 그려볼 수 있게 도와주는 해결책과 언어가 필요하다. 실제로도 그런 요구가 점점 더 늘어나고 있다. 이 두 가지를 동시에 발견하는 사람이야말로 새로운 유형의 승자가 될 것이다.

거리를 지나가는 사람들에게 인생에서 가장 원하는 게 뭔지 물어보라. 그들은 한평생 무엇을 원할까? 적어도 한 번쯤은 '안보, 안전, 예측 가능성' 같은 단어들을 듣게 될 것이다.

승자는 사람들의 기대감과 공포감을 동시에 어루만지면서 사람들이 일상생활에서 안전하다고 느끼게 해줄 제품과 서비스를 창조해 낸다.

다음에 나오는 표현들은 모두 화자가 아닌 '청자' 중심이다. 이러한 표현들은 당신이 상대방을 극진히 생각하고 있다는 걸 보여주는 데 도움이 된다.

나는 당신 말을 경청하고 있습니다(I'm listening): 이 말은 듣는 사람에 대해 충분히 신경 쓰고 있다는 걸 보여준다. 당신이 자신의 말을 경청하고 있다는 걸 알면 상대는 당신이 자신에게 관심과 권한, 감사의 마음을 주고 있다고 느낀다. 경청은 적극적인 소통 방법이다.

그렇군요(I hear you): 이 말은 당신이 청자의 생각에 동의하거나 아니면 적어도 그 생각을 이해하고 있다는 말이다. 받은 메시지를 확인하는 과정에 해당한다.

알겠습니다(I get it): 이것은 당신이 상대방의 말을 듣고 있음을 확인해주는 표현이다. 이것은 이해하는 차원을 넘어서 받아들이겠다는 메시지를 전달한다.

당신을 존경합니다(I respect you): 당신이 동료나 고객에게 줄 수 있는 가장 극진한 칭찬이다. 직장 생활을 하면서 가장 듣고 싶지만 좀처럼 듣기 힘든 말이기도 하다. "나는 당신을 존경한다"는 말을 들으면 청자는 자신이 승자인 것처럼 느끼고, 그런 말을 한 당신도 승자처럼 여긴다.

약속합니다(My commitment): 일을 끝마치겠다는 의도를 진지하게 전달할 때 쓰는 말이다. 이 말을 하면, 그 약속에 당신의 평판과 명성을 건 셈이 된다. 그만큼 신중하게 써야 하는 말이기도 하다. 그동안 우리는 깨진 약속과 공허한 맹세들을 너무나 많이 봐왔다.

당신 뜻대로 하세요(You're in control): 상대방에게 권한을 주는 말이다.

> 인간 중심주의를 표현하는 핵심 문구들
>
> 1. 나는 당신 말을 경청하고 있습니다
> 2. 그렇군요
> 3. 알겠습니다
> 4. 당신을 존경합니다
> 5. 약속합니다
> 6. 당신 뜻대로 하세요
> 7. 당신이 결정하세요

이 말은 그들이 잃어버렸다고 느끼는 자유를 회복시켜 준다. 당신이 청자에게 주는 통제권은 만성적인 무기력감을 치유하는 약이 된다.

당신이 결정하세요(You decide): 이 말은 실행 가능한 통제를 뜻한다. 폭스 뉴스의 대표 로저 아일스가 만든 "우리는 보도하되 결정은 당신이 한다(We report, you decide)"라는 문장은 당대의 가장 성공적인 슬로건이 되었다. 폭스는 비평가들로부터 조롱을 당했을지 모르지만, 수백만의 미국인들은 폭스 뉴스를 가장 선호하는 뉴스로 꼽았다.

이긴다는 것은 바로 이런 것이다.

2

Paradigm Breaking

패러다임 파괴

최초가 된다는 것의
가치

어떤 문제도 그것을 만든 것과
똑같은 수준의 의식을 가지고 해결할 수는 없다.

— 알베르트 아인슈타인

1987년 10월 17일 라스베이거스에서 미라지 호텔이 문을 열었을 때 한 기자는 그것을 "세계 여덟 번째 불가사의"라고 불렀다. 이어 16억 달러의 비용(당시에는 이보다 더 많은 건축비를 투자한 호텔이 없었다)을 들인 벨라지오 호텔이 1998년 10월 15일에 문을 열었을 때 몇몇 언론사 기자들은 그것이 정말 지구상 가장 멋진 호텔인지 확인하기 위해 달려갔다.

그러나 스티브 윈에게 벨라지오 호텔은 단지 그의 다음 걸작에 대한 기준이 더 높아져야 한다는 걸 의미했을 뿐이다. 자신의 이름을 건 그의 다음 호텔은 벨라지오 호텔보다 약간 좋은 수준 정도로 그칠 수 없었다. 호텔의 '틀'을 깨야 했다.

'라스베이거스의 황제'로 불리는 스티브 윈보다 이 호텔의 이야기를 더 잘할 수 있는 사람이 없으므로, 그가 기존 호텔의 패러다임을 어떻게 깼고 라스베이거스의 수준을 어떻게 높였는지 그에게 직접 들어보자.

다음 호텔에 대해서 동료들과 대화를 나누던 중 지난 27년 동안 우리가 호텔을 제대로 지은 게 아닐지도 모른다는 사실을 깨달았다. 서비스 업계에서 가장 성공한 구조물로 꼽히는 위대한 호텔 3곳을 세운 상황에서, 우리가 근본적으로 계산을 잘못했음을 깨달은 건 놀라운 일이었다.

초점을 호텔 밖 인도가 아니라 호텔과 그 안에 있는 사람들에게 맞춰야 했다. 우리가 가장 많은 책임을 느끼는 사람들은 밖에 있는 극장가를 오르내리며 산책하는 사람들이 아니라 우리 건물에 머물면서 먹고 마시고 쇼핑하고 신나게 뛰어다니는 사람들이다. 그래서 나는 호텔 안 곳곳을 아무것에도 얽매이지 않는 놀라운 경험으로 채우겠다고 생각했고, 새로운 아이디어를 실현할 방법을 찾아내기 위해 노력했다.

그러던 어느 날, 40년 동안 겪었던 것 중 가장 놀라운 계시를 경험했다.

'미라지 호텔의 화산 쇼를 보고 사람들이 말할 거야. "호텔 안은 호텔 밖만큼 좋을까? 들어가 보자." 보물섬의 해적 쇼로 사람들을 호텔 안으로 들어가게 할 수 있을까? 벨라지오 호텔의 분수를 본 사람들은 궁금증을 참지 못해 안으로 들어갈 거야.'

그렇다. 중요한 건 호텔 밖이 아니라 호텔 안에 있는 진실이었다! 만일 라스베이거스 스트립을 세상과 완전히 분리할 수 있다면 내 진짜 손님들과 호텔과 나는 레스토랑을 비롯한 도처에서 훨씬 더 극적인 경험을 자유롭게 맛볼 수 있을 것이었다. 그것은 우리가 더 이상 빌어먹을 인도에 대해서 걱정할 필요가 없게 해주며 우리를 걱정으로부터 해방시키는 진실이었다.

나는 그날 밤, 라스베이거스 스트립에 나의 네 번째 호텔을 지으면서 인도를 전혀 신경 쓰지 않아도 된다는 사실에 너무 흥분한 나머지 잠을 잘 수 없었다. 새벽 4시 30분에 일어나서 조용히 침대를 빠져나와 내 디자인 파트너에게 전화를 걸어 말했다.

"들어봐. 우리는 산을 세울 거야. 그 산은 석호와 지류를 가진 복잡한 구조가 될 거야. 그것을 45미터나 48미터 높이로 짓고, 라스베이거스 스트립을 차단하고, 호텔에 생기를 불어넣어줄 거야. 침몰하는 배나 터지는 화산이나 춤추는 분수보다 더 강력한 게 뭐겠어? 호기심이야! 그리고 미스터리지! 호텔 앞에 펜스를 세우면 아무리 돈 없는 아이라도 반대편에서 무슨 일이 일어나는지 보려고 펜스를 기어오를 거야. 우리는 호텔을 숨기는 초대형 산을 세우겠지만 펜스에 '이리로 들어오면 된다'는 걸 알려주는 구멍을 남길 거야."

그리고 우리는 실제로 그렇게 했다.

기존의 패러다임은 18년 전 그것을 만들었던 사람에 의해서 깨졌다. 그리고 또다시 라스베이거스는 예전과 달라질 것이다.

놀라운 변화를 상상하다

조지 버나드 쇼는 한때 이렇게 말했다. "당신은 사물을 보고 '왜?'라는 질문을 던진다. 그러나 나는 과거에 없었던 것을 꿈꾸고, '왜 안 되나?'라고 묻는다." 그로부터 몇 년 뒤에 로버트 F. 케네디 상원 의원은 버나드 쇼의 말과 비슷한 말을 하면서 대선 연설을 끝냈다. "실제 있는 그대로의 사물을 바라보면서 이유를 묻는 사람들이 있다. (중략) 나는 과거에 없던 걸 꿈꾸면서 '왜 안 되나?'라는 질문을 던진다."

승자는 세상을 있는 그대로 받아들이지 않는다. 그들은 세상이 어떻게 되어야 하는지에 대한 소신으로 움직인다. 그들의 비전은 미션이 되고, 그 미션은 우리의 경험을 재편한다. '왜 안 되나?'라는 질문을 던지지 못한다면 당신은 승자의 사고방식을 갖고 있지 않은 것이다.

버나드 쇼와 로버트 케네디, 이 두 사람은 전 세계 1퍼센트의 몽상가들이, 나머지 99퍼센트의 경험의 차원을 변화시킨다는 것을 알았다.

그들 모두 '꿈꾸다'라는 단어를 쓰고 있음을 주목하라. 다른 행동들과 달리 꿈은 인간적 한계로부터 우리를 자유롭게 한다. 꿈에는 규칙이 없다. 꿈꾸는 순간, 두 발을 지상에 묶어두던 중력은 사라져 없어진다. 하늘은 우리가 원하는 어떤 색깔로도 변할 수 있다. 꿈은 우리가 현재 살고 있는 것과 다른 세상을 보여준다.

선견지명이 있건 없건 상관없이 꿈은 우리에게 근본적으로 다른 내일을 상상하는 능력을 준다. 놀라운 변화를 상상하는 것을 나는 '패러다임 파괴'라고 부른다.

일반적으로 정의해 봤을 때 패러다임은 "어떤 한 시대 사람들의 견해나 사고를 근본적으로 규정하는 테두리로서의 인식 체계, 또는 사물에 대한 이론적 틀이나 체계"를 말한다.[14] 간단하게 말해 패러다임은 우리가 세상을 바라보는 '틀'이다.

패러다임은 우리가 정보를 조직하고 이해하게 돕는다. 패러다임이 없는 세상은 무슨 일이나 해도 되고 아무런 평가 기준이 존재하지 않는 토머스 홉스 학설의 신봉자들이 만든 세계이다. 패러다임이 없다면 객관적으로 볼 수 없다.

승자는 꿈을 꾸고, 패러다임을 파괴하고 시금석을 만든 다음 실제 세계에 적용한다. 이렇게 해서 높아진 창조적 자유의 수준은 승자를 평범한 사람들과 구분해 주며, 인류가 이룬 위대한 성취들 중 다수의 원천이 된다.

패러다임 파괴는 왜 필요한가

세계에서 가장 성공한 기업가들과 패러다임을 파괴한 사람들을 조사하면서 나는 한때 엘리트 명단에 올랐던 가장 부유하고, 가장 권력이 있고, 가장 영향력이 컸던 수십 명의 사람들을 인터뷰했다. 이 사람들은 산업계 지도자이고 할리우드 엘리트이고 스포츠 명사들로서, 시대의 아이콘이었다.

과거와 미래가 다를 수 있지만 그들에게는 한 가지 공통점이 있었다. 돈이나 권력으로도 바꿀 수 없는 가족에 대한 후회이다. 그들은 가족과 보낼 시간이 부족했다.

정재계를 초월해 가장 성공한 사람들조차 후회, 좌절, 실망을 느낀다. 좋은 교육으로 신분이 상승한 미국인들에게는 항상 경제적 성공이 최우선 순위였다. 그러나 그들이 실제로 갈망하는 것은 돈도 아니고 경제적 성과도 아니고 삶의 '내용'이다.

대개 더 많은 돈이 더 많은 자유를 뜻한다고 믿기에, 백만장자들은 가장 큰 집, 가장 빠른 차, 가장 새로운 기술 같은 물질을 축적함으로써 자신들이 이룬 성공을 측정하려 하기 쉽다.

돈을 무엇보다 가장 우선시하는 사람은 필연적으로 '성공으로 인한 실패'를 겪는다. 경제적 성취는 안도감을 가져다줄 것처럼 보인다. 그러나 그것은 종종 더 큰 스트레스와 불안감을 일으킨다. 경제적으로 더 성공할수록 이미 가지고 있는 것을 잃을 수도 있다는 두려움을 더 많이 느끼기 때문에, 더 열심히 일하고 더 많이 벌지만 기분은 더 나빠진다. 일명 슈퍼리치에 속하는 기업인들에게 인생은 극심한 생존경쟁의 장이 되었고, 그들은 지금도 승리하기 위한 싸움을 끝없이 벌이는 중이다.

여기서 의문이 하나 생길 것이다. 모든 걸 소유하고 있지만 아무것도 즐기지 못하는 사람을 위해서 무슨 일을 할 수 있을까?

2010년 새해를 멕시코 카보에서 맞이하기로 한 나는, 세계에서 가장 배타적이면서 까다로운 고객들만을 위해 휴가의 패러다임을 깬 개발 업자를 만났다. 50대 중반에 접어든 디스커버리 랜드 컴퍼니의 CEO 마이크 멜드만이 그 주인공이다. 그는 유명 인사들의 활기찬 휴가를 위해서가 아니라, 부모들을 아이들과 다시 연결시켜 주기 위해서 휴양단지 개발 사업을 하게 되었다.

개발 업자들은 거의 언제나 성(姓)으로만 알려지지만 마이크는 이름도 알려져 있다. 마이크는 양복을 차려입은 전통적인 억만장자 기업인이기보다는 사회복지사처럼 보이고, 또 그렇게 행동한다. 그는 몸매가 아주 좋지만 남성 패션잡지 《GQ》에서 그의 모습이나 그가 입은 옷을 찾지는 못할 것이다. 마이크는 종종 티셔츠와 낡은 청바지 차림으로 일터에 모습을 드러내고, 사람들은 그가 양말 한 짝이라도 온전히 가지고 있는지 의심할 정도다.

그는 지쳐 푹 쓰러지듯이 앉아 있지만 1분마다 한 번씩 자신의 블랙베리가 울릴 때마다 얼굴에 화색이 돈다. 그리고 블랙베리를 만질 때마다 누군가에게 자신이 세운 회사 디스커버리의 삶을 소개한다. 바하마에서 카보까지, 캘리포니아 팜스프링스에서 하와이까지, 스키를 탈 수 있는 개인 산에서 서핑을 즐길 수 있는 개인 해안까지. 상당한 자산가들은 디스커버리라는 적절한 이름을 가진 마이크의 회사 덕분에 가족의 가치를 발견한다. 디스커버리는 땅에서 위로 천국을 세운다. 한 번에 한 집, 한 클럽, 그리고 한 가족씩 세운다.

거의 모든 경쟁사들이 파산하거나 폐업할 때조차 디스커버리는 번창

하고 있다. 그곳의 프로젝트들이 소유자들을 일상의 소음과 번거로움에서 멀리 벗어나 지구의 진정한 아름다움에 가까이 있는 개인의 안식처로 인도하기 때문일 것이다. 그곳 어디에도 시계가 없으며, 아무도 서두르지 않는다. 모든 것, 모든 이가 고요하다. 자연은 인간과 조화를 이룬다. 공기조차 깨끗하고 사람을 취하게 만든다. "새로운 땅을 찾고 그곳의 보물, 전통, 영광을 후세대와 공유하기 위해서." 디스커버리의 강령은 진부할지 모르지만 정확하다.

앞서 소개한 곳들은 휴양지가 아니라 제2의 고향들이다. 주변에 이웃은 없다. 그들은 산 위나 멀리 떨어진 강에 있을지 모른다. 그러나 아이들은 바로 그곳에 있다. 아이들은 거실 바닥에 아무렇게나 누워 있거나, 식탁 주위를 말처럼 뛰어다니거나 홀 바로 아래에 있는 화장실에서 볼일을 본다. 한마디로 말해서 그들은 서로 친밀하다. 가족과의 친밀감은 오늘날 승자들이 다른 무엇보다 더 많이 원하는 것이다.

이것이 패러다임 파괴인 이유는 디스커버리가 적극적으로 가족들을 맞이하는 방식 때문이다. 하와이 쿠키오 해안에서 열린 '영화의 밤'을 예로 들어보자. 아이들과 부모들은 팝콘 기계와 매점들로 가득 찬 디스커버리 스타일의 드라이브인(자동차를 탄 채 이용할 수 있는 극장과 식당 등) 옆에 있는 이벤트 행사장으로 골프 카트를 밀고 간다. 그곳에는 계산대가 따로 없다.

모든 아이들에게 관심이 집중되는 프라이빗한 거주용 클럽을 상상해보라. 그곳에서는 부모와 아이들이 서로 격식 없이 편하게 소통할 수 있다. 직원들은 아이들이 과거에 해보지 못한 것을 경험하고 부모들이 소중한 추억을 만들 수 있도록 돕는다. 이것이 디스커버리의 직원들이 맡은 유일한 책임이다.

이렇게 가족 및 커뮤니티 구축 서비스를 제공하는 통합적인 집/클럽 개발 업자는 어디에도 없다. 마이크는 설명했다. "디스커버리는 우연히 생긴 게 아니다. 나는 가족을 위해서 그것을 만들었다. 디스커버리는 모든 걸 가지고 있지만 가족에 관한 기억을 갖고 있지는 않은 모든 사람들을 위한다."

그에게 디스커버리 커뮤니티를 만드는 것은 화려한 제2의 집을 설계하는 것 이상을 의미했다. 사실상 그것은 엄격한 개인적 미션이자 약속이었다.

"나는 두 아이를 혼자 키우는 아빠였으며, 아이들과 즐거운 시간을 보내면서 아이들에게 솔직히 내가 잘 몰랐던 아웃도어 활동을 가르쳐주고 싶었다. 그래서 나는 아이들과 같이 낚시, 웨이크보딩, 서핑, 스쿠버다이빙을 배웠고, 그로부터 15년이 지난 지금 우리는 모든 걸 함께 즐길 수 있게 됐다."

마이크가 누구에게나 자랑하는 프로그램은 클럽의 '아웃도어 활동(Outdoor Pursuits)'이다. 이것은 해당 지역의 지형과 현지 스포츠 상품, 회원들의 관심에 따라 각 클럽에 맞게 고안된다. 태어나서 처음으로 웨이크보드를 타보거나 아우트리거 카누를 타고 같이 움직이는 방법을 배우는 등, 클럽 회원들은 한 가족으로서 신체 활동에 참가하도록 권장받는다.

그리고 종종 부모들은 아이들로부터 배운다. 카보의 엘도라도 커뮤니티에 있는 부부가 딸의 생애 첫 서핑 수업을 보고 싶어 하자, 직원들은 가족 모두를 위한 특별 점심을 준비했다. 이어 아이의 첫 파도타기 장면을 디지털 카메라로 찍은 다음에 가족에게 평생 남을 사진첩을 선물했다.

하늘, 땅, 물 어디를 둘러봐도 즐거움이 넘친다. 몬태나에 위치한 스키 리조트인 옐로스톤 클럽의 스키 슬로프에 두루 걸쳐 있는 슈가 섀크 (Sugar Shacks : 메이플 시럽 제조 농장)에서는 아이들과 어른들이 같이 스키를 타게 하기 위해서 아이들에게는 과자와 사탕을 주고 어른들에게는 커피와 술을 준다.

디스커버리 클럽에 있는 골프 코스 위 휴게소들은 가족 골퍼들을 위해서 맛있는 음식을 제공한다. 게다가 모두 무료다. 모든 디스커버리 커뮤니티에 있는 키즈 클럽은 자체 식당과 메뉴를 갖추고 있으며, 다른 친구들과 어울릴 수 있는 안전하면서도 친근한 공간을 제공해 준다.

나는 이러한 '패러다임 파괴' 기업의 팬이다. 영국판《GQ》에 이런 회사들에 대해서 글을 쓴 적이 있다. 디스커버리는 브로셔에 '비할 데 없는 개인의 사치'와 개인 스키 슬로프에 새로 쌓인 눈을 광고할지 모른다. 그러나 이 회사가 진정으로 제공하는 것은 돈을 주고서도 살 수 없는, 가족과 친구들과 함께 보내는 값진 시간이다.

마이크는 이렇게 말했다. "나는 우리 프로젝트들이 그토록 많은 사람들의 삶을 풍요롭게 해주었고, 그토록 많은 가족들을 뭉치게 했다는 사실이 가장 자랑스럽다. 부모들은 우리 커뮤니티를 돈 주고 산다. 그러나 나를 가장 행복하게 만드는 건 그렇게 좋은 시간을 보내며 자라는 그들의 아이들을 보는 것이다."

칼럼니스트 조지 윌은 2009년에 현대 의약이 이뤄놓은 위대한 진보를 주제로《워싱턴 포스트》지에 기고한 글에서, 새로운 기술이 어떻게 사업체로서의 병원 운영 방식을 근본적으로 바꿔놓았는지 지적했다. "현재 노화로 건강보험 재정에 큰 부담을 주고 있는 첫 베이비부머 세대가 1946년에 태어났을 때, 많은 미국 병원들은 침대 시트를 깨끗하게 유지하는 데 주로 돈을 썼다. 이것은 MRI와 CAT 스캔 기술과 그 밖의 현대

의학에서 사용되는 진단과 치료 장비들이 등장하기 전의 일이었다."[15]

오늘날 침대 시트를 깨끗하게 유지하는 데 드는 비용은 미국 병원들에서의 지출 순위 20위 안에도 들지 못한다. MRI와 CAT 스캔과 초음파 같은 새로운 기술들은 비용이 고가일지 모르지만, 그런 기술을 갖지 못했던 시절로 돌아가기를 원하는 사람은 물론 없을 것이다.

우리는 건강관리에 너무 많은 비용이 든다고 불평하곤 한다. 그런데 정확히 무엇을 위해서 쓰는 돈인지를 떠올린다면 생각이 바뀔 것이다. 우리는 암이 우리를 죽이기 전에 그것을 찾아내는 스캔 기술에 돈을 지불한다. 심장이 뛰게 하고, 폐가 숨 쉬게 하고, 무수히 많은 종류의 감염들을 막아주는 의약품을 사기 위해서 돈을 지불한다. 이러한 혁신들이 없다면 우리는 어떻게 될까? 더 쉽게 죽거나 아플 것이다.

현대 의학은 삶 자체의 패러다임을 무너뜨렸다. 항생제가 출현하기 전까지는 17세기 영국의 시골 풍경을 즐기다가 손가락만 베도 감염으로 며칠 만에 숨질 수 있었다. 그러나 오늘날에는 상처 부위에 네오스포린 연고를 바르고 밴드로 감싸면 상처가 아문다.

아이를 낳다가 합병증으로 숨지는 여성들은 어떤가? 1915년에는 미국에서만 정상 출산 산모 10만 명당 약 608명이 아이를 낳다가 숨졌다. 2009년에 이 수치는 불과 17명으로 줄어들었다. 아직도 갈 길이 멀지만, 우리는 지금까지 매우 먼 길을 걸어왔다. 대다수의 여성들은 더 이상 아이를 낳다가 죽을지 모른다고 크게 걱정하지 않는다. 신약과 21세기 기술 덕택에 그렇게 끔찍한 일이 거의 일어나지 않게 되었기 때문이다.

우리는 새로운 패러다임 속에서 살고 있다. 이제 아이들과 산모들은 출산 후 거의 생존하고 있으며, 소아마비는 더 이상 존재하지조차 않고, 에이즈는 치료 가능한 만성 질환이 되어 더 이상 사형 선고로 간주되지 않는다. 그리고 과거 어느 때보다 온갖 종류의 암과 싸워서 생존하는 사람들의 수가 점점 더 늘어나고 있다.

주요 장기나 완전한 인공장기의 이식은 이미 가능해졌다. 의사들과 과학자들이 우리가 지금 가지고 있는 것과 유전적으로 동일한 새로운 장기를 만들 수 있는 세계를 상상하는 게 어렵지 않다. 따라서 우리는 적어도 이론적으로는 무한정 살 수 있다.

지금으로부터 100년 전만 해도 이러한 비전들이 터무니없는 생각이나 이단으로 낙인찍혔을 것이다. 지금은 인습에 맞서 싸우는 과학자, 의학 연구원, 승자들이 있다. 그리고 그 결과 당신 아이들의 인생은 또 다를 것이다.

코페르니쿠스에서 크록까지, 패러다임 파괴자들

1543년에 폴란드 천문학자인 니콜라우스 코페르니쿠스는 임종 때 필생의 역작인 『천구의 혁명에 대하여』의 첫 인쇄본을 받았다고 한다. 이 책에서 그는 태양이 우주의 중심이고 모든 행성들이 태양 주위를 돌고 있다고 주장하면서 우주를 이해하기 위한 태양 중심의 가설을 설명했다.

오늘날 이 이론은 논란의 여지가 전혀 없다. 그러나 16세기에는 대부분의 사람들이 태양이 지구를 돈다고 생각했다. 이러한 생각은 주로 신이 지구를(그리고 인간도) 그의 모든 창조물의 중심으로 만들었다는 믿음에 기인한 것이었다.

그런데 그때 "태양이 모든 것의 중심이다. 내가 그것을 증명할 수 있다!"라고 주장하는 과학자 코페르니쿠스가 등장했다. 그리고 한 권의 책이 이어 나오면서 우리가 사는 우주 공간에 대한 모든 개념이 바뀌었다.

이것이 패러다임 파괴다.

역사상 가장 위대한 성취자들 중 몇몇은 우리의 사고방식을 근본적으로 바꿔놓았기 때문에 오늘날까지도 영향을 미친다. 1440년경 요하네스 구텐베르크는 최초의 인쇄기를 발명하여 정보를 저장하고 공유하는 방식에 일대 혁명을 일으켰다.

17세기와 18세기에는 존 로크와 장-자크 루소, 토머스 홉스 같은 철학자들이 인간이 다른 인간과 국가와 맺는 관계에 대한 이해를 바꿔놓았다. 더 이상 '왕권신수설'이나 군주들의 합법적 권한 같은 건 없었다. 새로운 패러다임 속에서 정부는 모든 통치 대상자들의 동의로 힘, 권한, 합법성을 얻었다. 이는 인류 역사상 가장 설득력 있으며 강력하고 긍정적인 패러다임 파괴 중 하나였다.

현대적 개념에서 패러다임 파괴는 제품, 서비스, 아이디어, 사람, 혹은 사건에 대한 사고방식을 바꾸는 문제와 관련된다. 패스트푸드 산업의 창시자인 레이 크록을 예로 들어보자. 맥도날드 이야기는 사실 크록의 이야기다.

크록은 밀크셰이크 믹서 판매 사원으로 일하던 중 캘리포니아 남부에서 작은 햄버거 가게를 운영하던 모리스와 리처드 맥도날드 형제에 대한 이야기를 들었다. 크록은 맥도날드 형제가 종종 믹서 8개를 한꺼번에 돌리면서 놀라울 만큼 많은 양의 밀크셰이크를 팔고 있다는 소식을 들었다. 그래서 그는 짐을 꾸려 그들에게 믹서를 팔러 떠났다.

크록이 그곳에서 목격한 것은 그의 인생을 바꿔놓았다. 그리고 전 세계 수천만 명에 이르는 사람들의 식습관도 예전과 달라졌다. 다른 버거 가게들과 달리 두 형제는 디트로이트 자동차 회사 노동자들이 자동차를 조립하듯이 버거를 만들어서 팔고 있었다. 크록은 그토록 많은 사람들에게 그토록 빨리 버거를 만들어서 파는 모습을 본 적이 없었다. 크록은 그 모습을 처음 본 순간 획기적인 뭔가를 봤음을 깨달았다. 그리고 '이거 어디서나 대박이 나겠다'라고 생각했다.

그는 나중에 당시를 회상하면서 이렇게 말했다. "1954년 맥도날드 형제의 가게가 돌아가는 광경을 보고서 나는 아이다호 감자가 머리 위로 떨어진 것처럼 뉴턴과 같은 갑작스런 깨달음을 느꼈다. 그날 밤 모텔 방에서 나는 낮에 본 장면을 오랫동안 생각하면서 보냈다. 미국 전역의 교차로들마다 수놓인 맥도날드 매장에 대한 비전이 내 머리를 행진하듯 지나갔다."[16]

크록은 맥도날드의 '골든 아치'에서 패러다임 파괴의 기회를 보았고, 그 기회를 잡았다. 그는 맥도날드 형제에게 영업 입지를 강화해서 그들의 비즈니스 방식을 다른 지역들로 확대할 것을 제안했다. 형제는 크록을 자신들의 대행인으로 고용했다. 그리고 나머지는 역사 그대로다.

크록은 햄버거를 발명하지는 않았지만 그의 말대로 다른 누구보다도 "햄버거에 대해서 진지하게 생각했다." 그의 비즈니스 전략은 맥도날드 매장에서 팔리는 모든 햄버거를 똑같이 만드는 것이었다. 맥도날드 햄버거는 톨레도에서부터 도쿄에 이르기까지 모두 같은 맥도날드 햄버거가 되었다.

맥도날드는 '사람들이 햄버거를 좋아한다'는 아주 간단한 아이디어에서 출발했다. 그렇다면 우리는 어떻게 더 맛있는 햄버거를 더 빨리 만들어서 더 많은 사람들에게 팔 수 있을까? 패스트푸드 혁신의 중요 요소는 바로 표준화이다. 패스트푸드는 어느 곳에서나 같은 맛을 유지해야 한다. 그리고 표준화에 필요한 요소는 완벽함이다. 크록은 한때 "완벽함은 성취하기 매우 힘들다. 완벽함은 내가 맥도날드에서 원했던 것이다. 내게 다른 모든 것은 부차적이었다"라고 말했다.

패러다임 파괴자들은 가지고 있던 꿈과 비전을 폭넓은 대중의 수요로 바꾼다. 이러한 새로운 패스트푸드 패러다임이 일반적인 음식과 식사에 대한 우리의 기대치를 바꿔놓았기 때문에 우리의 행동 역시 그 새로운 세계관에 맞게 바뀌었다. 2009년에 미국인들은 평균적으로 하루에 불과 27분을 음식 준비에 썼고, 청소에 쓰는 시간은 4분이었다. 우리는 과거 어느 때보다도 많은 시간을 외식하는 데 쓰고 있다.

패러다임 파괴자들은 우리 시대의 탐험가 마젤란들이다. 16~17세기의 위대한 항해자들과 마찬가지로, 그들의 이름과 그들이 우리 삶과 세계에 미치는 영향은 계속될 것이다. 현대의 패러다임 파괴자들은 우리 삶을 새로운 지평으로 이끌고, 사람들이 더 편하게 살 수 있도록 돕고 있다.

과거를 뒤집는 법

오랫동안 가져왔던 기준과 기대를 어떻게 뒤집을 수 있을까? 2007년 기준으로《포브스》지 선정 미국 최고 부자 중 102위에 오른 전자제품 매장 베스트 바이의 창립자인 딕 슐츠는 쇼핑의 역학 관계를 근본적으로 바꿔놓음으로써 성공을 거두었다.

베스트 바이를 다른 업체들과 차별화시키려고 노력했지만 부진한 실적을 받아든 그는 더 극적인 변화가 필요하다는 걸 깨달았다. 그는 소매업 분야에서 표준화된 '점포의 수를 늘리는 게 더 좋다'라는 점진적 팽창 전략을 거부하고, '더 많은 물건을 갖다 놓고 파는 게 좋다'는 당시로서는 급진적인 전략을 채택했다.

베스트 바이는 우연히 탄생했다. 현대판 전자제품 초대형 매장이 되기까지는 우여곡절이 많았다. 한번은 토네이도가 슐츠가 운영하던 소형 매장 하나를 초토화시키기도 했다. 남은 상품들을 팔아야 했던 슐츠는 다른 매장들에서 엄청난 물량의 상품을 선별해 모아 한곳에서 낮은 가격에 팔며, 대규모로 광고를 하면서 일명 '토네이도 세일'을 시작했다. 이 세일은 큰 성공을 거두면서 고난 속에서 기회가 온다는 옛말이 옳다는 걸 보여주었다.

슐츠는 한곳에서 더 많은 제품을 모아 파는 게 새로운 사업 방식의 전형이 될 수 있다는 걸 깨달았다. 그는 1983년에 무려 1만 8,000제곱피트, 즉 500평이 넘는 전자제품 판매 매장을 열고 '베스트 바이'라는 이름을 붙였다. 이것이 미국 최초의 초대형 전자제품 판매 매장이었다. 베스트 바이란 이름은 '어떤 제품이건 가장 좋은 가격에 살 수 있다'는 뜻을 알리기 위한 마케팅 전략의 일환으로 만들어졌다.

패러다임을 파괴한 초대형 매장이란 개념은 즉각 소비자들 사이에서 인기를 끌었다. 개점 첫해에 베스트 바이의 초대형 매장 한 곳에서 팔린 가전제품이 전년도에 슐츠의 전체 체인점에서 팔린 가전제품들을 모두 합친 것보다 더 많았다. 또한 불과 15년 만에 베스트 바이는 미국에서 가장 매출이 많은 가전제품 판매 회사로 성장했다. 비결은 무엇이었을까?

첫째, 시간에 민감한 고객들을 위해서 슐츠는 소비자들이 매장에 한 번만 방문하면 된다고 생각할 수 있도록 매장들의 크기를 더 크게 만들었다.

둘째, 자신들이 뭘 원하는지를 정확히 알고 있는 사람들에게는 직접 알아서 구매하고 판매 직원들에게 의존하지 않아도 되는(다시 말해서 기다릴 필요가 없는) 기회를 제공해 주었다.

셋째, 판매 직원들이 판매 수수료를 받고 운영하는 매장의 고압적인 분위기를 좋아하지 않는 사람들을 위해서(당시에는 이런 모습이 가전제품 업계의 관행이었다) 슐츠는 가전제품에 대한 지식이 풍부하면서 수수료를 받지 않는 판매 직원들을 고용했다.

넷째, "어떤 수를 써서도 성장하기만 하면 된다"는 매장 개점 전략 대신에(미국의 가전제품 판매 체인 서킷 시티가 2009년 파산한 주요 이유가 이 전략 때문이었다) 슐츠는 똑똑하고 전략적인 입지 선택에 집중했다.

그리고 다섯째, 슐츠는 경쟁자들에 비해서 상품 가격을 내렸다.

이야기는 여기서 끝나지 않는다. 베스트 바이는 2002년에 전자제품 대고객 서비스 분야의 트렌드를 결정하는 회사로 알려진 긱 스쿼드를 인수했다. 경쟁사들은 인건비를 줄이려는 의도를 숨긴 채 고객들과 멀리하려고 애쓰고 있었지만 긱 스쿼드는 매장에서 집까지 설치, 문제 해결, 지속적 서비스 등 대고객 서비스를 확대하고 일대 혁명을 일으키면서 베스트 바이에 더 높은 수익률과 더 큰 고객들의 충성을 안겨주었다.

슐츠의 후임자인 브래드 앤더슨도 슐츠만큼 혁신적인 사고에 집중했다. 그 역시 부하 직원들과 슐츠의 개방 정책을 공유했고, 매장 내 직원들에게 주변 커뮤니티의 욕구를 충족시키고 아이디어를 실천에 옮길 수 있게 매장 분위기를 만들도록 장려했다. 다음은 그 한 가지 사례다.

우리에게는 44번 도로와 5번가에 있는 맨해튼 매장에서 일하고 있는 특이한 사람들로 구성된 훌륭한 팀이 있다. 매장 인근에는 규모가 큰 브라질 공동체가 있는데, 그곳 관리자는 '그들을 공략하기 위해서 아무 일도 하지 않는다'

라고 했다. 그래서 브라질어를 할 줄 아는 사람들을 매장에 고용했다.

그들은 브라질 사람들을 태우고 뉴욕 시로 들어오는 크루즈선이 있다는 걸 알아낸 후 여행사에 연락했고, 매장이 브라질 여행객들에게 바람직한 관광 장소라는 걸 알아냈다. 갑자기 일요일마다 여행객들을 가득 태운 버스들이 우리 매장으로 몰려왔다. 미네소타에 있는 누군가가 그런 아이디어를 찾아낼 때까지 기다렸다면 우리는 지금도 여전히 기다리고 있을 것이다.[17]

소매업에서 자기만의 영역을 새기며, 수십 곳의 경쟁사들보다 더 오래 생존했고 더 많이 판매한 회사, 타깃 오퍼레이션을 언급하지 않고서는 소매 산업에서의 패러다임 파괴에 대한 이야기를 끝마칠 수 없다.

경쟁의 전후 상황을 제대로 설명하기 위해서 진부한 사실에서부터 시작해 보자. 월마트가 최저 가격 전략을 써서 엄청난 성공을 거두자 즉각 공격의 대상이 되었다. 대부분의 다른 할인점들은 월마트의 낮은 가격과 같은 가격으로 경쟁하기 위해서 애썼기 때문에 월마트의 패러다임을 받아들이고 월마트의 기준으로 경쟁했다.

그들 매장들은 형광등 불빛과 단조로운 리놀륨 바닥으로 꾸민 거대한 동굴 분위기의 창고였다. 쇼핑객들은 할인점에 들어와서 아무 치장 없이 물건만 쌓아놓은 광경을 목격하면 할인점이 최저 가격으로 물건을 팔고 있을 것이라고 확신하게 된다.

그러나 미국의 또다른 유통업체인 타깃은 월마트의 패러다임을 받아들이기보다는 그것을 깨버렸다. 타깃은 가치와 적절한 스타일을 결합해서 새로운 접근법으로 앞장섰다. 그 차이는 즉시, 그리고 분명히 나타났다. 타깃은 월마트와 달리 크고 깨끗한 복도와 선반, 다채롭고 매력적인 디스플레이, 생기 넘치는 이미지 등을 동원했다. 타깃이 기발한 점은 쇼

평객들이 염가 판매 매장에서 쇼핑하고 있다는 느낌을 전혀 받지 않으면서도 그런 매장에 버금가는 낮은 가격에 쇼핑을 즐길 수 있게 했다는 것이다.

장식만큼이나 중요한 게 타깃의 차별화된 제품이다. 경쟁사들이 상품 가격을 떨어뜨려 저렴함을 부각시키기 위해 애를 쓰는 반면, 타깃은 새로운 판매 라인을 만들기 위해서 유명 패션 디자이너들과 제휴하기도 한다.

2002년 유명 디자이너 아이작 미즈라히는 타깃을 위해 패션 상품을 만들었다. 이들의 제휴는 세간에서 큰 화제가 되었다. 미즈라히의 디자인들은 출시되자마자 엄청난 인기를 누렸다. 불과 5년 만에 그가 디자인한 제품들의 판매량이 3배로 늘어났고, 디자인 대상은 침구와 애완 용품으로까지 확대됐다. 미즈라히가 타깃을 위해서 일하자 타깃의 스타일에 대한 신뢰가 공고해졌고, 고전하고 있던 미즈라히의 사업도 되살아났다.

타깃에 들어가면 대중들을 위한 또다른 대표적 명품인 스타벅스 매장이 당신을 반긴다. 이것은 우연이 아니다. 쇼핑하는 동안 아이스라테를 즐길 수 있는 선택권을 주는 것은, 합리적 가격과 세련된 분위기를 결합시키기로 한 타깃의 전략을 보여주는 일례에 불과하다.

사람들이 타깃을 프랑스식 발음으로 '타르-제이(Tar-jay)'라고 애정을 가지고 부르는 게 놀라운 일은 아니다. 사람들은 타깃이 가격에만 집착하는 경쟁사들과 달리 더 세련됐다고 느낀다. 그리고 타깃의 이런 전략은 효과적이었다. 타깃은 제2의 월마트가 되려는 다른 많은 기업들을 누르고 미국 내에서 월마트에 이어 두 번째로 큰 할인점으로 부상했고, 2010년 기준《포브스》지 선정 30번째로 큰 기업에 랭크됐다.

타깃에는 패러다임 파괴에 적극적으로 보상하는 기업 문화가 있다. 회장이자 CEO인 그레그 스타인하펠은 1999년 사장직을 맡은 이후부터 매일 변화를 모색했다. 부사장이자 최고마케팅책임자인 마이클 프랜시스는 매년 '빅 아이디어' 경쟁을 주최하면서, 전사적으로 특정 문제를 해결하기 위한 혁신적인 해결책을 찾아오도록 자극했다. 그 결과로 패러다임 파괴에만 몰두하는 것이 아니라 지위 고하를 막론하고 관행을 거부하고 새롭고 신선한 뭔가를 찾아나서는 직원들이 생겨났다.

패러다임 파괴의 조건은 무엇인가?

대부분의 사람들은 회사의 고위직에 있는 사람들이 다른 사람들보다 일을 더 잘할 거라고 생각한다. 그런데 반드시 그렇지는 않다. 그들은 그저 일을 다르게 할 뿐이다. 2013년 아이스하키 명예의 전당에 이름이 오른 팔방미인 공격수 브렌던 샤나한을 예로 들어보자.

NHL에서 선수 생활을 시작했을 때 나는 골네트 주위 2미터 거리에서 골을 넣을 수 있었다. 솔직히 팁인(tip-in: 들어가지 않고 튀어 나오는 공을 손으로 잡아서 넣는 골-역주)과 쓰레기 골(garbage goal: 능력보다는 운이 좋아서 들어간 골-역주) 같은 것들이었다. 그러나 브렛 헐과 같이 경기했을 때 나는 그의 공간 침투 방법을 연구하고 따라했다. 어떤 스포츠에서건 공간 침투란 더 열심히 움직이고, 더 빨리 달려서, 재빠르게 현장에 도달할 수 있어야 가능하다.

브렛에게 나는 공간 침투가 종종 천천히 움직이고, 항상 상대방과 다른 속도로 움직여야 가능하다는 걸 배웠다. 모든 사람들이 천천히 움직이면 브렛은 번개처럼 빨리 움직였고 절대 잡히지 않았다. 반대로 모든 사람들이 백체

킹(back-checking: 공격 지역에 있는 상대방의 돌진을 방해하면서 자기편 방위 지역 안으로 미끄러져 들어가는 것-역주)을 하고 있을 때 그는 속도를 줄여서 곧바로 움직였고 모든 사람들이 그를 지나쳐 갔다. 사람들이 모두 그를 지나쳐 간 순간 그는 움직이기 시작했다.

그는 모든 걸 다르게 했다. 그는 그것을 알고 있었고, 그래서 항상 빈 공간을 찾아냈다.

패러다임 파괴에서 정말로 중요한 역할을 하는 것이 정신이다. 변화를 주도하기 위해서 필요한 건 뭐든지 해야 한다. 종종 과거의 실패와 선입견에 대한 생각을 비우고 획기적인 아이디어에 새로 집중해야 할 때도 있다.

화장품 브랜드인 에이본의 전 CEO이자 《포브스》지 선정 '세계에서 가장 영향력 있는 여성 100인' 중 한 사람으로 꼽힌 안드레아 정은 재임 당시 자신의 시각과 역할에 계속해서 활기를 불어넣기 위해 노력했다. 그녀는 이렇게 말했다. "금요일 저녁에 자신을 해고하고, 월요일 아침에 헤드헌터 회사가 당신을 변신한 리더로 만들어 데려다 놓은 것처럼 돌아와라. 당신은 대담하게 변화할 수 있는가? 그럴 수 없다면 자신의 이미지를 완전히 바꾸지 못할 것이다."[18]

전략적으로 정은 두 가지 일을 해냈다. 첫째, 그녀는 좀더 대담한 목적을 반영해서 자신의 태도와 일에 대한 접근 방법을 정기적으로 바꾸었다. 그러면서 회사와 그 안에서 그녀가 맡은 역할을 거듭 갱신했다. 둘째, 그녀는 현재 상태에 안주하는 CEO에서 위대한 목적을 가지고 움직이는 리더로 변신하면서 자신에게 부여한 기대치를 갱신했다. 실제로 기대가 변하고 행동이 수정될 때 패러다임은 깨진다.

대부분 엄청난 성공을 거둔 사람들과 기업들은 이러한 지속적인 질문과 도전과 변화 과정을 거치면서 우리의 생활 방식에 일대 혁명을 일으킨다. 마돈나도 그렇게 했다. 리처드 닉슨과 힐러리 클린턴도 그렇게 했다. 이 밖에도 다양한 분야에서 이런 사람들을 많이 만날 수 있다.

　　패러다임 파괴가 자기로부터 시작된다는 사실도 명심하라. 자기 자신만큼 패러다임 파괴를 추진할 수 있는 사람은 없다. 금요일에 '스스로를 해고'하고 다음 주에 더 새롭고 다르고 변화된 사람으로 복귀할 계획을 하면서 주말을 보내기는 어렵고 불편하다. 그보다는 '금요일이야. 살아남았다. 이제 드디어 일에 대해서 생각하지 않아도 되는구나. 다음 주에 또 살아남기 위해서 애써야지'라고 생각하는 것이 더 편할지 모른다.

　　그러나 생존만으로도 충분한가? 성공하기 위해서, 그리고 승리하기 위해서는 스스로를 채찍질하면서 절대 안주해서는 안 된다. 승자는 가장 까다로운 상사와 엄격한 비평가들 앞에서도 독립적으로 움직인다.

　　패러다임 파괴는 내용만큼이나 스타일이 중요할 수 있다. 기업에도 완벽하게 적용되는 스포츠 분야의 사례를 들어보겠다. 1970년대 초반 프로 테니스 대회는 내가 본 대회 중 최고였다. 그러나 여전히 많은 돈이나 대형 스폰서나 TV 시청자를 끌어오지는 못하고 있었다. 지미 코너스가 이 모든 걸 바꿨다.

　　사람들은 그가 감정을 폭발시키는 모습을 보기 위해서 경기장을 찾았고, 좀처럼 실망하는 법이 없었다. 그래서 나는 코너스에게 코트 안에서 자신의 행동에 대해 어떻게 생각하고, 그것이 정말로 필요했는지 이야기해 달라고 부탁했다.

　　나는 화를 참지 않고 터뜨렸다. 화를 참았다면 나는 벌써 20년 전에 심장마비에 걸렸을 것이다. 15초만 폭발하면 됐다. 화를 터뜨리고 난 후 다시 평상심을 찾은 다음에는 화내기 전보다 더 낫거나 비슷하게 경기를 잘했다.

그렇다면 이 사례가 패러다임 파괴와 무슨 관계가 있는 것일까? 코너스는 게임에 대해 사람들이 더 관심 갖게 만들기 위해서는 극단적인 방법을 취해야 함을 후원자들, TV 방송국 간부들 그리고 심지어 테니스 동료들과 경쟁자들보다도 잘 알고 있었다.

역사는 분명 그의 생각이 옳았다는 걸 증명해 주었다. 그가 성질 부리는 모습을 보고 그를 야유하던 사람들이 이제는 그와 악수를 하고 사인을 받으려고 달려온다. 놀랍게도 그는 그런 악수나 사인 부탁을 웃으며 수락한다. 테니스계의 악동이 진정 조용하고 신사다운 영혼으로 변신한다.

헨리 포드가 1909년에 내놓은 자동차 모델-T는 사상 최초로 노동자 계급이 경제적인 부담 없이 살 수 있는 자동차였다. 이 차는 생산도 쉬웠다. 포드가 사용한 열정적인 언어에는 아주 중요한 교훈이 들어 있다.

나는 정말로 많은 사람들이 탈 수 있는 차를 만들겠다. 그 차는 가족이 모두 타도 될 만큼 충분히 크겠지만, 개인이 아끼며 몰고 다닐 수 있을 정도로 충분히 작을 것이다. 최고의 재료들을 가지고, 최고의 사람들을 동원해서, 현대 엔지니어링으로 고안할 수 있는 가장 간단한 디자인으로 만들 것이다. 그러나 가격은 저렴해서 높은 임금을 받지 못하는 사람들도 살 수 있을 것이다. 그런 사람들도 가족과 함께 신이 주신 놀라운 열린 공간에서 몇 시간이고 즐거움의 축복을 누릴 것이다.[19]

포드는 낡은 패러다임을 파괴했다. 합리적인 가격에 자동차를 대량생산할 수 있게 되자 그 혜택을 향유할 수 있게 된 미국인이 점점 더 늘어났다. 그리고 일단 그런 혜택에 익숙해지자 미국인들은 그런 혜택을 당연히 기대하게 되었다. 그리고 그런 혜택을 일상생활에서도 활용하게 되었다. 처음에는 도시가, 나중에는 국가가 자동차 중심으로 돌아가게 되었다. 코페르니쿠스 시대에 빗대어 말하자면 자동차는 인간 경험의 중심에 있던 낡은 지구를 대체하는 태양이 되었다.

문제를 해결하는 것과 새롭게 혁신하는 것은 다르며, 일을 양적으로 키우는 것과 질적으로 완전히 바꾸는 것은 다르다. 단순히 문제를 해결하거나 사업을 크게 키웠다고 해서 패러다임을 파괴했다고 착각해서는 안 된다. 궁극적으로 패러다임 파괴는 뭔가를 '새롭게 개선하는' 차원을 넘어서, 원래의 목적을 완전히 다르게 세우는 것이다.

그러나 명심하라! 혁신은 또다른 혁신을 낳는다. 한번 패러다임을 깼다고 해도 계속해서 자신을 채찍질해야 한다. 그렇게 하지 못하면 다른 사람들이 그렇게 할 것이기 때문이다.

20세기 폭스의 사장과 파라마운트 픽처스의 CEO를 거치면서 셰리 랜싱은 지난 10여 년 동안 할리우드에서 가장 영향력 있는 여성으로 인정받았다. 그러나 그녀가 가장 큰 파동을 일으키면서 엄청난 영향을 미치고 있는 건 암 퇴치 연구 단체인 스탠드 업 포 캔서에서의 활동이다.

이 단체는 2000년에 1시간 동안 광고 없이 라이브로 텔레비전 방송을 내보내며 역사상 유례가 없는 8,000만 달러의 기금을 모았다. 이 방송은 모든 네트워크와 모든 뉴스 채널을 통해 전파되었는데, 엔터테인먼트 분야에서 불구대천의 원수들이 협력한 건 이번이 처음이었다. 랜싱은 어떻게 할리우드의 패러다임을 깬 것일까?

우리는 그 일을 다르게 해보자면서 시작했다. 우리는 할리우드 출신이기 때문에 대부분의 사람들에 비해서 약간 더 꿈꾸는 경향이 있었다. 그래서 아마도 어떤 한 방송사에서 자선 모금 방송을 할 수 있을 거라고 생각했다. 하지만 어떤 방송사에서 그 일이 가능할지 몰랐기 때문에, 정말로 솔직히 말하자면 방송사에 연락할 때마다 다른 방송사에서도 자선 모금 방송을 하고 있다고 말했다. 그리고 그들 모두 자기들도 하겠다고 말했을 때 우리는 뭔가 특별한 일이 일어나고 있다는 걸 알았다. 지금은 그런 방송이 그들 문화의 일부가 되었다.

우리는 메이저리그 사무국 총재인 버드 셀릭에게 3년 동안 1,000만 달러를 기부해 달라고 거듭 요청했고, 마침내 우리에게 15분의 미팅 시간을 내어주었다. 겨우 15분이었다! 어떻게 15분 만에 1,000만 달러를 기부해 달라고 설득할 수 있을까? 나는 사람들에게 1,000달러나 2,000달러를 기부하라고 해봤지 1,000만 달러를 요청해 본 적은 없었다. 나는 내 감을 믿고 한번 해보기로 결심했다.

하지만 그는 즉답을 피하기 시작했다. 그러자 그의 아내가 어깨로 그의 팔을 툭 치면서 "여보, 어서 기부하세요"라고 말했고, 결국 그가 기부 요청을 받아들였다. 그 부탁을 들어줄 거라고 생각하지 못했던 우리 7명의 여성은 모두 통곡하기 시작했다.

랜싱은 농담을 하고 있었지만, 중요한 문제를 지적했다. 남성과 여성은 메시지를 다르게 받아들일 뿐만 아니라 다르게 전달한다.

페이스북의 최고운영책임자인 셰릴 샌드버그는 오늘날 미국에서 가장 교양 있는 비즈니스 리더 중 한 사람이지만, 그녀는 여전히 여성 커뮤니케이터와 패러다임 파괴자들이 직면하고 있는 독특한 문제를 직시하고 인정한다.

여성들은 남성들에게 없는 도전적인 커뮤니케이션 문제를 가지고 있다. 남자냐 여자냐에 따라서 성공과 호감 사이에 부정적인 상관관계가 존재한다. 남성들은 더 많이 성공하면 더 호감이 가지만 여성들은 더 많이 성공하면 호감이 덜 간다. 여성이 어떤 일에 대해 똑똑하고 간단하게 말하면 너무 적극적으로 보인다. 부드럽게 다가가도 여전히 딱딱해 보일 것이다.

미국에서 가장 오래되고 가장 따분한 이사회들 중 몇 곳에선 여성이 참여한다는 것 자체가 패러다임 파괴이다. 그러나 패러다임 파괴에는 성별 차이와 상관없이 노력, 열정, 인내가 통한다.

당신이 세계적인 광고대행사 옴니콤의 톰 해리슨에게 승자가 되는 데 필요한 게 무엇이냐고 물으면 그는 '직관'과 '혁신'이라고 답할 것이다. 그가 묘사하는 패러다임 파괴에 나선 승자들의 모습은 그의 분야에서 가장 혁신적인 전략적 사상가이자 자문가 중 한 사람으로 알려진 그의 모습과 완벽하게 일치한다.

서로 다른 승자들의 DNA를 관통하는 공통된 특징이 있다면 직관 능력, 혁신적으로 생각하는 능력, 3년 뒤 성공을 위해서 어디 있어야 하는지 알아내는 능력이다. 오늘 어떤 일이 일어나고 있는지는 누구든지 알기 때문에 누구나 당장은 성공할 수 있다. 계속해서 성공하는 사람들은 3년 뒤에 어디 있어야 하는지를 아는 사람들이다.

지금 혁신은 다르다. 밑바닥 시절을 경험하지 않은 회사는 없다. 그것도 연거푸. 상상해 보라. 그런 시절을 더 이상 생각하지 않는다면 어떨까. 그러니 밑바닥 시절에 등을 돌리지 말고 위를 바라보라. 사람들은 이미 모든 것을 효율적으로 만들었고 다운사이징할 만큼 더 할 게 없다. 따라서 성장하기 위해서는 더 커져야 한다. 혁신의 의미는 이제 이것이다.

새로운 패러다임 설득하기

새로운 패러다임들은 우리에게 우리가 사는 세상을 새롭게 사고하고, 이해하고, 경험하는 방법을 선사한다. 또한 우리 인생을 훨씬 더 재미있게 만들어줄 수도 있다. 승리는 우리 세상과 그 안에 있는 사람들을 인식하고 우리 패러다임을 이해한 다음 그 패러다임을 뒤흔드는 방법을 찾아내는 일과 관련된다.

패러다임 파괴를 위해서는 낡은 경계를 허물고, 사람들이 기존의 사고방식을 바꾸게 해야 한다. 여기에는 위험이 따르며, 사람들을 설득하는 능력이 요구된다. 비즈니스를 하는 사람이면 누구나 항상 직면하는 문제다. 특히 뭔가 새롭고 혁신적인 것을 출시하려고 할 때 더욱 그렇다.

깁슨 기타의 CEO 헨리 저스키위츠가 내게 "우리는 일부 가혹한 비평가들을 대면해야 한다"는 말의 속뜻을 이야기한 적이 있다.

일반적으로 사람들은 우리의 신제품에 대한 아이디어를 싫어한다. 그냥 싫어한다.

BFG라는 신제품을 출시했던 때가 기억난다. 우리는 미니멀리즘 분위기의 제품을 출시하려고 했고, 그것을 약간 못생기게 만들었다. 폭스바겐의 딱정벌레 차(Bug)와 비슷한 느낌이 나는 새 제품은 가격은 저렴했지만 개성이 있었다. 그러나 사람들은 그 제품을 보고 '깁슨 제품이 아니다. 멋지지 않다. 나무에 줄을 붙여놓는 게 더 나을 것 같다'라고 혹평했다. 그리고 우리는 신제품과 관련해서 수많은 불만을 들었다.

하지만 신제품은 우리 제품 중에서 세 번째로 많이 팔렸다. 불만의 90퍼센트 가까이는 신제품이 시장에 출시되기 전에 나온 것이었다. 신제품이 시장에 나오자 그것을 써본 사람들 사이에서 입소문이 퍼졌고, 사람들은 신제품을 사랑했다. 그리고 아주 더딘 속도지만 소셜 미디어에서도 90퍼센트의 부정적 의견에서 20퍼센트의 긍정적 의견으로 바뀌기 시작하면서 긍정적 의견이 30퍼센트로 늘어났고, 몇 주가 지나자 80퍼센트로 확대됐다.

당신이 사업가라면 멋진 신제품을 시장에 출시하려는 당신 생각에 맞추려고 개인적 시간까지 열정적으로 투자하는 직원들은 거의 없다는 것을 알 것이다. 당신이 낸 아이디어가 그들 머릿속에 울려 퍼지지 않는다면 그건 가망 없는 아이디어나 마찬가지다. 소비자들도 직원들과 다르지 않다. 당신이 소비자들에게 보수를 주는 것도 아니지 않는가!

설상가상으로, 소비자들에게 멋진 신제품을 사라고 어떻게 설득할 것인가? 소비자들은 그게 뭔지조차 모른다. 그리고 제품을 만드는 직원들은 당신과 당신이 만든 멋진 신제품이 시장에서 실패하게 만들려고 온갖 행동을 다 할지도 모른다. 따라서 사람들의 핏줄 속에 패러다임을 파괴하는 아이디어를 집어넣기 위해서는 효과적인 커뮤니케이션이 필요하다.

종종 패러다임을 파괴하려다가 불만에 찬 목소리를 듣게 되기도 한다. 이런 식이다.

아이팟은 꼭 필요하지 않다. 아이폰도 꼭 필요하지 않다. 아이패드도 꼭 필요하지 않다. 어떤 책이건 60초 만에 전자책으로 내려 받을 수 있는 능력도 꼭 필요하지 않다. 말과 기차가 우리의 주요 운송 수단이었을 때는 누구도 자동차를 운전할 필요가 없었다. 태양을 중심으로 지구가 돌건 지구를 중심으로 태양이 돌건 모두가 알 필요는 없다. 인류는 이런 것들이 없어도 번창할 수 있었다.

그러나 인류가 지구 위에서 살고 있는 한 점점 더 많은 사람들은 이런 것들을 사치품이나 '가지면 좋은 것'이 아니라 꼭 필요한 것으로 여긴다. 이러한 물건들이 점점 더 사람들에게 필요한 것으로 진화된 이유는, 이것들이 우리 삶을 바꾼 방식과 이것들을 처음 만들어 보급한 사람들이 우리에게 그 필요성을 알린 방식에서 찾을 수 있다.

그들은 우리를 자유, 편리성, 사용의 용이성, 발견, 탐험 같은 단어를 써서 유혹한다. 그들은 더 낫고, 더 흥미롭고, 더 즐길 수 있는 미래에 대한 그림을 그린다. 그리고 부지불식간에 우리는 뭔가가 부족하다는 생각을 하기 시작한다. '지금까지 녹음된 모든 노래를 내 주머니 안에 가질 수 없는 이유가 뭐지?' '언제 어디서나 생각날 때마다 어떤 책이건 내려받을 수 없는 이유가 뭘까?' '집으로 가는 도중에 식당 안으로 차를 몰고 들어가서 저녁을 주문하면 삶이 더 편해질 텐데 그렇게 못하는 이유가 뭐지?'

버나드 쇼와 로버트 케네디가 옳았다. 공상가들(승자들)은 현재를 바꾼다.

모든 거대한 아이디어, 즉 모든 패러다임이 받아들여지려면 더 많은 사람들에게 전달돼야 한다. 당신은 낡은 패러다임을 버리고 새로운 패러다임을 받아들이도록 사람들을 설득해야 한다. 최상의 방법은 사람들이 새로운 패러다임으로 사는 삶을 상상할 수 있게 돕는 것이다. 그러면 사람들은 왜 새로운 패러다임이 없으면 삶이 좋거나 만족스럽게 느껴지지 않는지 깨닫게 된다.

그것을 가지고 승자로서 할 일은 현재 아무런 가치가 존재하지 않는 곳에서 새로운 패러다임의 가치를 창조하는 것이며, 그러기 위해서는 무엇보다 신뢰를 쌓아야 한다. 신뢰가 없다면 당신의 비전을 실현시키는 데 필요한 사람들이나 당신이 목표로 하는 사람들 중 누구도 당신의 작은 집착을 위해서 자신의 귀중한 시간을 낭비할 이유가 없을 것이다.

또한 사람들의 기분을 상하게 하거나 의심을 사지 않도록 신중하게 메시지를 전달해야 한다. 근본적으로 다른 일을 하도록 사람들을 설득하기는 어렵지만 사람들이 겁에 질려 예전에 하던 일을 계속하게 만들기는 쉽다.

승자들은 가끔 사람들을 말로 흥분시키고 당황하게 만들기보다는 진정시키고 안정시켜야 할 필요가 있다. 사람들이 거대하고 무서운 변화에 대해서 생각하게 하면 할수록, 사람들은 그런 변화에 맞서서 더 많이 싸울 것이다. 그들의 말을 듣고 '여기서는 더 걱정할 게 없다'라고 스스로 생각하게 해야 한다.

정치 사례를 하나 들어보겠다. 내가 40여 년 만에 처음으로 공화당이 하원에서 과반수 의석을 확보하게 도왔던 1994년 선거는 '변화'를 표방한 선거였다. 사람들은 피곤한 현재 상태 대신 신선하고 새로운 다른 뭔가를 원했다. 그들은 혁명이 아니라 변화를 위해서 투표했다. 혁명과 변화는 다르다.

당시 공화당 지도자이자 나의 친구인 뉴트 깅리치는 선거를 '혁명'으로 정의함으로써 일대 혼란을 일으켰다. '혁명'이라는 단어에 사람들, 특히 처음으로 공화당을 밀어준 사람들은 혼비백산했다. 그들은 민주당에게 경고의 메시지만을 보내고 싶었지 미국 전체의 사회구조를 뒤집는 걸 원하지는 않았기 때문이다.

깅리치가 쓴 변화의 언어(그것은 새로운 정치적 패러다임의 언어였다)는 상식을 벗어날 정도로 지나치게 강력한 것이었다. 과반수의 미국인들은 성인이 돼서 처음으로 공화당 출신 하원 의장의 선출을 경험했다. 사안의 중대성 때문에 미묘하고, 겸손하고, 민감하게 전달되어야 했다.

미국인들은 부담을 주지 않는 상식적인 사람이 하원 의장이 되기를 원했다. 그러나 그의 시대에 가장 똑똑한 정치인이라는 소리를 듣던 깅리치는 단 한 단어를 잘못 써서 그에게 적대적이었던 언론에게 본의 아니게 꼬투리 잡힐 기회를 제공하고 말았다.

결론적으로 말해서 인간의 진보는 혁명적인 변화를 통해서 가장 잘 성취되지만, 혁명적 수사학을 통해 그것이 받아들여지는 경우는 드물다. 승자는 점진적 진보주의자라기보다는 혁명가다. 그러나 대중은 혁명이 아니라 체계적인 진보를 원한다.

앞서 이야기했던 '안정'과 '안보'에 대한 강력한 욕구를 기억하는가? 여기서 바로 패러다임 파괴자들의 진가가 드러난다. 패러다임 파괴자가 되려면 개인적인 변화 욕구와 대중의 기대에 영합할 수 있는 감화력이 있어야 한다.

나는 깁슨 기타의 회장 헨리 저스키위츠가 비즈니스 관점에서 이를 언급하는 걸 보고 기뻤다. 적절한 메시지와, 패러다임을 깨는 제품이나 서비스 사이의 관계를 이해하는 데 정말로 결정적인 것이었다.

사람들은 인간의 마음속에 들어 있는 감정적 맥락을 이해하지 못한다. 패러다임 파괴는 사람들을 자신에 대해서 더 좋은 기분이 들게 만들 수 있을 때만 성공할 것이다.

마케터들은 종종 이 점을 완전히 놓친다. 당신은 사람들의 머릿속에 들어가서 그들이 원하는 걸 줘야 한다. 우리는 사람들이 자동 튜닝을 원한다는 걸 알아냈다. 그것을 우리는 로봇 튜닝이라고 불렀는데, 자동이란 말이 우리 소비자들을 멍청하게 느끼도록 만들기 때문이었다. 기타의 경우 자동 같은 단어가 주는 느낌은 나쁘지만 로봇식의 뭔가를 산다는 건 매우 앞서간다는 느낌을 준다.

따라서 우리가 광고할 때 제일 먼저 한 일은 우리 제품과 전혀 관련 없는 유튜브 동영상 5편을 만드는 것이었다. 이 동영상들 중 한 편은 경비원에게 최면을 걸어서 공장을 탈출한 로봇 기타가 등장하기 때문에 특히 더 재미있었다. 그것은 실제 기타였지만 튜닝 기능과는 아무런 관련이 없었다. 그냥 로봇 기타를 인격화시킨 것이었다.

우리는 심지어 로봇 기타가 펜더 회사 기타를 파괴하는 장면이 담긴 또다른 유튜브 동영상을 만들었다. 이 동영상은 기능과는 아무런 상관이 없지만 재미있었기 때문에 사람들은 그 동영상을 정말로 좋아했다.

기업들이 '물건'에만 거의 전적으로 집중하고 결국에 그 '물건'을 사서 쓰게 될 사람들에게 집중하는 걸 잊어버리는 경우가 빈번하다. 창조성은 기술적 특성들 못지않게 중요하다. 그렇기 때문에 우리의 욕구에 부합하는 건 물론이거니와 욕구를 완전히 다시 정의하는 제품을 개발하는 데 상상력이 그토록 필요한 것이다.

차별화된 가치를 창조하라

제품만 패러다임을 깰 수 있는 건 아니다. 제품을 팔기 위해 쓰는 언어와 마케팅 방법도 패러다임을 깰 수 있다. 예를 들어 청바지는 청바지인

게 맞는가? 아니다. 의류 기업인인 진 몬테사노는 자신이 만든 청바지에 맞는 이름을 찾기 위해 고심했다. 갑자기 떠오른 영감과 행운의 도움을 받긴 했지만, 그가 기대한 것 이상의 결과가 나왔다.

나는 봉고 진스라는 성공한 기업을 경영했다. 당시 결혼해서 아름다운 부인과 두 아이를 두었다. 나는 교육을 받지 못했는데, 생각해 보니 정말 운이 좋았던 것 같다.

어느 날 한 중국 식당에 앉아서 거리를 바라보고 있다가 '행운의 소리를 듣다'라고 적힌 푯말을 보았다. 그리고 들고 있던 간장 소스 병을 보니 거기에는 '행운의 간장 소스'라고 적혀 있었다. 정확히는 '행운의 브랜드 간장 소스'였다. 그래서 나는 '행운의 브랜드 진'이라는 이름을 생각해 봤는데 정말 멋진 이름이었다.

확실한 이름을 찾아낸 몬테사노는 자신의 청바지를 수십 종의 다른 브랜드 청바지들과 다른 특별한 청바지로 만드는 방법을 찾아냈다.

광고지에 '넌 운이 좋아(Lucky You)'라는 문구를 넣은 게 적중했다. 나는 항상 여성들을 좋아했고, 이런 문구를 청바지에 넣는 게 재미있고 적절하다고 생각했다. 내게 유일한 문제는 '넌 운이 좋아'와 '난 운이 좋아(Lucky Me)' 중에서 어떤 문구를 넣을지 결정하는 것이었다. 나는 '넌 운이 좋아'를 넣기로 결정했는데, 이것이 더 재미있었다. 그리고 이 결정은 판매량에 큰 전환점을 마련해 주었다. 갑자기 사람들이 디자인 때문에 우리 청바지를 입는다는 소리가 들리기 시작했다. 사람들은 '넌 운이 좋아'라는 말에 대해서 말하고 다녔다.

패러다임 파괴 언어의 베스트 & 워스트

전문용어를 남발한 문장

"중앙 집중화된 온라인 마케팅 대시보드를 만들기 위해 어떠한 제3자나 또는 레거시 애플리케이션을 통합할 수 있다고 상상해 보라."

"전환 기술을 찾아내기 위한 우리의 다채널 경로는 과거 비교 가능한 연도의 판매량 대비 우리 광고주들의 ROP(run of paper: 발행인이 지정하는 광고 지면)를 확대했다."

최악의 마케팅 문장

"우리는 성과를 중시하는 마케터들을 위해 계속해서 도구 키트를 만들고 있고, 광고주가 가진 능력들을 검색, 이메일, 소셜 미디어로 확장함으로써 그 것들을 더 많은 광고 배포 지점과 연결시키고 있다." (길이를 3분의 1로 줄일 수 있는 표현!)

유용한 패러다임 파괴의 표현

"효율적으로 써라. 효과적으로 최적화하라. 기하급수적으로 성장하라."

몬테사노는 사람들이 단순히 사고 싶은 제품이 아니라 모든 경쟁사 제품들과 차별화된 청바지 라벨을 만들어 달아 불과 몇 년 안에 전국적인 브랜드를 만들었다.

그 전에 스타일 번호가 소비자들에게 잘 알려진 옷의 예로는 리바이스 501 청바지가 유일했다. 마케팅에 쓸 돈이 부족했던 몬테사노는 획기적인 아이디어를 찾아냈다. '숫자만 쓰고 말 것인가? 모든 청바지에 메시지를 덧붙이면 안 되나?' 그리고 아이디어가 봇물처럼 쏟아져 나왔다. 몬테사노는 말했다.

'행운의 브랜드'를 시작했을 때 우리는 '사람들에게 우리 이야기를 어떻게 들려줄 수 있을까? 사람들에게 우리를 어떻게 알릴 수 있을까?'를 생각했다. 그래서 우리의 모든 청바지 뒤에 스타일 번호를 새겼고 "우리 옷을 입으면 운이 따른다"라는 문구가 들어간 라벨을 붙였는데, 사람들은 그 라벨을 떼지 않았다. 그것을 뗀다면 자신에게 더 이상 행운이 따르지 않을지도 모른다고 여겼던 것 같다. 사람들은 이제 스타일 번호가 있는 청바지를 주문하기 시작했다.

소매 할인 매장이 쇼핑객만큼이나 중요한 소비자 노릇을 하고 있다는 사실을 깨달은 그는 다른 의류 제조 업체들은 결코 해본 적 없는 중요한 일을 시도했다. 그는 청바지를 사는 사람들뿐만 아니라 청바지를 파는 사람들에게도 바람직한 제품을 만들었다.

나는 청바지 판매 매장들이 우리 청바지를 원하길 바랐기 때문에 클로버 마크를 이용해서 뚜껑 부분에 "이 상자를 여는 사람에게 행운과 장수가 깃들기를!"이라는 문구를 넣은 흰색 상자를 디자인했다. 그리고 가끔 우리는 상자 안에 모자를 집어넣었다.

당신이 노드스트롬 백화점의 납품 부서에서 일하고 있어서 모든 상자들을 열어봐야 한다고 치자. 그런데 한 상자에 "이 상자를 여는 사람에게 행운과 장수가 깃들기를!"이라고 적혀 있다. 어떤 상자를 먼저 열겠는가? 우리 청바지를 담은 상자들에 행운을 집어넣었기 때문에 그걸 본 당신은 "와우!" 하고 놀라며 그것을 열 것이다.

그러나 우리는 그 상자 사용을 중단해야 했다. '행운의 브랜드'가 너무 인기를 끌어서 사람들이 클로버 마크가 붙은 모든 흰색 상자를 가지려고 UPS 택배 트럭을 훔치는 사건마저 벌어졌기 때문이다.

패러다임을 깨는 승자들의 '이기는 말'

구체적이 돼라. 승자는 미래를 그저 상상하는 데 그치지 않는다. 그들은 미래를 설명한다.

다음에 나오는 단어들은 당신의 핵심 어휘가 되어야 한다. 이 단어들은 다른 사람들이 더 멋진 미래를 머릿속으로 상상하게 만드는 데 도움이 될 것이기 때문이다.

당신은 그럴 자격이 있습니다(You deserve/You have the right to⋯⋯): 이 표현은 청중의 기대치를 높여주고, 청중이 지금보다 더 많은 걸 요구하도록 북돋운다. 대부분의 사람들은 지속적으로 개선을 추구하려는 욕구를 갖고 있다. '당신은 그럴 자격이 있다'도 똑같은 효과를 내지만 '당신은 그럴 권리가 있다'만큼 확실한 말은 아니다. 뭔가에 대한 '권리'는 뭔가를 '받을 자격이 있는' 것보다 더 강한 느낌을 준다.

인생을 바꾸는 영향(Life-changing impact): 이 문구는 패러다임 파괴가 주는 개인적이고 영구적인 혜택을 알려준다. 나의 경우 10여 년 전에 나왔던 디지털 비디오 녹화 서비스 티보(TiVo)가 그런 것이었다. 오늘날 아이들에게는 휴대전화 문자 메시지가 그런 것이다. 휴대전화 문자 메시지는 아이들의 관계와 일상생활을 근본적으로 바꿔놓았다. 당신이 오늘 파는 것이 '인생을 바꿔준다'는 사실을 입증할 수 있다면 당신은 특별한 가치를 증명한 게 된다.

돌파구(Breakthrough): 게임의 판도를 바꾸는 일을 의미한다. 가장 급진적이면서 중요한 혁신의 한 형태이다. 사람들은 '돌파구'라는 말을 들으면 그것이 과거에 보거나 경험하지 못했던 뭔가를 가리키며, 그 변화는 여러 차원에서 매력적이고 의미 있다고 생각한다.

법의학적 접근(A forensic approach): 이 말이 지닌 신뢰성은 CSI 과학수사대와 그 밖에 TV에 나오는 범죄 해결 탐정들의 인기 덕을 많이 봤다. 사람들은 '법의학적 접근'을 더욱 정확하고 임상적이면서 세부적인 단계로 여긴다.

재설계된(Re-engineered): 자동차 분야에서 자주 쓰는 단어이지만 다른 최첨단 기술 분야에도 효과적으로 적용된다. 이것은 '새롭고 개선됐다'는 의미를 더욱 세련되게 표현하는 방법이다.

소비자 주도 기술(Consumer-driven technology): 이 말은 "그것이 내게 어떤 의미가 있는가?"라는 소비자의 질문에 즉시 답하게 한다. 혁신, 기술, 공학은 모두 제품이나 서비스나 경험의 개선을 암시하며, 그것이 소비자 주도로 이루어질 때 사람들은 그러한 개선을 깨닫고 고마워할 것이다.

예를 들어 파산 이전에 대부분의 미국 자동차 회사들은 기술적 스펙들을 제공하는 데 뛰어난 능력을 보였지만 공학 기술 개선이 갖는 가치를 알리는 데는 서툴렀다. 그러나 그들은 마침내 기술적 개선이 사람들의 운전 경험에 어떤 의미가 있는지 이해시키지 못한다면 소비자들은 그것을 고맙게 생각하거나 심지어 인정하지도 않을 것임을 깨달았다.

특허로 보호되는(Patent protected): '독점적'보다 훨씬 더 강력한 말이다. 이 말은 기술의 현재 진가를 법적으로 오랜 기간 보호해 준다는 뜻이기 때문이다. 독점은 배타적 이익이지만, 오로지 지금 그렇다는 걸 의미할 뿐이다. 사람들은 오랫동안 특허에 의해서 보호되는 기술이나 제품에

> **패러다임을 깨는 핵심 표현들**
>
> 1. 당신은 그럴 자격이 있습니다
> 2. 인생을 바꾸는 영향
> 3. 돌파구
> 4. 법의학적 접근
> 5. 재설계된
> 6. 소비자 주도 기술
> 7. 특허로 보호되는
> 8. 뉴 노멀(시대 변화에 따라 새롭게 부상하는 표준)
> 9. 와우
> 10. 고객 맞춤

더 많은 돈을 지불할 것이다.

뉴 노멀(The new normal): 1990년대에 뉴 노멀은 긍정적 개선이 지속적으로 이루어지는 것을 의미하면서 '재창조'와도 관련되어 있었다. 2009년에는 경제적인 고난에 맞서 우리의 태도와 기대와 행동이 어떻게 변해야 하는지를 설명하기 위해서 '리셋'이라는 단어가 추가되었다. '뉴 노멀'은 안정을 의미하기 때문에 '리셋'보다 더 긍정적이다. 이것은 또한 영감을 줄 수도 있다. 기술, 제품, 혹은 서비스의 '돌파구'는 더 나은 '뉴 노멀'한 인간 환경을 만든다.

와우(Wow): 이 말의 의미는 누구나 다 안다. 누군가 '와우'라고 말하면 (예를 들어 아이패드를 처음 봤을 때), 다른 건 중요하지 않다.

고객 맞춤(Customized): 패러다임을 깨는 승자들의 공통된 특징 중 하나는 상대방을 만났건 아니건 혹은 상대방의 존재를 알고 있건 아니건 상관없이 개인적, 즉 일대일 차원에서 사람들에게 영향을 미칠 수 있는 능력을 갖고 있다는 것이다.

우리가 오늘날 구입하는 것들을 보라. 그중 상당수는 개인적이고 개별적인 것들이다(그리고 이런 트렌드의 속도는 더 빨라지고 있다). 지금 우리는 우리의 자동차와 운동화를 우리의 아이팟처럼 개인적 취향에 맞게 변형해서 쓸 수 있다. 승자는 그들이 하는 모든 일에 이런 맞춤 서비스를 제공하고, 그들의 말은 그런 사실을 반영한다.

런츠의 교훈

규칙을 깨기 위한 규칙들

1. 위험을 감수하라.

미리 실패를 예상하지는 말라. 그러면 당신은 실패할 것이다. 패러다임 파괴에 나서는 사람이면 누구라도 위험을 무릅쓴다. 당신의 새로운 아이디어가 실제로 더 좋지 않을 수도 있다. 그리고 그것이 더 좋더라도 받아들여지지 않을지도 모른다. 아니면 그것이 세상을 바꿀지도 모른다. 당신이 그러한 모험을 불안하게 느낀다면 패러다임 파괴는 당신에게 어울리지 않는다.

2. 집중적으로 탐구하고 모색하라.

집중하지 않으면 당신의 활동이 행동으로 연결되지 않는다. 단순한 것을 더 단순하고 더 진실되게 만들기 위해 끈질기게 새로운 규칙을 탐구하라. 욕구를 파악하라. 탐구하는 것을 가장 순수한 형태로 만들어라. 새로우면서도 더 나은 해결책을 찾아내라. 패러다임 파괴자들은 예술가이면서 화학자다.

3. 패러다임 파괴보다는 인간을 중시하는 게 더 중요하다.

인간 중심주의를 먼저 설명한 데는 그만한 이유가 있다. 승자는 그저 재미 삼아 패러다임을 깨지 않는다. 인간 삶의 여건을 개선하기 위해서 깬다(그러나 결국 그들은 제품을 성공적으로 팔거나 선거에서 승리한다). "왜 안 되는가?"(패러다임 파괴에 핵심적인 질문)라고 묻기 전에 당신은 먼저 오늘날 인간이 처한 상황을 살펴보고 그것에서 부족한 점을 찾아내야 한다.

4. 적극적으로 커뮤니케이션하라.

최고의 혁명적 리더들은 점진적 진보주의자인 것처럼 커뮤니케이션한다. 승자들이 만들어내는 개별적인 혁신은 빛의 속도로 움직이지만, 사회가 그것을 받아들이는 속도는 달팽이처럼 느리다. 최고의 패러다임 파괴자들은 이 불균형한 두 가지 속도를 균형 있게 맞추기 위해 커뮤니케이션한다.

5. 용기를 가져라.

새롭고 더 나은 것을 발견했다면 그것에 대해 확신과 용기를 가져라. 사람들이 거부하고, 의문을 갖고, 조롱할 것을 예상하라. 신념이나 단순한 인간의 습관 중 어느 것을 뒤흔들든 간에 당신은 사람들의 신경을 건드리고 있는 셈이다. 성과에 앞서 고통을 느끼게 될 것을 예상하라.

3

Prioritization

우선순위 결정

하나에 집중해야
전부를 얻을 수 있다

핵심은, 당신 일정에서 우선순위를 정하는 게 아니라
당신의 우선순위를 처리할 일정을 정하는 것이다.

— 스티븐 코비

나는 여행하면서 기회가 있을 때마다 뭐든지 찾아 먹으며 시간을 보낸다. 그러다가 종종 마지막 영양 섭취원으로 뷔페를 이용한다. 일반적으로 호텔에서 제공하는 뷔페에는 셀 수 없을 만큼 다양하고 특이한 고기와 채소가 갖추어져 있고 달콤한 디저트도 먹을 수 있다. 뷔페만큼 미국적인 게 또 있을까. 그것은 선택이자 자유이자 다양성이자 한곳에서 모든 걸 얻을 수 있는 풍요를 상징한다.

그렇다고 뷔페에 자주 간다면 위통을 얻을 수도 있다. '뷔페'를 '미국인의 생활'로, '위통'을 '스트레스와 두통'으로 바꿔보자. 그러면 왜 뷔페 이야기로 이번 장을 시작하는지 이해할 것이다. 많다고 해서 무조건 좋은 건 아니다. 오히려 더 나쁠 때도 있다.

아무리 최고의 뷔페라도 토머스 켈러의 프렌치 런더리나 미셸 리처드의 시트로넬이나 장 조지의 J&C 스테이크하우스 같은 유명 레스토랑의 식사와 비교할 수 없다. 뷔페는 한꺼번에 너무 많은 것들을 하려고 하기 때문이다. 그 결과 몇 가지 일을 잘하기보다는 많은 일들을 그르치고 만다. 제한적인 재원과 예산으로 서른 가지가 넘는 음식을 모두 특별하게 만들 수는 없다.

고급 레스토랑에 갈 일이 있다면 한번 확인해 보라. 메뉴의 수가 적고 일관되며 서비스에도 문제가 없다. 메뉴는 기껏해야 두 페이지에 불과하고, 종종 한 페이지로 끝날 때도 있다. 그중 한 페이지에는 애피타이저, 수프, 샐러드가 담겨 있고, 나머지 한 페이지에는 메인 요리가 있다. 메뉴가 이보다 더 짧으면 사람들은 선택의 폭이 너무 제한적이거나 어쩌면 창조적이지 못하다고 여기고, 이보다 더 길면 별로인 음식도 섞여 있을 거라고 생각한다.

그런데 음식 이야기가 승리와 어떤 관계일까?

승자는 우선순위를 결정하는 묘한 능력이 있다. 그들은 당연히 해야 할 일과 의무적으로 해야 할 일을 구분할 줄 안다. 승자는 우선순위에 집중한 다음 그 순서에 따라 모든 재원을 투자한다. 그런 능력은 그들이 더 적게 약속하고 더 많은 걸 성취하게 해준다.

가장 중요한 것을 결정하고, 일의 순서를 정하고, 우선순위에 따라 자원을 할당하는 능력을 가지려면 무엇보다도 커뮤니케이션이 명확해야 한다. 조직 전체에 중요한 것이 무엇인지 알고, 그것이 왜 중요한지를 이해해야 비로소 적절한 때에 적절한 순서로 적절한 일을 할 수 있다.

7초, 30초의 법칙

승자와 승자가 아닌 사람들을 구분해 주는 또다른 중요한 특징은 시간 관리 능력이다. 당신이 아는 승자 가운데 효율적이고 효과적으로 시간을 배분하지 못하는 사람이 있는가? 아마도 없을 것이다. 승자들은 항상 생각하며 일하고, 늘 뭔가를 하고 있으며, 다른 누구보다 그런 일들을 더 빠르게, 더 잘 하고 있다.

암웨이 창업자인 리치 디보스에게 배운 매우 유용한 시간 관리 교훈을 나누려 한다.

관리하는 일은 재미있다. 사무실에 앉아 있으면 사람들은 나를 만나러 온다. 그러나 나를 만나기까지는 아주 오랜 시간이 걸린다. 그래서 나는 더 이상 사람들을 내 사무실에서 만나지 않기로 결심했다.

어떤 사람들이 나를 보러 왔다고 하면 나는 "내가 곧 거기로 가겠다"라고 말한다. 그리고 그들이 원하는 게 돈이건 일자리건 상관없이 안내 데스크에서 그들을 만나곤 했다. 만일 사무실에서 만났다면 그들은 사무실을 칭찬하면서 5분을 보낼 것이고, 30분이나 45분쯤 후에야 원하는 게 뭔지 말하기 시작할 것이다. 그것은 시간을 관리하는 효과적인 방법과는 거리가 멀다.

커뮤니케이션에서는 우선순위를 재빨리 밝히는 게 가장 중요하다. 첫마디가 첫인상을 만든다. 불과 몇 초 만에 첫인상이 결정된다. 사람들은 자신의 우선순위를 가지고서 당신의 영역으로 걸어 들어온다. 그들의 관심을 끌려면 그들의 머릿속에 들어가 있는 듯 빠르게 움직여야 한다. 당신의 첫인상이 충분히 강렬하다면 사람들은 당신을 결코 잊지 못할 것이다.

사람들은 7초 만에 당신을, 30초 만에 당신의 아이디어를 판단한다. 그들의 시선이 당신에게 머문다면 당신은 기회를 얻는 것이다. 그러나 그들의 시선이 다른 곳으로 향하는 순간 모든 게 끝난다. 그들의 생각이 먼저 떠나고, 눈이 생각을 쫓아서 가버린다.

정치를 하는 데 가장 효과적인 커뮤니케이션 수단이 30초 광고라는 사실은 우연이 아니다. 세일즈에서도 마찬가지다. 대부분의 사람들이 집중하는 시간이 꼭 30초다. 시작을 강하게 하지 않으면 그 30초 동안에도 사람들의 관심을 끌 수 없다.

간결함은 좋은 커뮤니케이션의 핵심이다. 파라마운트 픽처스 전 CEO인 셰리 랜싱은 커뮤니케이션에서 명료함과 신속함이 얼마나 중요한지 아는 사람이다.

완벽한 설득에서는 열정과 명료함, 단순함이 5분 만에 느껴진다. 긍정적으로 대답했는데도 15분 뒤까지 사람들이 나를 여전히 설득하고 있을 때 난처함을 느낀다. 그럴 때 나는 이런 생각이 든다. '이 사람들 몇 분 전만큼 좋지 않군. 이 사람들 영화는 하고 싶지 않은데.'

내가 아니라 그들에게 가장 중요한 것

가장 중요한 우선순위가 당신에 관한 것이라면 두 번째 우선순위는 다른 사람들에 관한 것이다. 즉 '그들에게' 가장 중요한 것을 정확히 결정하는 것이다.

페덱스의 회장 프레드 스미스는 다음과 같이 간단한 캐치프레이즈로 자신의 우선순위를 깔끔하게 정리했다.

페덱스에서 일하는 사람들을 만나서 '당신의 자줏빛 약속이 무엇인가?'라고 물으면 그들은 '페덱스에서의 모든 경험을 멋지게 만들 것이다'라고 대답할 것이다. 이 말에는 특별히 장황한 표현이 없다. 단지 우리 모두가 매일 해야 할 일을 말해 줄 뿐이다.

그는 효과적인 기업 리더십을 발휘하는 가장 대표적인 CEO로 꼽힌다. 그는 커뮤니케이션의 중요성에 대해서도 다음과 같이 강조했다.

당신은 매우 명확한 커뮤니케이션 기술을 갖고 있어야 한다. 사실상 당신이 커뮤니케이션을 할 수 없고, 커뮤니케이션을 하지 않으며, 커뮤니케이션에 시간과 노력을 투자하지 않는다면, 당신은 페덱스에서 리더가 될 수 없다. 고위 임원이 될 수도 없다. 커뮤니케이션 능력은 필수다. 그것은 곧 책임이다.

스미스는 페덱스의 설립 초기부터 효과적인 커뮤니케이션을 우선시하는 것이 소비자들뿐만 아니라 종업원들에게도 꼭 필요한 일임을 깨달았다.

스미스가 현재 최우선순위로 두고 있는 가치는 예측 가능성이다.

오늘날의 경제 상황에서 가장 필요한 건 '안정'이다. 월 스트리트(주식시장)와 메인 스트리트(실물시장)에서 그동안 많은 일들이 일어났고, 사람들은 이제 약간의 통제력을 회복할 수 있는 평범한 일상으로 돌아가기를 원한다. 그

사람들이 삶에서 가장 원하는 것

안정성	49%
기회	34%
새로운 활력	27%
경제적 자유로의 복귀	27%
보안	22%
번창	13%
끈기	9%
재생	8%
성공	7%
기타	5%

출처: The World Doctors, 2010

동안 그렇게 중요했던 '기회'는 이제 부차적인 것이 되었다.

실제로 내가 만난 포커스 집단들은 '안정성', '예측 가능성', '놀랄 일 없음'을 깊이 느끼기를 바라고 있었다. 기업이나 정치 지도자들은 좀처럼 그러한 것들에 신경 쓰지 않지만, 포커스 집단뿐 아니라 수백만 명의 사람들이 그런 보장을 갈구하고 있다.

기업들이 우리의 인생을 기복 없이 평탄하게 만들어주고 인생에 훨씬 더 큰 확신을 준다고 입증할 수 있다면 직원들, 고객들, 주주들로부터 좋은 평가를 받을 것이다. 새로운 세대의 승자는 '놀랄 일 없는' 마케팅과 커뮤니케이션으로 안정감을 선사할 수 있는 사람임을 나는 의심하지 않는다.

존슨앤드존슨은 어떻게 위기에 대응하였나

128년의 역사를 자랑하는 전설적인 기업 존슨앤드존슨(이하 J&J)은 어떻게 아마존, 사우스웨스트 항공, 마이크로소프트 같은 혁신적이고 자유로운 대기업들보다 더 존경받고 평판 좋은 기업에 오를 수 있었을까? J&J는 분명히 정의된 우선순위를 갖고 있기 때문이다. J&J는 무엇이 어떤 순서로 중요한지를 알고, 어떤 일이 있든 그 우선순위에 몰두한다.

일관성은 위대한 브랜드를 만드는 초석이다. 일관성은 신뢰를 쌓고 판매에 영향을 미치며 궁극적으로 이익을 내는 데 도움이 된다. 이런 이유로 J&J는 S&P 500보다 더 높은 주가 상승률을 나타내고, 76년 연속으로 판매 신장 기록을 달성하며, 47년 동안 꾸준히 주주들을 위한 배당금을 늘렸던 것이다. J&J는 경기 침체 때조차 배당금을 늘렸다.

J&J는 신조를 가지고 시작한다. 이것은 대부분의 기업이 가진 비전이나 강령, 심지어는 미션도 아니다. 신조는 원칙과 믿음으로 구성된 시스템이며, 전 세계 60개국 250개 산하 기업들에서 일하는 직원 11만 4,000명에게 행동 지침이 된다. J&J의 신조는 회사 안팎의 모든 사람들에게 항상 무엇이 가장 중요한지를 말해준다.

우리는 의사·간호사·환자, 어머니와 아버지 그리고 그 밖에 우리 제품과 서비스를 사용하는 모든 사람들에 대해 최우선적인 책임을 져야 한다고 믿는다. 사람들의 요구를 충족시키기 위해 우리가 하는 모든 일은 질적으로 수준이 높아야 한다.

이런 신조에 맞춰 J&J는 조직 전체의 최우선순위를 모든 사람이 볼 수 있게 웹사이트에 공개했다. 무엇이 가장 중요한지는 의심할 여지가 없다. J&J의 회장이자 CEO인 빌 웰던이 2010년에 공통적으로 집중해야 하는 목표로 강조했던 '성장을 위한 우선순위들(Growth Priorities)'은 이 책에서 말하는 전략에 들어맞는다.

혁신적인 제품 : 과학적 혁신은 환자와 고객의 요구를 의미 있는 방식으로 충족시키며 우리가 성장하는 데 항상 밑바탕이 되어왔다. 그 결과 우리는 시장을 선도하는 기업, 수많은 비즈니스에서 1, 2위를 다투는 기업이 되었다. 우리는 혁신적이면서 접근하기 쉽고 효과적인 제품들과, 오늘날 건강관리 분야의 수요를 충족시키는 완전히 새로운 비즈니스 모델을 발표하는 데 집중할 것이다. (인간 중심주의)

튼튼한 유통망 : 우리는 새로운 의약품과 기구를 비롯한 제품의 튼튼한 유

통망 개발을 목표로 삼아 계속해서 투자하고 관리해야 한다. 우리는 경쟁에서 우위를 선점할 수 있는 유통망을 유지하기 위해 내부와 외부의 자원을 함께 사용할 계획이다. 우리의 탄탄한 유통망을 통해서 나오는 신제품이 빠르게 확산되기를 기대한다. (패러다임 파괴)

글로벌 시장에서 입지 강화 : 전 세계적인 건강관리 선도 업체로서 계속해서 우리의 입지를 강화하고, 다양한 시장과 다양한 고객에 맞는 적절한 방식으로 전략을 실행해 나가야 한다. 우리는 지역마다 다른 요구를 만족시키기 위해서, 최소 비용으로 최대 효과를 거둘 수 있게 전략적으로 접근할 것이다. (우선순위 결정)

인재 : 우리의 특별한 직원들은 여전히 우리의 초석이며, 우리는 우리의 사람들을 키우고 자극하고 동기를 불어넣고, 성공을 이루면 그에 상응하는 보상을 해줘야 한다. (설득)

우선순위를 결정하는 일은 J&J가 승자의 자리를 유지하는 데 어떤 도움을 주었을까? 1982년 9월에 일어났던 타이레놀 사태를 예로 들어보자. 당시 청산가리에 오염된 캡슐 타이레놀을 먹고 7명이 숨지는 사고가 일어났다. J&J는 2009년 급발진 문제가 터졌을 때 도요타가 증거들을 묵살하고 무시하며 상황을 가만히 지켜보기만 했던 것과는 다른 대응 방식을 보여주었다. 2010년 걸프 만 기름 유출 사건 때 영국 석유 회사 BP(British Petroleum)가 그랬던 것처럼 잘잘못을 가리려 애쓰지도 않았다. 자신의 결백을 주장하거나 비난을 피하려는 목적으로 시장 전문가들을 고용한 골드만삭스처럼 하지도 않았다.

대신 J&J는 즉각적으로 대응에 나섰다. 자신들의 제품과 서비스를 사용하는 모든 사람들에 대해 일차적으로 책임져야 한다는 사실을 알았기 때문이다.

그런 이유가 아니더라도, 주가가 18퍼센트 급락하고 다트릴과 아나신 3 같은 경쟁 제품이 치고 올라오는 상황에서 J&J는 반드시 신속하게 조치를 취해야 했다. J&J는 즉시 모든 매장에서 타이레놀을 회수하고, 모든 광고를 취소했다. 미국 식품의약국 FDA가 제조 공정에서가 아니라 판매 약국에서만 청산가리에 오염된 제품이 발견됐다고 공식 발표했음에도 J&J는 충격 받은 소비자들에 대해 계속 책임을 졌다.

이어 J&J는 3단계 위기 대응 캠페인을 실시했다. 첫째, 사람들에게 계속해서 최신 소식을 알리고, 소문이 더 이상 확산되지 않도록 언론과 밀접한 관계를 맺었다. 둘째, 타이레놀 캡슐을 정제 약으로 바꾸거나 환불 받는 방법을 설명한 광고를 내보냈다.

끝으로 소비자뿐만 아니라 피해를 입은 모든 사람들에게 보상하기 위해서 어떤 타이레놀 제품이라도 2.5퍼센트 할인해 주는 쿠폰 광고를 신문에 실어서 미국 전역에 내보냈다. 이 쿠폰은 기업의 책임감을 보여줌과 동시에 기존 소비자들과 신규 소비자들이 비캡슐 형태로 된 타이레놀 제품을 계속해서 사게 하는 동기가 되었다.

사고 몇 주 후에 FDA는 식품과 의약품 산업을 대상으로 이물질이 들어가지 않는 포장 지침을 발표했다. J&J는 소비자들의 신뢰를 회복하기 위해서 권장하는 것보다 2배가 더 많은, 세 겹의 보호층을 도입했다.

사고가 터지고 몇 달 만에 J&J의 진통제 시장 점유율은 다시 회복되기 시작했고, 곧바로 고객의 90퍼센트 이상을 되찾았다. 이처럼 정직하고 개방적이면서 전략적인 위기관리 능력을 인정받아 당시 CEO였던 제임스 버크는 1990년 전미 비즈니스 명예의 전당에 이름을 올렸다. 버크는 문제를 어떻게 파악할지 알고, 해결책을 찾고, 실행하고 실행하고 또 실행했기 때문에 타이레놀의 종말을 성공적으로 피해갈 수 있었다.

비즈니스 전략서 『서비스 산업을 위한 린 식스 시그마(Lean Six SIGMA for Service)』의 저자인 마이클 조지에 따르면, 버크는 성공한 기업 임원의 롤모델이다. 그는 이렇게 설명했다.

성공한 기업 임원들은 문제를 분석하고, 해결에 필요한 전략적 개념을 설명하고, 전략을 구체적인 전술로 바꾸는 부하 직원들을 두고, 전략적 목표를 달성하기 위해서 성과 측정 기준을 정한다. 그다음에 목표를 성취했는지 여부를 확인한다. 그들은 목표를 달성하기 위해서라면 가장 친한 친구마저도 해고할지 모르지만, 재원은 충분히 동원할 것이다.

정말로 잔혹하지 않은가! 그렇지만 상황을 바로잡기 위해 어떤 일이든 하겠다는 의지가 없으면 타이레놀 사태 같은 위기를 제대로 해결할 수 없다. 그리고 버크가 실제로 그렇게 했기 때문에, 타이레놀은 오늘날까지 여전히 미국에서 가장 신뢰받는 브랜드가 되었다.

그런데 불행히도 2010년에 역사는 되풀이됐다. J&J는 타이레놀, 모트린(항염제), 지르텍(알레르기 치료제), 베나드릴(알레르기 치료제)을 포함해서 의사의 처방전 없이도 살 수 있는 43개 어린이용 의약품에 대한 리콜 사태를 겪었다. 사람들은 불안에 떨었고, 분노한 의회는 청문회를 열었다.

FDA는 일정 기간 동안에 발생한 것으로 보이는 몇몇 제조상의 결함들을 찾아냈다. 그로 인해 심각한 의료 사고가 일어난 건 아니었지만, J&J는 또다시 미국을 포함한 모든 관련 국가들에서 전 제품을 자발적으로 회수한다고 발표했다.

그해 5월 27일에 열린 의회 감시 및 정부 개혁 위원회에서 J&J 컨슈머 그룹의 회장인 콜린 고긴스는 깊이 뉘우치는 모습을 보이며 이렇게 말했다.

우리의 자회사 맥닐에서 일으킨 리콜 사태에서 (제품의) 품질 및 공정과 관련한 문제들은 용납할 수 없다. 맥닐과 J&J를 대표해서 어머니와 아버지, 그리고 환자 보호자들 모두에게 이번 리콜 사태로 걱정과 불편을 끼친 점을 사과드린다. J&J는 의회가 하는 일을 받아들일 것이며 오늘 열리는 청문회가 대중들이 리콜 사태를 이해하는 데 중요한 밑거름이 되기를 바란다.

(중략) J&J와 맥닐은 이번 사건을 심각하게 받아들이고 있다. 맥닐이 J&J가 자회사에게 요구하는 품질 수준까지 높이는 데 필요한 조치들을 취하도록 하는 데 매진할 것이다. 우리를 믿어주기 바란다.

사람들은 당신에게 완벽함을 요구하며 그에 따른 우선순위를 정할 것으로 기대한다. 만일 당신이 혼란을 초래했다면 그것을 인정하라. 피해를 줬다면 그것을 고쳐놓은 다음에, 한 걸음 더 나아가라.

메시지에도 우선순위가 있다

메시지의 우선순위를 결정하는 것은 정치와 정책에서도 중요하다. 교육 개혁 문제를 예로 들어보자. 전 국민을 대상으로 실시한 공립학교 시스템에 대한 조사에서 미국인들은 B- 또는 C+ 정도로 평가하면서 강력히 지지하지 않는 것으로 나타났다.

미국의 공공 교육에 대한 통계

- 미국 15세 청소년들의 수학과 글쓰기 능력은 57개 선진국 중 35위이다.

- 공립학교 학생 중 30퍼센트는 고등학교를 졸업하지 못한다.

- 매일 7,000명의 아이들이 고등학교를 중퇴한다.

- 현재 공립학교에 재학 중인 학생 5,000만 명 중에서 1,500만 명이 중퇴할 것이다.

- 공립학교 수학 교사들 중 25퍼센트는 2년제나 4년제 대학에서 수학이나 수학 관련 학문을 전공하지 않았다.

- 고등학교 졸업생 중에서 3분의 2 미만이 매년 대학에 간다.

- 아프리카계 미국인 고등학교 학생 중 절반이 졸업하지 못할 것이다.

- 8학년(한국 기준 중학교 2학년)까지 미국 학생들은 다른 국가 학생들에 비해 수학에서 두 학년 정도 수준이 뒤진다.

- 남미/히스패닉계 학생들의 고등학교 졸업률은 불과 58퍼센트다.

- 미국의 고등학교 중 15퍼센트가 중퇴자의 절반을 배출한다.

- 미국 성인 중 87퍼센트는 고등학교 이상의 학력을 가지고 있다. 반면에 한국 성인 중 이 비율은 97퍼센트에 이른다.

- 오늘날 저소득층 출신 4학년들 중 불과 17퍼센트만이 능숙하게 글을 읽는다. 또한 이들 중 절반이 기초 수준에 미달하는 학습 능력을 보인다.

- 500만 명이 넘는 학생들이 연방 정부의 낙제 학생 방지법을 적용받지 않는 1만 개 이상의 학교에 다닌다.

- 미국에서는 26초마다 1명씩 고등학교 중퇴자가 나온다.

- 미국 최대 도시들에서 생활하는 학생들 중 절반 가까이가 고등학교를 졸업하지 못한다.

- 8학년 학생 중 70퍼센트가 글 읽기에 능숙하지 못하고, 그들 중 대부분은 결코 수업을 따라가지 못한다.

그러나 이렇게 나쁜 결과가 나왔음에도, 학교 교육의 실태를 정확히 평가하기 위해 측정, 검증, 계량화, 혹은 판단 대상의 우선순위를 정확히 설정한 사람이 아무도 없었다. 사실 위의 결과는 데이터가 치우쳐 나온 것으로, 너무나 많은 메시지가 혼재된 탓에 오히려 전달력이 떨어진다.

예를 들어보자. 위에 나열된 여러 사실들 중 당신에게 가장 중요한 2~3가지를 골라보라. 아마도 그것이 당신에게는 중요하지만, 다른 사람에게는 중요하지 않을 수 있다. 일단 해보라. 당신이 고른 것들만을 가지고 문제의식을 상대에게 충분히 어필할 수 있겠는가? 아마도 쉽지 않을 것이다. 어떻게 이 문제를 해결할 것인가?

문제 해결의 첫 번째 단계는 잡음을 걸러내는 것이다. 데이터의 홍수로 인해서 생긴 적의를 극복하는 유일한 방법은 동의할 수 있는 영역들을 중심으로 대화가 진행되게 준비하는 것이다.

그러기 위해서는 첫째, 누구나 동의하는 사실이나 숫자(잡동사니 속에서 관심을 끌고 쉽게 동의할 수 있는 단어, 문장, 메시지)를 찾아낸 다음에 나머지 것들은 모두 버려야 한다.

둘째, "내 프레젠테이션에서 두 가지만 꼭 기억해 달라"거나 "교육 논쟁은 다음 두 가지 비극적 사실로 요약될 수 있다"라는 식의 명확하고 강력한 말로 시작한다.

그리고 셋째, 쉽게 설명해야 한다. ('첫째'라는 단어를 언급하며 말을 시작했다면 이후에도 '둘째, 셋째' 식으로 순서를 밝혀주는 게 중요하다. 이것은 두 가지 목적 때문이다. 첫째로 신뢰를 쌓을 수 있고, 둘째로 마지막 요점을 말할 때까지 사람들의 관심을 붙잡아둘 수 있다.) 전달하려는 사실의 우선순위를 정해서 몇 가지 핵심 요점들로 간추릴 수 없다면 어떻게 다른 사람들이 당신의 의견에 동의하고 따르겠는가?

앞서 든 통계에 반해 빌 앤드 멜린다 게이츠 재단과 브로드 재단이 내놓은 조사 결과는 더 많은 사람들에게 더 중요하게 다가온다. 이 두 가지 숫자는 분명 사람들의 관심을 끌 것이고, 부모라면 잊지 못할 것이다.

- 8학년 학생들 중 70퍼센트가 글 읽기에 능숙하지 못하고, 그들 중 대부분은 결코 수업을 따라가지 못한다. 부모들에겐 아이들이 10대 초반에 낙오하면 아이들의 인생은 실패한다는 걸 의미한다.
- 매년 100만 명이 넘는 고등학교 고학년생이 졸업하지 못한다. 모든 사람들은 교육 실패가 가져올 결과를 이해하고 있으며, 이 숫자는 그런 실패를 극명하게 계량화해서 보여준다.

이것은 앞의 예에 비해 훨씬 강력한 통계들이다. 이렇게 삶에 영향을 미치는 두 가지 사실을 말하며 토론을 시작한다면 사람들은 그것에 집중할 것이다. 이 사실을 개인적 결과로 연결시킨다면 메시지의 힘은 더욱 커진다. 그리고 해결책을 제시한다면 사람들은 '귀담아듣고' 그 메시지를 마음으로 받아들일 것이다. 커뮤니케이션의 승자들이 매일 하고 있는 일이 이것이다.

우선순위를 결정하다가 통상적으로 저지르는 실수 중 하나는 메시지를 거듭 바꾸는 것이다. 2009년과 2010년 미국의 건강보험 논쟁 때도 이런 일이 일어났다.

오바마 정부는 처음부터 건강보험 개혁이 왜 국가의 이익에 그토록 중요한지를 분명하게 설명하지 못했다. 이 개혁은 금융위기 직후 경기 둔화를 막기 위한 대응책으로 처음 시작됐다. 건강보험 개혁은 하늘 높은 줄 모르고 치솟는 의료비 상승을 억제하여 경제 회복을 돕는 게 목적이었다.

그런데 이야기의 주제가 바뀌었다. 건강보험 혜택을 받지 못하는 사람들에 대한 도덕적 의무와 관련된 이야기가 되고 말았다. 그런 다음에는 재정 적자를 줄이기 위해서 건강보험 개혁이 필요하다는 이야기로 다시 바뀌었다. 결국 건강보험 개혁의 진짜 목적을 아무도 이해하지 못했고, 사람들은 이제 무조건 건강보험을 개혁해야 한다는 말만 들었다.

대부분의 여론조사 결과들을 보면 건강보험 개혁에 대한 국민들의 지지도는 37~42퍼센트 사이에 머물고 있는 것으로 나타났는데, 결국 이 개혁안은 일부 민주당 의원들의 반대 속에서 단 한 사람의 공화당 의원도 투표에 참가하지 않은 채 미국 의회를 통과했다. 미국 역사상 그처럼 야당으로부터 단 하나의 표도 얻지 않은 채 통과된 법안은 지금까지 없었다.

정치적 신념과 상관없이 여기에는 중요한 교훈이 숨어 있다. 오바마가 내세운 건강보험 개혁이란 우선순위는 처음부터 대중들의 우선순위와 일치하지 않았던 게 분명했다. 모든 여론조사 결과들이 보여줬듯이 미국 국민들은 정부가 해야 할 일들 중 일자리, 즉 더 많은 일자리를 창출하는 게 가장 중요하다고 생각했다.

이제 메시지의 우선순위를 정하는 게 왜 중요한지 이해했을 것이다. 우선순위가 없다면 사람들은 당신이 하는 말을 듣지 않는다.

메시지의 우선순위 정하기

에이즈 퇴치 운동가인 랜디 쉴츠가 에이즈의 발견과 대응 방법에 대해 쓴 책 『그리고 밴드는 연주를 계속했다(*And the Band Played On*)』에서 한 줄을 인용해 보겠다.

"우리는 무엇을 생각하는가? 우리는 무엇을 아는가? 우리는 무엇을 증명할 수 있는가?"

에이즈에 대한 대중의 이해를 높이기 위해 싸우는 의사들은 이 병에 대한 지식이 제한되어 있으며 위험하다는 걸 알았다. 의사들이 '최고로 정확한' 정보와 사실들을 전면에 내세우는 게 더 낫다는 뜻이었다. 진실을 명확하게 입증하지 못한다면 차라리 말하지 않는 편이 더 낫다.

이처럼 커뮤니케이션을 하기 위해서는 우선순위를 고려해야 한다. 우선순위를 결정하라. 이것이 바로 "우리는 무엇을 생각하는가?"와 "우리는 무엇을 아는가?"의 문제다. 중요한 것들은 많다. 그것들을 충분히 검토하라. 그다음에 그중에서도 정말로 중요한 것, 즉 사람들이 당신이 입증하기를 가장 바라는 것에 모든 에너지를 집중하라.

패러다임을 깨는 당신의 지식, 지식을 대중에게 입증하는 능력, 알고자 하는 대중의 바람 사이에 우선순위를 결정하는 일이 모두 다 맞물려 있다.

행동의 우선순위를 정하라

당신은 정확히 무엇을 성취하고 싶은가? 목적지에 도달하기 위해서는 정확히 어디로 가고 있는지를 알아야 한다. '그곳'은 어떤 모습일까?

어떤 노력을 무산시키는 가장 확실한 방법은 모든 사람들에게 모든 걸 해주려고 노력하는 것이다. 그러나 정말로 잘할 수 있는 일에 집중하면 사람들이나 제품이 큰 혜택을 받을 수 있다. 그것이 늘 같은 포지션을 맡는 풋볼 선수이건 아니면 가장 내구성 강한 수건이건 상관없이 최고의 성공을 거둔 사람과 성공한 제품들은, 일의 우선순위를 정하고 구체적인 목표나 기술을 단련하고 그것을 완전히 정복한 데서 나온다.

아마존의 창립자인 제프 베조스의 인터뷰에서도 똑같은 이야기를 들었다. 2007년 11월 19일 킨들이 처음 출시됐을 때, 찰리 로즈와의 인터뷰에서 베조스는 다음과 같이 설명했다.

제프 베조스 : 알다시피 책은 물리적으로도 고도로 진화했고, 본래의 목적에 우아하게 맞춰져 있기 때문에 더 이상 발전하기가 어렵다. 책은 다른 인공물, 다른 사물과 달리 사람들에게 매우 감정적이고 개인적인 무엇이다. 책은 내가 눈치 채기 어려운 가장 중요한 특징이 있는데, 바로 사라지는 것이다.

찰리 로스 : 그게 무슨 말인가?

제프 베조스 : 책을 읽을 때 당신은 종이와 잉크, 풀과 바늘땀을 알아채는가?

찰리 로스 : 그렇지 않다. 사람들은 오직 이야기만을 느낀다.

제프 베조스 : 그 모든 것이 사라지고 남는 건 저자의 세계이다. 그리고 당신은 이러한 흐름으로 들어간다. 책이 지닌 '사라질 수 있는 능력'은 우리 킨들 디자인의 최우선 과제가 되었다. 우리가 책의 이런 면을 모방할 수 없다면 아무도 이 기기를 이용하지 않을 것을 알았기 때문이다. 그래서 우리도 그 안에 들어가, 이야기 세계 외에 모든 것을 사라지게 하고, 독자들이 즐거운 정신의 흐름으로 빠져들 수 있게 해야 했다.[20]

베조스와 그의 팀은 최종 제품이 어떤 모양이어야 하고, 제품이 성공을 거두기 위해서 무슨 일을 해야 하는지를 알았다. 그들 역시 킨들에 음악 감상, 사진 촬영, 일정 관리, 알람 기능을 넣을 수도 있었을 것이다. 그런데 기술이 없어서 하지 않은 게 아니었다.

킨들은 다른 어떤 제품도 할 수 없는 방식으로 고객에게 독특한 경험을 전달하고자 했다. 이 세상에 존재하는 모든 신호음, 픽셀, 메모리 공간도 그러한 독특함을 보상할 수는 없었다. 지나치게 많은 기능들은 킨들 같은 제품이 가진 명확한 목표를 흔들어놓는다.

베조스는 자신들이 만들고 있는 것, 아이팟의 전자책 버전을 팀원들과 같이 이해하고 있었고, 그 단 하나의 목표를 성취하는 데 방해가 되면 무엇이든 제거했다. 킨들은 당신의 손안에서 '사라지고' 당신 삶의 일부가 되어야 했다. 다시 말해서 킨들을 책 이상으로 만드는 여러 다른 기능들은 없어져야 한다는 걸 뜻했다.

구글이 단순한 검색 회사였을 때로 거슬러 올라가 보자. 구글은 '눈에 띄는' 검색 엔진도 아니었다. 심지어 지금처럼 '동사'도 아니었다(구글 검색이 보편화되면서, 구글에서 검색한다는 뜻의 googling 또는 to goole이라는 말까지 생겨났다). 그러나 오늘날 구글은 말 그대로 어디에나 있다. 당신이 이 세상 어디에 있건 구글은 당신 사진을 찍어서 구글 어스에 올려놓을 것이다. 더 중요한 사실은 구글이 여전히 놀라운 속도로 움직이고 있지만, 우선순위에 집중하지 못하는 문제로 고통받기 시작했다는 것이다.

짐 데이비드슨은 위대한 기업을 만드는 요인과 위대한 기업을 실패하게 만드는 요인에 대해 나와 토론하던 중 이 문제를 끄집어냈다.

그렇다면 구글은 무엇이 다른가? 구글이 검색 엔진으로서 그토록 성공한 이유는 무엇인가? 왜 다른 검색 엔진들은 구글처럼 성공하지 못했는가?

분명 구글에게는 차별화된 비즈니스 모델이 있었다! 그러나 그것이 더 뛰어난 비즈니스 모델은 아니었다. 야후가 인수한 오버추어도 똑같은 비즈니스 모델을 가지고 있었고, 다른 회사들도 유사한 검색 엔진들을 갖고 있었다. 그러나 구글은 제대로였다. 그들의 검색 엔진은 더 나았고, 애드워즈(AdWords: 구글의 광고 플랫폼)를 철저하게 밀었다. 그리고 무엇보다 구글은 여기저기 돌아다니지 말자는 원칙을 가지고 있었다. 구글은 한곳에 집중할 줄 알았다.

그러나 지금 구글을 보라. 집중이 매우 안 되고 있다. 구글은 음성 서비스를 제공하고, 여러 가지 애플리케이션을 만들고 있다. 마이크로소프트 오피스와 대결하고 있으며, 안드로이드 플랫폼을 만들어 휴대폰의 세계와도 대적하고 있다. 그들은 미국 전역을 연결하는 광대역을 시험하고 속도를 높이기 위한 초고속 통신망을 구축하고 있다. 그러나 구글을 다른 어떤 회사보다 더 나은 기업으로 만든 것은 놀라운 기술뿐 아니라 비즈니스 모델에 대한 세심한 집중력이었다.

구글은 지구상에 있는 다른 누구보다 한 가지 일, 검색을 잘했기 때문에 급부상할 수 있었다. 구글이 선보인 검색 서비스는 정말로 훌륭했다. 구글이 검색 서비스를 확대하면서 고객들은 혜택을 받았다. 그리고 구글은 기업 공개를 단행했고, 이로 인해 수백 명의 사람들이 하루아침에 백만장자가 되었다.

그러나 구글의 앞길은 그다지 분명하지 않다. 어떤 회사라도 부침을 겪겠지만, 구글이 밟아온 트렌드는 점점 크게 변화할 것이기에 구글이 예전처럼 경쟁사들을 정복할 수 있을지 확실하지 않다. 구글이 검색 분야에서 1위 자리를 고수하려면 처음의 성공 요인을 잊어서는 안 된다. 승자는 항상 처음 한 일, 처음 받은 돈, 처음 저지른 잘못을 기억한다.

우선순위 결정을 위한 질문 목록을 만들어라

사업을 시작하거나 신제품을 내놓거나 새로운 블로그를 시작하거나 선거에 출마하기 전에 성공을 정의해 봐야 한다. 어떤 고객의 요구를 충족시킬 것인가? 어떤 제품을 팔 것인가? 누구에게 그 제품을 팔 것인가? 제품은 어떤 모양일까? 어떤 느낌일까? 어떤 성능을 가질까? 어떤 경험을 선사할까? 사람들이 그 제품을 사게 하려면 어떻게 해야 할까? 어떻게 경쟁자들보다 더 나은 차별화를 이룰 것인가? 그 과정이 좌절할 만큼 힘들 수도 있지만, 이 같은 질의응답은 꼭 필요하다.

조금 긴 질문 목록을 소개하겠다. 승리하는 데에 쉬운 대답은 없지만 간단한 대답은 있다. 그런 대답을 찾아서 그것을 가지고 기반을 단단하게 만들어야 한다.

질문에 대한 답은 한 문장으로 써보도록 훈련해야 한다. 그 이상의 긴 답변은 금물이다. 그 대답(당신의 우선순위들)은 특징, 느낌, 경험에 관한 것이어야지 비즈니스 계획에 들어갈 세부적인 항목들이어서는 안 된다. 이러한 원칙들은 당신이 만드는 제품의 근간이 된다.

창업 당시 아마존 천재들의 머릿속을 관통했을 다음 질문들로 연습을 해보자.

Q. 어떤 고객의 요구를 충족시킬 것인가?

A. 우리는 읽는 경험을 과거 어느 때보다 더 쉽고 더 자연스럽게 만들

것이며, 그럴 수 없다면 이 제품을 절대 만들지 않을 것이다.

Q. 어떤 제품을 팔 것인가?

A. 전자 플랫폼에 관심이 없어도 누구나 편하게 이용할 수 있게 전자 책 하나만 판다.

Q. 누구에게 그 제품을 팔 것인가?

A. 전자 기기를 좋아하건 안 좋아하건 상관없이 독서를 사랑하고 독서를 더 많이 즐기기를 원하는 사람들에게 판다.

Q. 제품은 어떤 모양일까?

A. 아주 단순해서 제품을 쓰고 있다는 것조차 인지하지 못하는 모양이다.

Q. 그것은 어떤 느낌일까?

A. 정말 편해서 소파나 침대 아니면 책 읽기 쉬운 장소 어디에서든 자연스럽게 느껴진다.

Q. 어떤 성능을 가질까?

A. 책이 오작동하지 않듯이 킨들도 오작동하지 않는다.

Q. 어떤 경험을 선사할까?

A. 사용하기도 아주 쉽고, 이야기에 완전히 몰입하게 만든다.

Q. 사람들이 그 제품을 사게 하려면 어떻게 해야 할까?

A. 한번 시험해 보게 한다.

Q. 당신 제품이 경쟁사의 제품들보다 더 나은 점은?

A. 책이 발명된 이후 읽는 장치를 '사라지게 하는' 위대한 도약을 주도
한다.

구체적인 질문들에 절대 길게 대답하지 않았다. 그렇지만 의미는 심오
하다. 이것이 바로 핵심이다. 대답들은 혁신적인 목적을 가지고 있으며, 쉽
게 사용할 수 있는 뭔가를 생산해서 팔아야 하는 엔지니어들과 마케터들
에게 힘들이지 않고 영감을 불어넣고, 그들을 단합시키는 원칙들을 체계
적으로 정리해 준다. 단순하게 시작하는 게 좋다.

하나에 집중하라

내가 첫 번째 사업인 런츠 리서치 컴퍼니즈를 시작했을 때 나는 어떤
서비스를 제공할지 결정해야 했다. 나는 전통적인 여론조사, 포커스 집
단 운영, 이미지 컨설팅, 광고 테스트, 미디어 대응 훈련 등 온갖 종류의
시장조사와 커뮤니케이션 서비스들을 모두 제공할 수 있었다.

이러한 접근 방식의 문제는 '모든 걸 먹을 수 있는 뷔페'와 마찬가지로,
한두 가지를 특별하게 하기보다는 모든 걸 그럭저럭 하도록 한다는 것이
다. 결국 나는 한 가지 기술, 다른 사람들이 제공할 수 없는 기술에 내 모
든 시간과 에너지와 재원을 집중 투자하기로 결정했다. 즉, 전달하려는
메시지의 우선순위를 정했다.

우리 회사는 메시지와 언어에 초점을 맞춰서, 제품이나 서비스를 접할 때 사람들을 흥분하게 만드는 단어와 문구와 표현들을 찾았다. 여론의 한 가지 요소에만 집중한 다음에 혁신적인 연구 기술(포커스 집단의 전화 접속 세션)을 완벽하게 섭렵함으로써 나는 '언어의 마술사'라는 명성을 얻게 되었다.

당시까지만 해도 상당히 주관적인 것이었던 언어 개발을 과학으로 만들었다. 시간이 흐를수록 나는 '메시지 전달의 권위자'로 알려지기 시작했다. 한 우물을 파듯 한 분야에서 전문 지식을 쌓았다. 덕분에 인재들로 가득 찬 분야에서 내가 가진 기술을 차별화시킬 수 있었다.

물론 집중이 승리에 필수적이지만 쉽지는 않다. 아이스하키 역사상 가장 위대한 선수인 마이크 리히터, 브렌던 샤나한과 이야기를 나눌 때 그들도 내 생각이 맞다는 걸 똑같이 확인시켜 줬다. 리히터는 이렇게 말했다.

집중은 인간이 할 수 있는 가장 힘든 노력이다. 누구나 집중할 수 있다. 그러나 진정으로 위대한 사람만이 계속해서 집중하는 방법을 안다.

그러자 마치 큐 사인을 받은 것처럼 샤나한이 이어서 말했다.

뭔가 중요한 일을 하는데 제대로 풀리지 않을 때 당신은 이렇게 말한다. "문제를 해결하는 방법을 알았지만 다른 요인들 때문에 집중하지 못했다." 집중할 때 당신은 다른 누구의 목소리가 아니라 당신이 정말로 신뢰하고 잘 아는 사람의 목소리에 귀 기울여야 한다. 그것은 바로 당신 자신이다.

집중을 하면 잡음, 의심 그리고 산만함을 없앨 수 있기 때문에 당신은 점점 더 나아진다. 반면 집중하지 못할 때 당신은 지나치게 많은 도전들을 모두 감당하면서, 모든 사람들에게 필요한 모든 것을 제공하려고 우왕좌왕하는 자신을 발견할 수 있다. 이런 모습은 재난을 초래할 뿐이다.

내가 목격한 기업의 CEO와 정치 후보자들이 오랫동안 저질러온 중대한 실수는 자신의 장점에 대한 우선순위는 정하면서 약점들은 인정하지 않고 무시해 버린다는 것이다. 자신과 솔직한 대화를 나눌 수 있을 때라야 비로소 당신은 우선순위를 제대로 정할 수 있다. 개인 차원이나 기업 차원이나 마찬가지다.

자신의 장점을 정확히 알고 있는 기업이라고 하면 곧바로 월마트가 떠오른다. 월마트는 1962년 아칸소 주 로저스에서 샘 월튼이 세웠으며 2010년 회계연도 매출이 4,050억 달러에 이르는 미국 최대 기업이다.[21]

2007년에 월마트는 "항상 낮은 가격(always low prices)"이란 유명한 슬로건을 "돈을 절약하면 더 잘 산다(save money, live better)"라는 슬로건으로 바꾸었다. 이것은 월마트의 내부적인 변화를 드러내는 한편, 미국인들이 더 나은 삶을 살 수 있게 절약하는 걸 돕겠다는 회사의 미션을 나타낸 표현이었다. 이 새 슬로건은 월마트가 자신이 뭘 잘하는지 알고, 가지고 있는 장점들을 십분 활용했기 때문에 성공했다. 미국 내 그 어떤 소매상도 월마트보다 더 싸게 물건을 팔 수는 없었다.

또한 월마트는 잘할 수 없는 것을 피하는 데도 뛰어났다. 지금까지 월마트는 회사의 양적 성장만을 고려한 미끼를 문 적이 없었다. 그보다 그들은 소비자들의 마음속 깊숙이 달려 들어가고 있다.

월마트 매장에 가보면 스파르타 시대로 들어간 것 같은 경험을 한다. 최근 몇 년 동안 약간 세련되어졌지만 월마트는 여전히 부대 서비스를 제공하지 않은 채로 영업을 하고 있다. 월마트는 소비자들에게 황홀한 경험을 주기 위해 있는 게 아니라 친근한 검소함을 선사하려 존재한다.

월마트의 레이아웃과 디자인에는 당신이 그곳에 간 목적(지출)에만 계속해서 집중하게 만들려는 의도가 담겨 있다. 월마트는 정체를 숨기려 하지 않는다. 스타벅스 같은 부대 서비스를 제공하면서 고급 소비자들의 마음을 사로잡으려고 애쓰지도 않는다. 당신이 월마트에 가는 목적은 캐러멜 마키아토를 마시기 위해서가 아니라 돈을 아끼기 위해서다.

'절약'이라는 가치에 우선순위를 두고, 그것을 소비자들을 인도하는 불빛으로 삼음으로써 월마트는 오랜 시간 부당할 정도로 많은 비판을 받았다. 게다가 월마트의 '짠물 경영'은 직원들 사이에서 많은 불만을 낳았다. 그렇기 때문에 클린턴 대통령 시절 노동부 장관을 지냈던 로버트 라이히가 월마트를 일부 옹호한 건 다소 놀랄 만한 일이었다.

직원들에게 더 나은 임금과 건강보험을 제공하지 않는다고 월마트를 비난하는 것은 충분히 설득력이 있지만, 월마트가 임금과 임금 외 혜택들을 낮은 수준으로 유지하면서 고객과 투자자들에게는 좋은 거래를 할 수 있게 만들어 줬다는 사실은 거의 무시되고 있다. 다른 모든 자본주의 시대의 기업과 마찬가지로 월마트 역시 오늘날 게임의 규칙을 따르고 있을 뿐이다.[22]

월마트는 오늘날 게임의 규칙을 따르고 있을 뿐만 아니라 그 규칙들이 자신에게 유리하게 작용하도록 만든다. 월마트는 고객들이 가치를 가장 중요하게 생각한다는 걸 이해하며, 그렇기 때문에 그 무엇보다 더 가치를 중시해 왔다.

그 가치란 소비자들에게 최저 가격으로 제품과 서비스를 제공하기 위해서라면 무슨 일이건 가리지 않고 한다는 걸 의미한다. 소비자들은 경기 침체와 전례 없는 실업의 후폭풍 속에서 특히 더 그런 가치를 요구하고 있다. 결국 최저 가격을 제공하기 위해서는 불가피하게 직원들, 특히 파트타임 직원들에게는 낮은 임금과 그에 상응하는 임금 외 혜택들을 제공할 수밖에 없다. 그렇게 하지 않으면 가격을 올릴 수밖에 없다는 걸 월마트는 알기 때문이다.

당신이 전체 비즈니스 모델과 평판을 항상 '최저 가격'에 맞춘다면 그런 장점을 활용할 수 있는 방법을 찾아야 한다. 그 방법이 비평가들 사이에서 인기가 없어도 당신은 그런 장점을 고수해야 한다. 왜냐하면 누구보다 당신의 고객들에게 인기를 얻는 게 더 중요하기 때문이다. 월마트에게는 무엇보다 고객이 먼저다.

청중을 정확하게 평가하라

당신의 청중은 누구인가? 같이 일했던 《포춘》 500대 기업과 임원들의 절반 가까이는 이 질문을 잘못 이해했다.

이 질문에 적절한 대답을 찾으려면 당신 회사가 정한 목표의 '대상'과 '방법'에서부터 시작해 보라. 당신은 무엇을 창조하고 싶은가? 그리고 그것을 창조하기 위해서 어떤 계획을 세울 것인가? 이 질문들에 충분히 대답했다면 이제 전진하기 위해 커뮤니케이션을 개발하라.

당신이 상대하고 있는 사람들이 누군지 신중하게 따져보라. 그들에게 중요한 게 무엇인가? 현재 그들의 마음을 움직이는 것은 무엇인가? 그들은 지리적, 이념적, 경제적으로 어디에 속해 있는가? 그들의 희망과 꿈, 두려움은 무엇인가? 그들은 어떤 가방을 들고 다니는가? 그들의 경험은 당신의 것과 어떻게 다르며, 그들의 세계관과 당신을 바라보는 시선에 어떤 영향을 미치는가? 이 질문들은 당신이 커뮤니케이션 전략을 개발하기 전에 자문해 봐야 하는 것들이다.

그렇다고 고객만이 유일한 청중이라고 생각하는 잘못을 저질러서는 안 된다. 당신이 기업의 리더라면 당신에겐 직원이라는 내부의 청중도 있다. 직원들은 종종 외부의 고객들보다 더 중요하다. 시장과 소통하겠다는 희망을 갖기 전에 당신은 먼저 내부의 문제부터 올바로 정리해 놓아야 한다.

직원들은 주주들에게 관심이 없다. 또한 그들은 인원 감축의 경우를 제외하고는 기업의 실적에도 관심이 없다. 그들은 자신의 일자리, 함께 일하는 직원들이나 고객들에게 관심이 있을 뿐이다. 우리 회사는 방금 임금 삭감으로 고통받은 직원들에게 다음 분기 배당금 목표를 설명하지 말라고 임원들에게 지시하고 있다.

미션과 연계되어 있지 않고, 우선순위 대비 진척을 보여주지 않는 숫자들은 동기부여를 하지 못한다. 그런 숫자들은 그저 숫자에 불과하다. 최고가 되는 게 중요하다. 품질도 중요하다. 고객 만족도 중요하다. 그리고 무엇보다 사람들이 중요하다.

기업의 커뮤니케이션 전문가와 선거 컨설턴트들은 그들의 상관이나 고객에게 어떤 말을 하는 게 좋은지를 조언해 준다. 그러나 그 말이 듣는 사람에게 어떻게 전달될지는 단 1분도 생각하지 않을 때가 있다.

당신이 청중을 정확하게 평가하는 시간을 갖지 않는다면 청중이 오해할 만한 이야기를 하게 될 가능성이 높다. 단 한 마디의 잘못된 말로 전체 생산 라인이나 대형 아이디어, 촉망받는 후보자를 무너뜨릴 수 있다.

승자는 다음과 같은 우선순위를 잘 지킨다. 우선 인간의 욕구를 충족시키는 차별화된 아이디어가 필요하다. 그다음으로는 개인적 차원에서의 커뮤니케이션 플랜이 필요하다. 먼저 당신의 장점에 집중하고, 개인적이고 개별적이고 인간적인 메시지를 전달함으로써 청중들(처음에는 내부의 청중들, 이어 외부의 청중들)에게 신뢰와 충성심을 얻어라.

열거하고 또 열거하라

핵심은 '명료함'이다. 아이디어가 아무리 멋지고 강력해도, 그것이 이해 불가능한 방식으로 전달된다면 아무 소용이 없다. 열거는 당신의 생각을 우선순위에 따라 효과적으로 전달하는 방식이다. 열거를 잘만 이용하면 복잡하게 얽힌 생각을 개별 아이디어로 나누고 각각의 것을 검토한 뒤, 지난 아이디어를 쉽게 치워버릴 수 있다. 또한 당신이 이룬 성과와 실패를 훨씬 추적하기 쉽게 해줌으로써 책임감도 부여한다.

당신이 "CEO로서 나는 첫 임기가 끝날 때까지 혹은 5년 뒤에 하나, 둘, 세 가지 일을 할 것이다"라고 계획을 열거한다면, 시간이 지나도 당신이 회사를 책임질 수 있게 해달라고 청중들에게 요청하는 것과 같다(그리고 당신은 계속 그들의 관심을 받는다). 이러한 열거 과정은 당신이 해당 이슈와 언행일치를 위해 얼마나 진지하게 고민하는지를 보여준다.

다음과 같이 당신의 비즈니스 계획이나 기업의 미션을 헌법처럼 취급하라.

- 책임질 규칙들을 적은 다음에 그것을 지켜라. 상황이 어렵다고 해서 규칙을 깨거나 수정하지 말라.
- 몇 년 뒤 잘하지도 못하고 원래 선언했던 미션과 반대되는 일을 하

면서 정신없이 헤매는 자신을 발견하지 않으려면, 계획 안에서만 행동하라. 가장 성공한 사람들은 가장 원칙적인 사람들이다.

- 열거한 우선순위들을 쉽게 바꾸지 않도록 높은 기준을 세워라. 청중이 하는 말을 들어라. 그들이 정말 원하는 아이디어인지 확인하려면 견제와 균형 시스템에 통과시켜 보라.

버락 오바마와 그의 시카고 대선 운동 팀은 메시지를 지키는 방법을 알았다. 2008년 대선 운동에서 그들이 계속해서 내세운 '희망'과 '변화'라는 메시지는 미국인들의 마음에 깊게 파고들어서 비정치적인 대화로까지 스며들었다. 이 메시지는 오바마의 승리로 끝난 뒤에도 한참 동안 미국인들 사이에서 회자되었다. 그들은 사실 확인보다는 '치어리더' 역할을 한 언론과 마주했을 때조차 원칙을 지켰다.

기업도 마찬가지다. 메시지를 지키는 기업은 메시지를 계속해서 바꾸는 기업들보다 대중의 기억 속에 훨씬 더 오래 머문다. 사람들에게 폭스 뉴스의 슬로건이 뭔지 물으면 '공정하고 균형 잡힌(Fair and Balanced)' 뉴스라고 말할 것이다.

비자는 항상 "당신이 있고 싶은 곳 어디에나 따라간다(It's everywhere you want to be)"라는 슬로건을 내세웠다. 어디서나 비자 카드를 쓸 수 있어서 편리하다는 점을 강조한 이 슬로건을 보면 소비자로서 편안함과 안도감을 느낀다.

그리고 나이키는 우리들에게 "일단 해보라(Just Do It)"고 계속해서 간청한다. 이렇게 적극적인 행동을 주문함으로써 나이키는 누구나 아는 이름이 되었고, 모든 스포츠 브랜드들 중에서 가장 유명해질 수 있었다. 나이키는 지금까지 보여준 일관성과 초기 마케팅 활동에서 결코 멀리 벗어나지 않는다. 그 덕분에 항상 그리고 영원히 스포츠, 피트니스, 경쟁 분야에서 최첨단의 이미지를 보여줄 것이다.

성공한 브랜드는 소수에 불과하지만, 모든 기업들은 자신의 핵심 메시지를 계속해서 각인시키기 위해 더 노력 해야 한다.

우선순위 결정에 능통한 승자들의 '이기는 말'

지금부터 나오는 조언은 말로만 떠들기보다 직접 실천하면서 많은 시간을 투자해야 한다. 다음에 나오는 문구들 중 일부는 당신에게 우선순위를 결정하는 능력이 있음을 보여준다. 어떤 문구들은 우선순위를 결정하는 방법을 역설한다. 그리고 또다른 문구들은 당신의 우선순위가 적절하다는 것을 사람들에게 보여준다.

기본 원칙들(First principles): 첫 번째는 '기본 원칙들'이다. 철학적 관점에서 정말로 중요하고 근본적인 가치를 먼저 언급하는 방법으로, 평범하지는 않지만 효과는 강력하다. 이 책의 90퍼센트 정도는 당신이 청중에게 집중하는 방법을 설명하는데, 이것만은 예외다. 누구나 공감할 수 있는 기본 원칙에 대해 먼저 언급함으로써 청중에게 신뢰를 얻어야 한다. 당신의 관점에서 '누가', '왜' 그런지 설명하면서 인정을 얻고 신뢰를 쌓으면, 청중은 당신이 들인 노력에 대해 공감대를 형성할 것이다.

이처럼 대중 앞에서 프레젠테이션할 때는 청중에게 돌아가는 혜택에 집중하면서 끝맺되, 처음에는 당신 자신이 신뢰를 얻을 수 있는 이야기로 시작하라.

제일 중요한 걸 먼저(First things first): 이 말은 당신이 일의 순서와 핵

우선순위를 표현하는 핵심 문구들

1. 기본 원칙들
2. 제일 중요한 걸 먼저
3. 예방/보호
4. 자기 문제부터 해결하기
5. 당신이 한 가지만 기억한다면
6. 요점
7. 직선적 접근법
8. 최적화하다
9. 확장 가능하다

심을 알고 있음을 간단히 드러내준다.

예방/보호(Prevention/Protection) : 이 말은 일상생활에서 깊이 느끼는 걱정을 제품이나 서비스의 핵심과 깔끔하게 연결해 준다. '두려워하라'는 불길한 경고에 시달리는 사람들은 더 이상 최고의 DJ 케이시 케이젬이 말한 대로 "두 발을 땅에 붙이고 별을 향해 손을 뻗으며" 행복을 즐길 수 없다. 분명히 말하지만 나는 부정적인 것에 우선순위를 두는 걸 좋아하지 않는다. 그러나 오늘날 사람들이 기회를 물색하는 것만큼이나, 해로움을 예방하고 자신을 보호해 줄 뭔가를 찾고 있는 것도 사실이다.

자기 문제부터 해결하기(Getting our house in order) : 이 말은 긍정적인 방식으로 잘못된 걸 고치고자 하는 바람을 나타낸다. 결과적으로 이 표현은 청중들이 기존의 문제를 알고 있고, 당신이 그 문제를 알고 있는지에 따라 당신의 신뢰성이 좌우될 때 사용해야 한다. 오늘날 사람들은 과거 의존했던 주요 기관들을 더 이상 신뢰할 수 없다고 느낀다. 이 문구는 상황이 올바로 정리되길 바라는 사람들의 근본적인 욕구를 대변해 준다.

당신이 한 가지만 기억한다면(If you remember one thing): 당신에게 가장 중요한 것에 사람들이 특별히 관심을 더 갖도록 만드는 말이다. 나는 이 문구가 CEO들을 대상으로 보고하거나 프레젠테이션을 준비할 때 특히 효과적이라는 걸 알아냈다.

요점(The bottom line): 내가 제시하는 아이디어가 귀중한 시간을 내서 들을 만한 가치가 있다고 그들에게 확신을 주려면, 가장 중요한 한 가지 교훈이나 조언으로 이야기를 시작해 그들의 관심을 사로잡아라. 그다음 "요점을 말씀드리자면……"이라는 말로 이야기의 서두를 끝맺어야 한다. CEO들이 이 말에 마음이 움직인다면 나머지 이야기에도 귀를 기울일 것이다.

직선적 접근법(A straightforward approach): 이 말은 커뮤니케이션과 언어 스타일의 우선순위를 결정한다. 오바마 대통령은 "분명히 말씀드리자면"이라는 표현을 쓰는 걸 좋아한다. 다만 이 표현을 너무 자주 써서 매력이 떨어지긴 했다. 이제 사람들은 이 표현을 들으면 오바마가 분명하게 말하지 않을 것이라고 전제한다. 이 사례가 주는 교훈은, 아무리 좋은 단어와 문구라도 부적절하거나 너무 자주 사용하면 가치가 떨어질 수 있다는 것이다.

최적화하라(Optimize/efficient and effective): 이 말이 예전에는 '극대화하라'와 같은 의미로 쓰였지만, 오늘날과 같은 디지털 세계에서는 사람들이 뭔가를 최대로 활용할 수 있음을 표현하는 새로운 방법이 필요하다. '극대화하라'는 더 많은 걸 의미하지만, '최적화하라'는 더 나은 걸 의미한다. '최적화하라'는 표현은 특히 기업 간 비즈니스(B2B) 관계에서 강력한 힘을 발휘한다. 그러나 소비자들에게는 이보다 좀더 개인적인 '더 효율적이고 더 효과적이다'라는 표현이 나을 수 있다.

확장 가능하다(Scalable): 이 말은 모든 성공한 기업인들이 매일 모든 비즈니스 기회에 대해서 생각해 보게 한다. 어떤 것이 '확장 가능할 때' 그것은 수백 개, 수천 개, 수십만 개, 그리고 수백만 개가 될 수 있다는 의미이다. '한계가 없는 비즈니스'는 '확장'을 바라보는 또다른 방법이다.

전통적인 굴뚝 기업들은 규모의 한계 때문에 확장성과 거리가 멀 때가 종종 있다. 즉 그들은 물리적인 한계를 벗어나서 성장할 수 없다. 이와 반대로 아마존과 이베이 같은 인터넷 기반 기업들은 활동 범위를 늘리고, 커뮤니케이션하고, 잠재적 소비자들에게 제품을 전달하는 능력 외에는 한계가 없다.

당신이 구글과 페이스북을 사용할 때 일어나는 일은 두 회사의 사무실 공간이나 위치나 심지어 시간과 아무런 관련이 없다. 전적으로 그들의 무한한 콘텐츠 그리고 연결 능력과 관계된다. 이것이 확장성이다.

끝으로 한 가지만 더 말하면, 우선순위 결정은 당신이 모든 걸 실행하거나 모든 걸 말하거나 모든 사람들에게 모든 게 될 수 없기 때문에 해야 하는 것이다. 이것은 단순히 언어적 교훈만은 아니다. 승자들이 거듭 학습해 온 인생의 교훈이다.

4

/

Perfection

완벽함

왜 위대함만으로는
충분하지 않은가?

완벽함을 두려워하지 말라. 그러면 결코 완벽해지지 못한다.

― 살바도르 달리

영국의 유명 요리사 고든 램지는 현재 뉴욕에서 두바이, 도쿄에 이르기까지 세계 곳곳에 20여 개의 레스토랑을 운영하고 있다. 그리고 대부분의 요리사들이 꿈도 못 꿀 만큼 미슐랭으로부터 많은 별을 받았으니 램지는 크게 성공했다고 말할 수밖에 없다. 그는 미식가들뿐만 아니라 일반인들 사이에서도 유명 인사가 되었다.

램지는 세계적인 레스토랑 제국을 건설한 것 외에도 지난 10년 동안 영국과 미국 텔레비전 방송에서 왕성한 활동을 펼쳤다. 미국 폭스 네트워크는 누구에게나 온갖 비속한 말 폭탄을 쏟아내는 그의 과장스런 스타일을 따라 하고 싶어 하는 미국 시청자들을 위해 세 가지 프로그램 〈헬스 키친〉 〈쿠킹 라이브〉 〈키친 나이트메어스〉를 준비했다.

다혈질적인 성격과 공격적인 말투 등 온갖 결점들을 갖고 있음에도 그는 단 한 가지 이유로 오늘날 요리계에서 가장 영향력 있는 사람이 되었다. 바로 그의 요리가 완벽하다는 것이다.

단순히 프로그램이 좋아서 고든 램지가 지위를 얻고 인정받고 성공한 것이 아니다. 램지는 혼자 힘으로 '세상에서 가장 까다로운 요리사'라는 명성을 얻었기 때문에 방송 기회를 잡을 수 있었다. 쇼맨십도 한몫했겠지만 1년 열두 달 매번 완벽한 요리를 위해 치밀하게 노력하지 않았다면 그는 그렇게 유명해질 수 없었을 것이다.

고든 램지의 하루하루는 새롭다. 최고로 손꼽히고, 업계의 그 누구보다 요리를 잘하고, 더 나은 서비스를 제공하고, 더 빛나기 위해 매일 새롭게 도전한다. 절대적 기준을 향한 그의 끊임없는 욕구는 세계 최고의 음식을 만드는 재능이 있고, 손님을 가장 배려하는 요리사들을 키워내기도 했다. 완벽하려는 그의 욕구가 그를 위대한 요리사로 만든 것이다. 그가 승자가 된 것도 같은 이유 때문이다.

어제보다 오늘을 더 좋게, 오늘보다 내일을 더 탁월하게

CEO와 기업계 거물들, 유력 정치인, 스포츠계의 전설 그리고 할리우드의 유명 인사들과 보내는 시간이 늘어날 때마다 나는 그들의 또다른 특징을 점점 더 많이 깨닫는다. 그들에게는 '완벽한 것'만 있을 뿐 '충분히 좋은 것' 따위는 없다. 앞으로도 그럴 것이다.

스티브 윈은 세계 최고의 호텔 디자이너다. 그는 미라지, 벨라지오, 윈, 앙코르 등 세계 유수의 호텔을 설립했다. 그가 새롭게 디자인하는 호텔은 늘 앞서 만든 호텔보다 훨씬 더 멋졌다. 당신은 그가 자신의 업적에 대해 만족하고 자랑스러워할 거라고 생각할지 모른다. 그러나 그의 말을 들어보라.

나는 항상 스스로를 인생의 모든 걸 배워야 하는 학생이라고 생각했다. 미라지이든, 벨라지오이든, 어떤 호텔을 끝내든 불행하게도 나는 내가 저지른 실수나 놓친 기회들을 발견했다. 그리고 '아뿔싸! 다시 지으면 좋겠다. 한 번 더 기회가 있었으면 좋겠다'라고 안타까워했다. 나는 항상 다음번에는 더 나아져야 한다고 생각한다.

많은 사람들은 완벽주의를 단순히 '자신이 하는 일에 절대로 만족하지 못하는 것'이라고 오해한다. 실제로도 "그래, 그 정도면 충분하다"라고 말하면서 돌아다니는 완벽주의자는 좀처럼 찾기 어렵다. 세계적으로 명성을 떨치는 음악가, 명석한 기업인, 활기가 넘치는 캠페인이나 선거운동 자원봉사자 등 완벽주의자로 불리는 사람들은 '좋다'거나 '충분하다'라는 말을 하는 법이 없다.

누구든 뭔가를 비판하거나 다른 사람들이 한 일이 좋지 않다고 흠집을 잡을 수 있다. 때때로 이러한 비평들은 근거가 있고 다시 검토해 볼 가치가 있기에, 완벽주의자들은 비평을 받아들이고 한 단계 더 나아가 행동한다. 이것이 그들이 남들과 다른 이유이고 그들이 승자가 되는 이유다. 그들은 탁월함을 주위 사람들과 자신을 판단하는 기준으로 삼는다. 그들은 미래의 세계로 우리를 인도한다.

『먹히는 말』을 집필하면서 나는 콜린 파월 전 국무장관과 두 차례 인터뷰를 했다. 그는 완벽한 커뮤니케이션이 얼마나 중요한지 강조했다.

중요한 일에서 탁월한 성과를 얻으려면 소소한 일들을 잘하는 습관부터 길러야 한다. 탁월함은 예외가 아니라 늘 보여줘야 하는 태도다.

완벽에 대한 파월의 말은 거의 모든 분야에 적용된다. 탁월함은 할 수 있는 한 완벽에 가깝게 다가가도록 동기를 부여해 준다. 누군가를 승자로 만드는 건 완벽함이 아니라 완벽하려는 욕구다.

물론 완벽하려는 욕구가 지나치게 강한 사람들은 강박에 사로잡힌, 정신적으로 문제가 있는 사람으로 보일 수도 있다. 캐나다 토론토의 요크 대학 심리학과 교수인 고든 플렛은 말했다.

완벽주의자들은 비현실적으로 높은 기준을 정할 뿐만 아니라 그 기준으로 자신이나 다른 사람들을 평가한다. 그들은 지속적이고, 섬세하고, 체계적으로 일하는 고도의 성취자들이다. 완벽주의자들의 행동은 저마다 다르다. 어떤 사람들은 자신의 불완전함을 숨기려고 노력하고, 또 어떤 사람들은 완벽한 이미지를 보여주려고 한다. 그러나 모든 완벽주의자들은 공통적으로 자기 자신이나 다른 사람들에 대해 극도로 높은 기준을 가지고 있다.[23]

완벽주의자로서 말하자면, 그의 말은 부정할 수 없는 사실이다. 폭스 뉴스 네트워크에서 포커스 그룹을 데리고 방송할 때 나는 그룹 참가자를 비난하는 것으로 유명했다. 말하지 않는다거나 반대로 말을 너무 많이 했다거나 상대에게 동조했다거나 자기주장을 너무 심하게 했다거나 관계 없는 이슈에 대해서 전문가처럼 말했다는 이유로 참가자들에게 화를 냈다.

나는 정보가 풍부하고 매력적인 TV 프로그램을 만들기 위해 노력했는데, 그것이 잘 되지 않으면 폭발하고 말았다. 직원들조차 촬영 전후에 내가 미친 사람처럼 보인다고 했다. 나는 모든 일이 제대로 되기를 바랄 뿐이기에 어쩔 수 없었다.

완벽하지 않으면 안 되는 이유

비누, 샴푸, 치약과 23개의 다양한 소비재 브랜드들을 가진 회사 P&G는 《포춘》지가 선정한 세계에서 여섯 번째로 존경받는 기업이며, 지난 10년 동안 가장 존경받는 10대 그룹에 포함되었다. P&G는 동종 분야에서는 1위, 품질 면에서는 9위에 올라 있으며, 모든 기업 평가 목록에 단골로 등장한다.

사람들이 이 회사를 그토록 높게 평가하는 이유는 무엇일까? 아마도 P&G가 인간 중심적이며 패러다임을 파괴하고 우선순위를 제대로 결정할 뿐만 아니라 완벽함, 파트너십, 열정, 설득, 끈기, 원칙적 행동 등 9가지 승리 원칙을 제대로 지키고 있기 때문일지 모른다. 그들은 완벽함을 목표로 삼고 그들의 말처럼 "매일 전 세계 소비자들의 일상을 개선하겠다는 단순한 아이디어에 힘을 보탠다."

완벽주의가 미국에서 유래됐다는 사실은 전혀 놀랍지 않다. 건국 이후 미국 경제와 정치 시스템은 "최고가 이긴다"는 신조를 토대로 성장해 왔다. 19세기와 20세기에 미국의 기풍을 형성하는 데 도움을 준 건 이러한 무한 경쟁이었다. 미국의 자유시장 경제는 개인의 자유를 확실히 보장하고 미국의 새로운 노동자들과 그들이 만드는 제품과 서비스 사이에서 끊임없는 경쟁을 조장함으로써 인류 역사상 가장 부유하고 가장 번성한 국민을 만드는 데 도움을 주었다.

차를 탈 때 한번 차 안팎을 유심히 살펴보라. 근래 생산된 미국 차라면 차 내장과 외장 재료들의 품질이 1980년대와 1990년대, 그리고 심지어 2000년대의 다른 어떤 미국 차보다도 눈에 띄게 좋아졌다는 걸 알 수 있을 것이다. 내장 DVD 플레이어와 내비게이션 시스템은 예외가 아니라 당연히 들어가 있다.

대표적인 미국 차 포드는 이제 마이크로소프트가 개발한 일명 SYNC라는, 라디오와 GPS와 전화기를 음성으로 통제할 수 있는 기술을 적용해 생산되고 있다. 이런 기술은 부자들과 유명 인사들만 사용할 수 있는 게 아니라 포드 포커스처럼 중산층용 자동차에도 도입되어 있다.

GM은 2004년 첫 출시 이후 수천 명에 이르는 사람들의 목숨을 구한 인터랙티브 무선 기술인 온스타를 가지고 있다.

또한 20세기 중반 자동차들이 휘발유 먹는 하마 같았던 때와 비교하면 지금 자동차 연비는 엄청나게 개선됐다. 1980년부터 2009년 사이에 미국 내 승용차들의 연비는 갤런당 22.6마일에서 32.6마일로 좋아졌으며, 이것은 미국 정부의 기업 평균 연비(CAFE: Corporate Average Fuel Economy) 기준에 비해서 갤런당 5마일이 더 높은 수준이다.[24]

일본의 도요타 자동차는 1997년부터 일본 소비자들을 대상으로 휘발유와 전기를 자동으로 번갈아 사용하는 하이브리드 엔진 장착 자동차인 프리우스를 판매하기 시작했다. 프리우스는 매우 '똑똑해서' 언제 휘발유와 전기를 써야 할지를 알기 때문에 현재 CAFE 기준보다 거의 두 배 가까운 갤런당 약 50마일의 주행이 가능하다.[25]

그러나 경쟁이 치열한 자동차 산업은 도요타와 도요타의 경쟁사들에게 더 많은 걸 요구했다. 2010년 초에 닛산은 휘발유를 단 한 방울도 사용하지 않는 100퍼센트 전기 자동차인 리프를 세계 최초로 출시했다. 이 차에는 배기관조차 없다. 충전은 집에서 하거나, 장거리 여행을 떠날 때는 곧 세워질 충전소에서 하면 된다. 닛산에 따르면 리프는 한 번 충전으로 160킬로미터 이상을 달릴 수 있다. 포드 모델-T가 등장했던 때와 비교하면 정말로 비약적인 발전이다.

무엇이 이토록 짧은 시간 동안에 자동차를 빠르게 변하도록 한 것일까? 바로 '경쟁'이다. 완벽한 자동차를 만드는 데 모든 혁신들이 집중됐다. 도요타, 혼다, 포드 같은 기업들은 살아남기 위해서 경쟁해야 하기 때문에 모두 혁신에 나설 수밖에 없다. 그들은 더 혁신적이고 효율적이면서 전 세계 운전자들의 마음을 끌 수 있는 제품을 만들기 위해 매년 수십억 달러를 투자하고 있다. 진정한 경쟁이 그들을 완벽한 기업으로 만들고 있다.

혼다의 경영진은 품질이 떨어지는 제품을 출시할 경우 현대나 도요타 자동차를 사는 사람들이 늘어날 것임을 알고 있다. 이런 지속적인 경쟁 압력은 기업들이 더 특별한 노력을 하거나 아니면 대가를 지불하게 만든다. 그리고 가끔 그 '대가'는 파산을 의미하기도 한다.

현실, 두려움 그리고 경쟁이 주는 위협은 전 세계의 위대한 기업인들, 혁신가들, 지도자들이 모든 일에서 완벽을 추구하게 만들었다. 승자는 자신이 처한 상황을 잘 알고 있다. 그들은 항상 한 걸음 더 앞서가기 위해서 동료들이 뭘 하고 있으며, 그 일을 어떻게 하고 있는지 파악하는 데 집중한다. 농구계의 전설 래리 버드를 예로 들어보자.

'프렌치 리크에서 온 촌놈'이라는 그의 닉네임은 생각보다 더 많은 의미가 담겨 있을지 모른다. 버드는 분명 동시대 농구 선수들이 가진 신체적인 능력을 갖추진 않았지만 놀라울 만큼 재능 있는 선수였다. 그는 세계에서 가장 경쟁력 있던 마이클 조던을 제외하고 동시대 선수들 모두를 넘어서는 기량을 보여주었다. 자타 공인 NBA 역사상 최고의 포워드 중 한 명으로 평가받는 버드는 코트에서 보여준 격렬한 경쟁의식 때문에 전설이 되었다.

일에 대한 그의 자세 또한 전설적이다. 인디애나 주의 조그맣고 가난한 마을에서 성장했기 때문에 성공하려는 욕구와, 다른 사람보다 더 열심히 해야 한다는 압박이 강했던 게 분명하다. 버드는 NBA에서 선수로 뛰기 전부터 믿기 어려울 만큼 심한 경쟁에 시달려서 이를 극복해야 했다.

버드는 대학농구선수 시절, NBA 역대 최고의 라이벌로 불리는 매직 존슨과 대결하면서 많은 기록을 세웠다. 1979년 NCAA 내셔널 챔피언십에서 버드는 가장 강력한 대학농구 팀이었던 존슨의 미시건 주립대 스파르탄스 팀과 붙었다. 이 경기는 아직도 미국 농구 팬들 사이에서 명장면으로 기억된다. 당시 존슨에게 자극받은 버드는 더 열심히 뛰고, 더 강하게 몰아붙여서, 더 많은 점수를 올렸다.

버드 같은 위대한 승자들은 무엇에 맞서 싸울 때 더 큰 힘을 발휘한다. NBA에 도착하자마자 버드는 소속 팀인 보스턴 셀틱스의 수준을 한 단계 더 높이기 위해서 매직 존슨을 표적으로 삼았다고 한다.

당신이라면 매일 500회의 자유투를 던지지 못할 것이다. 또한 승부욕을 자극하는 강력한 경쟁자가 없으면, 스스로를 독려하며 몇 시간이나 쉬지 않고 10미터 가까운 거리에서 슛을 쏘는 연습을 하지 않을 것이다.

래리 버드에게 그토록 초인간적으로 열심히 뛰게 한 요인이 무엇이었는지 묻자, 그는 이렇게 담담하게 대답했다.

MVP에는 관심이 없었지만 세계 최고, 정말로 세계 최고가 되고 싶었다. 나는 내 분야에서 세계 최고로 인정받는 사람이 되고 싶었다. 세계 최고라는 타이틀은 내게 온 세상만큼이나 중요했다. 나는 세계 최고가 되고 싶어 뛰었다. 가장 높은 목표를 성취하고, 내가 하는 일에서 내 동료들에게 세계 최고로 인정받고 싶었기 때문에 열심히 뛰었다. 나는 8킬로미터를 뛰기 위해 새벽 6시에 일어났다. 목표를 성취하려면 하고 싶지 않아도 해야 했다.

나는 내 분야에서 내가 추구하던 목표를 달성했다. 그리고 매년 그것을 성취하고 싶다. 많은 사람들은 그런 목표를 한 번이라도 달성하면 행복해 했지만 나는 결코 그렇지 않았다. 나는 항상 한 번 목표를 성취하면 그것을 또 해야 하며, 거듭해야 한다고 느꼈다.

완벽함에 대한 추구는 성공 욕구와 성취 욕구를 높인다. 더 많이 읽고, 더 많이 배우고, 더 많이 생산하고, 더 많이 창조하며, 더 많이 팔기 위해 당신을 하루 16시간 이상도 일하게 한다. 그러나 열정, 즉 완벽함에 대한 욕구가 그만큼 강렬하지 않다면, 당신은 어느 순간 '충분히 좋은 수준'에서 쉽게 타협하려 할 것이다. 완벽함은 당신에게 그만큼 많은 노력과 에너지를 요구하기 때문에, 우리는 계속해서 우리 내부에 강한 동력을 가져야 한다. 래리 버드도 이 점을 강조했다.

성공은 마음먹기에 달렸다. 사람들은 얼마나 많은 결심을 하는 것일까? 그들은 진정 성공을 이루려는 욕구를 가지고 있는가?

성공을 위해서는 마음가짐 외에 자긍심도 필요하다. 기술은 부족하지만 자긍심이 크고 마음가짐도 대단한 선수를 데려오라. 나는 그런 사람이 더 잘될 거라고 믿기 때문에 언제라도 그런 선수를 맡아 키우겠다. 나는 자신을 한계까지 밀어붙일 수 있는 선수를 원한다. 그런 선수는 매년 그리고 매일 더 나아지기를 원한다. 나는 '오늘 경기에서 리바운드를 많이 했으니까 됐어. 이 정도면 충분해'라고 생각하는 사람이 아니라 다음번에는 더 많은 리바운드를 하기 위해 더 많이 노력하는 선수를 원한다.

예전에 어떤 선수가 이렇게 말하는 걸 들었다. "내가 평균 25점에 15개의 리바운드를 하면 팬들은 매일 밤 그런 성과를 기대하고, 그에 미치지 못하면 실망할 것이다. 그러니 20점에 8개의 리바운드만 하겠다. 그 정도면 충분하다." 그는 그 이상의 능력이 있었지만 정말로 자신이 말한 수준에 머물렀다. 다른 선수들도 마찬가지였다. 그건 정말 잘못된 태도다.

아이스하키 선수인 마이크 리히터도 버드의 말에 동의한다. 실제로 리히터는 열정이 재능만큼 중요할 수 있다고 믿는다.

나는 열정 없는 승자를 본 적이 없다. 열정이 가장 필요할 때 그것을 만들어내는 것도 능력이다. 승자는 언제나 열정을 가지고 있다. 나는 게임의 승패가 달려 있는 정말로 중요한 순간에 벤치를 보고 열정이 있어 보이는 선수를 링크로 내보내는 코치들을 알고 있다.

탁월한 수준을 넘어서서 완벽함에 다가서려면 열정이 있어야 한다. 완벽함은 항상 엄청나게 많은 걸 요구하기 때문이다. 그렇기 때문에 열정, 끈기, 완벽함은 불가분의 관계로 연결되어 있다.

열정은 당신이 '충분히 좋은 수준'에서 멈추는 걸 용납하지 않는다. 정치와 비즈니스 분야 컨설턴트로 오랫동안 일하면서 나는 아직까지 자신의 일에 능력을 '110퍼센트' 이상 투자하지 않는 승자를 만나본 적이 없다.

"모든 고객들이 최고의 경험을 하게 만들겠다"며 '자줏빛 약속'을 한 페덱스의 프레드 스미스, "세계 최고의 자동차를 디자인해 만들어 팔겠다"고 약속한 GM의 전 회장 에드 휘태커 등 성공한 기업의 리더들은 완벽하지 못한 것에 안주하기를 거부한다.

자신의 일에서 최고의 성공을 거두려면 당신은 모든 면에서 완벽에 도달하기 위해 애써야 한다. 그리고 지금 하고 있는 일에 열정적이지 못하다면, 당신은 완벽함에 이르지 못할 것이다.

두 기업 이야기

2008년경의 GM을 보라. "좋은 게 좋은 거다"에 수십 년 동안 머무른 GM은 썩을 대로 썩은 상태였다. GM은 정말로 많은 종류의 차를 만들었지만 어떤 차도 성능이 뛰어나지 않았다. GM은 포드 및 외국 자동차 회사들과의 경쟁에서 이기려면 경쟁을 포기하고 '대중'을 위해서 품질 낮은 차를 팔아야 한다고 잘못 생각했다. 대중은 더 나은 다른 차를 선택할 수 있었고, 실제로도 그렇게 했다. 따라서 대침체의 허리케인이 몰아닥치자 뿌리가 약했던 GM은 쉽게 무너질 수밖에 없었다.

오늘날의 GM을 보라. GM은 죽은 가치들을 모두 잘라내고 다시 심었다. GM의 새로운 미션은 완벽함을 추구하며 모든 것을 탁월하게 만들자는 것이었다. GM은 예전보다 더 적은 종류의 차를 생산하지만 모든 차들의 성능은 더 좋아졌다. 그리고 그 결과 GM은 정부로부터 받은 대출을 이미 상환했다.

이런 변화는 완벽함이 항상 기준이 되어야 한다는 교훈을 준다. 당신이 '대중', 예를 들어 40만 달러짜리 차가 아니라 20만 달러짜리 차를 사는 사람들의 마음을 사로잡고 있다고 해도 당신은 20만 달러짜리 최고의 자동차를 만들어야 한다. 그러지 못한다면 다른 누군가가 그렇게 만들어 팔 것이다. 당신이 어떤 제품을 누구에게 팔건 상관없이 완벽함을 기준으로 삼지 않는다면 그렇게 할 수 있는 누군가에게 패배할 것이다.

'완벽하다'가 아니라 '완벽하고 싶다'

'끈질긴 완벽함에의 추구(the relentless pursuit of perfection).' TV를 보다가 도요타 렉서스 광고가 나오면 집중하게 된다. 진심만을 말하고, 말하는 게 모두 진심인 것 같은 기분을 느끼게 하는 멋진 광고를 만드는 회사는 오늘날 손가락으로 꼽을 수 있을 정도다.

렉서스의 이 유명한 광고 문구는 분명 새로운 것은 아니며, 시간이 지나면 이 문구도 영향력을 잃게 될지 모른다. 그러나 내가 만난 소비자들은 나라에 상관없이 렉서스가 내세운 모토를 '좋다'고 말했다. 이 짧은 문구의 무엇이 사람들에게 어필했을까.

사람들은 말한다. "도요타가 품질을 중요하게 생각한다는 걸 알 수 있다", "렉서스는 가격이 적당한 명품이다." 렉서스는 사실상 불가능한 일을 해냈다. 그들은 브랜드의 성격을 잘 구현하면서 렉서스 자동차를 구매할 여력이 안 되는 대부분의 소비자들조차 믿을 수 있는 브랜드라고 이야기하게 하는 광고 문구를 개발했다.

사실 렉서스나 BMW나 메르세데스-벤츠는 가격이 비슷하다. 그러나 BMW의 마케팅 담당자들은 '궁극의 자동차(ultimate driving machine)'라는 모토를 이용해 '기쁨'과 '즐거움'을 내세우느라 분주하고 메르세데스-벤츠는 아무 일관성 없는 메시지를 전달하는 반면, 렉서스는 기회가 있을 때마다 '완벽에의 추구'란 모토를 떠올리게 한다. 렉서스는 '완벽'이 아니라 '추구'라는 한 단어로 성공했다. 렉서스는 "우리는 완벽하다"라고 말한 적이 없다.

'완벽함을 끈질기게 추구하는' 렉서스는 2010년 기준 "10년 연속 미국에서 가장 많이 판매된 고급 자동차 브랜드"를 기록하기도 했다.[26] 1989년 미국 시장에 데뷔한 후 11년 만에 BMW, 메르세데스, 캐딜락, 링컨, 아우디, 랜드로버를 제치고 미국에서 가장 많이 팔리는 고급 자동차 자리에 올랐다.

다시 한 번 강조하지만, 자신이 완벽하다고 말하기보다는 자신이 완벽하다는 걸 증명해야 한다. 최단 기간에 판매량을 떨어뜨리고 싶다면 소비자들에게 당신이나 당신 제품이 완벽하다고 말하면 된다. 당신 제품이 완벽하다고 아무리 떠들어도 그 제품이 우수해지지는 않는다. 그것이 뛰어나다는 사실이 입증되어야 한다.

2014년에 '완벽하다'고 주장하는 어떤 제품의 광고를 보는 건 "의사 5명 중 4명이 캐멀 담배를 피운다"라고 했던 1950년대 광고를 보는 것만큼이나 거슬린다. 누구도 완벽하지 않다. 당신은 완벽함을 추구하면서 얼마나 노력하고 어떤 보상을 받았는지 말할 수는 있지만, 하늘이 두 쪽 나도 완벽함을 성취했다고 주장해서는 안 된다. 그렇게 한다는 건 결과에 안주하고 '완벽함에의 추구'를 중단한다는 뜻이다.

애플의 아이팟은 제품 자체가 완벽한 게 아니라 사람들이 원하는 것(사용이 편리하고 단순할 것)을 해소해 주기 때문에 '완벽'하다. 내 아이팟은 종종 먹통이 돼서 구글 검색으로 '아이팟 재부팅 방법'을 찾아 문제를 해결한다.

애플은 아이팟이나 아이폰이나 아이패드가 완벽하다고 주장하지 않는 대신, 그 제품들이 제공하는 가치(사용자 친화적 제품)를 공격적으로 판다. 커뮤니케이션 관점에서 봤을 때 최고의 전략은 어떤 것도 완벽하지 않다는 걸 인정하는 것이다. 이는 즉시 사람들에게 신뢰를 얻는다.

완벽해질 수는 없지만 우리는 끊임없이 완벽함을 갈망해야 한다. 사람들에게 될 수 있는 한 최대로 그들에게 가까이 다가가려고 계속 노력하고 있음을 알려야 한다. 그러기 위해서는 먼저 틀린 걸 틀렸다고 인정해야 한다. 스티브 잡스는 그래야 한다는 걸 힘들게 배웠다.

완벽함과 기대는 양날의 칼이다. 세상에서 가장 놀라운 최첨단 전자기기를 몇 가지 만든 경력이 있는데도 지금 내놓은 것이 기대에 미치지 못하면 곧바로 비평이 쏟아진다. 스티브 잡스가 2010년 여름에 아이폰4

를 처음 출시했을 때 그와 같은 일이 벌어졌다.

아이폰4의 일부 사용자들(전체 사용자들 중 소수에 불과했지만)이 특정 방식으로 아이폰4를 손에 쥐었을 때 통화 끊김 현상이 나타난다고 알리기 시작했다. 열심히 일하는 애플 직원들에게는 불행한 일이지만, 아이폰4에 대한 대부분의 언론 보도는 믿기 어려운 제품의 혁신보다 통화 문제에 집중됐다.

온라인 공간도 시끄러웠다. 유튜브는 분노한 소비자들이 직접 만든 동영상들로 넘쳐났다. 세상에 혁신적인 제품을 선보이려던 잡스의 시도는 통하지 않았다. 브레이킹글로벌뉴스(breakingglobalnews.com)에 한 블로거는 이렇게 썼다. "왼손으로 잡고 통화할 때 아이폰4의 통화가 중단되는 것 같다. 스티브 잡스는 아무 문제도 아니라며 '왼손으로 잡고 통화하지 말라'고 말한다. 잡스의 조언에 감사한다!"[27]

영국의 신문《데일리 메일》에 따르면, 잡스의 대응 방법은 이 블로거의 주장과 약간 달랐다. "잡스는 아스 테크니카(Ars Technica) 기술 뉴스 사이트의 한 사용자로부터 갑작스런 통화 중단을 불평하는 이메일을 받고 특이한 조언을 내놓았다. 잡스는 놀라울 만큼 무뚝뚝하게 '그런 식으로 전화기를 잡지 않으면 된다. 모든 전화기들에 민감한 영역이 있다'라고 대답했다."[28]

그 후 3주 동안 언론에서 '안테나게이트(Antennagate: 특정 부분을 손으로 잡으면 통화 품질이 저하되는 아이폰4의 통화 품질 결함을 일컫는 용어-역주)'에 주목하고 이 문제와 관련해서 부정적인 이야기들을 쏟아내자 마침내 잡스는 이 문제와 관련한 기자 회견을 열었다. 그러나 애플의 숭배자이든 아니든 사과를 기대했다면 실망이 이만저만이 아니었을 것이다.

잡스는 "언론은 계속해서 성공하다가 하나라도 실패하면 그렇게 좋아하지"라고 노래하는 애플 옹호자의 유튜브 히트 송 〈아이폰 안테나 송〉을 틀고서 기자회견을 시작했다. 이때부터 기자회견은 꼬이기 시작했다.

잡스는 산더미처럼 쌓인 사실과 숫자와 통계를 앞에 두고 수신 문제는 아이폰4에만 있는 문제가 아니라는 주장을 펼치기 위해 무대에 섰다. 그는, 애플은 발매 첫 3주 동안에 300만 대가 넘는 아이폰4를 팔았지만 불과 0.55퍼센트의 구매자들만이 수신 문제에 불만을 제기했고, 아주 소수만이 아이폰을 반품했으며, AT&T로 들어온 아이폰4의 반품률은 1.7퍼센트에 불과해 아이폰 3GS의 반품률 6퍼센트보다 훨씬 더 낮았다고 말했다.

그리고 블랙베리의 볼드, 삼성의 옴니아 II, HTC의 드로이드 에리스 등 다른 스마트폰을 쓰는 사람들도 똑같은 문제를 경험하고 있다는 걸 보여줬다. 그러면서 이렇게 말했다. "대부분의 스마트폰들은 똑같은 방식으로 작동한다. 이 문제는 스마트폰 세계에서 자연히 경험하게 되는 것이다. 즉, 스마트폰은 완벽하지 않다. (중략) 그 문제는 스마트폰 업체에게는 하나의 도전이며, 우리는 모두 최선을 다하고 있다."[29]

나는 이 책에서 지금은 고인이 된 스티브 잡스에 대해 많은 지면을 할애했다. 나는 그가 우리 시대 가장 위대한 기업인이라고 생각하기 때문이다. 지금으로부터 100년 뒤에도 스티브 잡스라는 이름은 전화기의 발명가로 알려진 알렉산더 벨만큼이나 중요한 이름이 될 것이다. 그러나 잡스의 신격화 여부를 떠나서, 잡스와 애플의 커뮤니케이션 팀이 아이폰4의 안테나 문제를 다룬 방식은 오바마 대통령이 말했던 것처럼 "잘 배울 수 있는 순간"이었다.

뭔가 잘못됐을 때 내가 기업 커뮤니케이션 담당자들에게 가장 처음 말하는 것 중 하나가 잘못됐다는 걸 인정하라는 것이다. 솔직해져야 한다. 알려진 사실들이 논란의 여지가 없을 때 특히 더 그래야 한다. 애플의 경우 그 문제를 정확히 보여주는 유튜브 동영상들이 바이러스처럼 퍼지고 있었기 때문에 솔직히 인정하는 것 외에 다른 방법이 없었다. 문제를 해결하려고 한다면 문제를 인정하라.

잡스는 좌절감을 주는 수동적이고 공격적인 수십 개의 단계들(예를 들어 '모든 스마트폰들은 이런 문제를 가지고 있다', '우리 수신 장치에 문제가 있었다', '우리는 당신이 잡을 거라고 생각한 곳에 그 장치를 두었다', '언론은 우리를 잡으려고 애쓰는 중이다' 등)을 거치지 않고 "이 모든 문제의 책임은 우리에게 있다"라는 짧은 말 한마디로 이후에 나올 논란을 한 번에 막을 수 있었다.

그러나 방어적이고 신경질적인 말투가 아니라 이해하고 동감하고 있다는 말투로 문제에 대응하고, 3주 뒤가 아니라 처음 문제가 불거져 나왔을 때 그 문제를 그냥 인정해야 했다. 자신들이 그 문제를 어떻게 해결하고 소비자들은 어떻게 하면 좋은지 분명한 계획을 제시했다면 더 좋았을 것이다. 그러면 잡스의 이미지는 그렇게까지 나빠지지 않았을 것이고 아이폰4 문제를 둘러싼 소동은 훨씬 덜 극적으로 끝났을 것이다.

그렇다. 잡스가 옳았을지도 모른다. 정말로 '문제'라고 할 만한 건 없었다. 문제가 있는 것처럼 보였으며, 언론에서 문제가 있다는 보도를 계속했기 때문에 실제로는 문제가 '있었다.' 이런 문제는 애플이 애플이기 때문에 생긴다. 당신 기업이 21세기에 가장 돈을 많이 버는 성공한 기업 중하나일 때 '원래 그렇다'라는 주장은 옳지 않다. 잡스가 더 겸손했더라면 기술 전문 저술가들이 쏟아낸 비판을 피할 수 있었을 것이다.

사람들은 마이크로소프트가 세상을 실망시키는 새로운 프로그램을 들고 나와도 놀라지 않는다. 사람들은 윈도우는 먹통이 되고, 결함이 생기고, 바이러스에 걸리리라 생각한다. 세상은 원래 그런 것이다. 그러나 애플의 경우 기대치가 훨씬 더 높다. 애플은 자신들의 제품이 디자인, 혁신, 기능성, 품질 면에서 경쟁 상대가 없다는 걸 확인시켜 주기 위해 그토록 많은 시간과 돈을 투자했기 때문이다. 당신의 맥북 시스템은 가장 최근 언제 멈췄는가?

소비자들로부터 완벽한 제품을 만드는 기업이라는 기대를 받을 만큼 성공했다면 그런 기대에 맞게 행동해야 한다. 스티브 잡스와 애플처럼 현기증이 날 정도로 높은 수준의 성공을 거뒀다면 소비자들이 잘못됐다고 하는 거의 모든 것에 대해 책임을 져야 한다. 그러기 위해서는 "제가 잘못했습니다", "여기서 일어난 일은 제가 전적으로 책임을 지겠습니다", "죄송합니다"처럼 종종 낯선 외국어 같고 말로 꺼내기 어려운 생소한 표현들에 익숙해져야 한다.

또한 자신의 기대를 충분히 충족시키지 못한 어떤 것에 대해서 끈질기게 불만을 토로하는 소비자들에게 방어적이거나 귀찮다거나 황당하다는 듯한 말투로 말해서는 안 된다. 소비자들은 옳지 않을 때라도 항상 옳다. 승자는 패배가 그들을 엄습하기 전에 패배를 인정한다. 실패를 인정하라. 책임을 져라. 변명은 금물이다.

완벽한 리더가 완벽한 직원을 만든다

'완벽함의 추구'는 흔히 조직에서도 여러 갈등의 요인이 된다. '모범 보이기'에 실패하는 것은 비즈니스 리더들이 저지르는 가장 치명적인 실수

중 하나다. 자신의 일은 엉터리로 하면서 직원들에게만 완벽을 요구하고 엄격하다면 그런 리더를 누가 믿고 따르겠는가?

직원들은 자신의 리더가 진짜로 최고만을 추구한다는 걸 깨달을 때 존경심을 느낀다. 회사에 관심이 있고 회사의 대의명분을 따르는 직원들 앞에서 리더가 완벽에 몰두하는 모습을 보인다면, 그들도 따라서 완벽에 몰두하게 된다. 이렇듯이 모범을 보이면서 직원들을 리드해야 한다.

당신이 수십 명을 이끄는 리더건 전 세계적으로 몇십만 명을 이끄는 리더건 상관없이 전략적 비전을 세우는 건 당신의 일이다. 완벽으로 가는 여정은 당신이 이러한 비전을 창조하고 기준과 기대치를 설정하게 한다. 그것은 또한 당신의 조직이 표방하는 것과 직원들이 당신에게 바라는 것을 정의할 수 있게 해준다.

버진 항공에게 그것은 항공 업계에서 가장 독특하면서도 정성 어린 서비스를 제공하려는 회사의 미션을 이해하고 그 미션을 실천하기 위해 힘쓰는 승무원들을 계발하고 유지하는 것을 뜻한다. 비행기 안에 있는 술과 음료를 무료로 제공하는 오픈 바만 봐도 버진의 창립자인 리처드 브랜슨을 지구 끝까지 따라가서 만나봐야 할 충분한 이유가 있다.

직원들이 야근하다가 저녁 8시 하늘이 어땠는지 모를 정도로 일에 열중하고 회사에 기여하게 만들고 싶다면(물론 직원들을 실컷 부려먹고 싶은 것이 아니라, 그만큼의 열정을 발휘하기를 바라는 것이라면) 당신은 완벽함이라는 가치에 더 주목해야 한다. 선한 행동의 영향력이 퍼져나가는 것처럼, 완벽함 또한 그것을 추구하다 보면 조직 전체를 물들인다.

영향력이 퍼져나가는 과정을 재미있게 보여주는 리버티 뮤추얼 사의 광고[30]를 보자. 한 남자가 유모차에서 아이가 갖고 놀다 떨어진 인형을 주워준다. 도움을 받은 아이의 엄마는 커피숍에서 떨어질 뻔한 한 남자의 다음은 비즈니스 리더들이 보여주는 몇 가지 특징들을 정리해 놓은 것이다.
당신이 가장 존경하는 리더의 특징은 무엇인가?

변명하지 않는다. 실패에 책임을 지고, 성공하면 다른 사람에게 공을 돌린다.	57%
모든 각도에서 도전과 해답을 찾아내는 능력이 있다.	36%
기꺼이 실패하려는 마음가짐과 다시 일어나서 도전하려는 용기가 있다. 항상 일을 마무리할 방법을 찾는다.	28%
다른 사람들과 소통하고 오랫동안 팀워크를 유지하는 능력이 있다.	27%
주위 모든 사람들이 멈칫하거나 뒤로 물러날 때 밀어붙이는 능력이 있다.	24%
아직까지 존재하지 않은 것을 찾아내고 그것을 살리는 능력이 있다.	21%
모든 상황을 인간적 관점에서 이해한다.	21%
필수적인 것과 중요한 것을 구분하는 능력이 있다.	20%
더 많은 일을 더 잘하려는 능력과 욕구가 있다.	20%
자신의 비전을 열정적이고 설득력 있게 전달한다.	17%
어떤 질문을 언제 해야 하는지 알고 있다.	15%
미래와 미지의 것에 대한 호기심이 있다.	5%
삶에 대한 사랑이 있다.	5%
인생의 모험에 대한 열정이 있다.	5%

출처: The Word Doctors, 2010

커피잔을 옮겨준다. 그 광경을 목격한 사람은 거리를 걸어가다가 넘어진 어떤 남자를 일으켜준다. 이런 식으로 친절한 행동이 몇 단계 이어져, 광고의 마지막에 도움을 받은 남자는 처음에 유모차에서 아이의 인형을 주워준 남자로 밝혀진다.

광고에서 거듭 강조되는 주제는 '친절은 전염된다'는 것이다. 누군가가 무작위로 베푼 친절하고 책임 있는 행동은 다른 누군가가 '솔선해서 그런 행동을 하도록' 영향을 주며, 이렇게 좋은 현상은 끊임없이 되풀이된다.

당신의 조직에 완벽함을 불어넣는 방법도 이와 똑같다. 당신의 직원들, 파트너들, 동료들에게 당신이 완벽함을 위해 헌신한다는 걸 계속 보여준다면 그들도 완벽을 추구하는 일에 더 마음을 열 것이다. 욕구와 열정도 친절과 마찬가지로 전염된다.

인기 TV 드라마 〈위기의 주부들〉의 크리에이터이자 프로듀서인 마크 체리와 자리를 같이 했을 때, 나는 그가 듣던 대로 행동하는 열정적인 리더임을 깨달았다. 나는 그에게 어느 시점에 타협하는 게 좋고, 좋은 게 좋을 때가 언제인지 물었다. 그는 말했다.

'이걸 포기하면 그걸 후회하면서 살 것이다'라는 마음 깊은 곳에서 나오는 조그만 목소리에 귀를 기울여야 한다. 또한 '이 일은 이런 식으로 타협하면서 살 수밖에 없을지 모른다'라고 말하는 자신의 목소리도 경청해야 한다. 어쨌든 중요한 건 '자기 안의 목소리'를 잘 듣는 것이다.

타협해서는 안 된다는 걸 알면서도 타협했던 때가 있었다. 편집실에서 타협의 결과를 보며 그런 나 자신을 책망했다. 실은 내가 옳았고 그들이 틀렸지만, 내가 방치해서 생긴 일이기 때문에 비난할 사람이 나 자신밖에 없었다.

당신이 탁월함과 완벽함을 위해 매진하고 있다는 걸 더 많이 입증해 보여줄수록, 당신을 위해 일하는 사람들에게서도 더 많은 완벽함을 얻을 수 있을 것이다. 다시 한 번 말하지만, 완벽함을 추구하기 위해 인내심을 가지고 시간과 노력을 투자하지 않는 승자는 없다.

🎙 완벽을 추구하는 승자들의 '이기는 말'

'완벽을 추구하고 있다'는 메시지를 전달하는 데 필요한 10개의 말을 소개해 보겠다.

변명하지 않기(No excuses): 이 말은 다른 어떤 말보다 중요하다. 비즈니스, 정치, 언론 등 미국 여러 기관들의 신뢰 상실 문제를 해결하기 위해서 조사를 했던 적이 있는데, 이 말은 사람들이 리더에게 가장 원하는 것이었다. '변명하지 않기'는 완벽함이나 성공을 보장하지는 않지만 좋은 의도를 가지고 최대한 노력하고 있음을 알려준다. 물론 이 말을 할 때 그 것은 진심이어야 한다.

특별한/예외적인(Extraordinary/exceptional): 보통 수준을 뛰어넘는 제품과 서비스를 가장 잘 설명하는 말이다. 이 책에 나온 승자들과 그들이 하는 일을 설명할 때 종종 이 두 단어가 들어가 있다. 이 두 단어는 그들이 쏟는 노력과, 그들의 노력보다 더 평범하면서 전통적인 방법 사이의 차이를 생생하게 보여준다.

지속적인 개선(Continuous improvement): 결과뿐만 아니라 노력과 의도를 명시해 주기 때문에 '집단 내 최고'보다 더 적극적인 말이다. '집단 내 최고'는 현재 그렇다는 의미일 뿐이다. 당신이 지금 아무리 최고라 해도 소비자들은 안주하기를 바라지 않는다. 그들은 올해 구매하는 어떤 제품이든 작년 것보다 더 성능이 개선되기를 기대하며, 측정 가능한 개선이 이루어져야 내년에도 그 제품을 다시 살 마음을 먹는다.

승자는 과거나 심지어 현재가 아닌 미래에 집중한다. 그들에게는 올해 성공을 거뒀다는 말이 내년에는 더 좋아지거나 심지어 올해처럼 좋을 거라는 뜻이 아니다. 올해 성공을 거둔 건 그저 올해 성공을 거둔 것일 뿐이다.

놀라운 일이 아니다(No surprises): 이 말은 소비자들이 제품과 서비스에서 원하는 걸 정확히 드러내준다. 즉, 이 말은 소비자들 입장에서 "○○ 제품이 약속과 똑같을 것이라고 우리는 믿는다"라고 바꿔 말할 수 있다. 이 말은 소비자들에 대한 정말로 바람직한 태도를 보여준다.

문제가 없다(Hassle-free): 이 말은 일상생활의 번거로움을 피하기 위해서 약간 더(최대 15퍼센트까지) 돈을 지불할 용의가 있는 소비자가 많아지면서 기업들이 자주 쓰는 어휘 목록에 추가되었다. '문제가 없다'는 '조립이 필요 없고' 설명서가 한두 쪽 분량밖에 안 된다는 뜻이다. 즉 어떤 제품이든 일단 작동시키면 번거로울 일 없이 그걸로 간단하게 끝이라는 걸 의미한다. 그만큼 '문제 없는 라이프스타일'이 최우선순위 중 하나라고 생각하는 사람들이 늘고 있다.

걱정할 게 없다(No worries): '걱정할 게 없다'는 '잘 지내(Have a nice day)'처럼 미국인들이 대화를 끝낼 때 쓰는 말이다. 그러나 이 말은 최근 몇 년 사이에 제품이나 서비스의 장점을 전달하는 방법으로 훨씬 더 큰 의미를 갖게 되었다. '걱정할 게 없다'는 자동차가 외부 기온과 상관없이 작동할 것이고, TV는 연식과 상관없이 켜질 것이고, 냉장고는 아이들이 문을 세게 닫거나 열어둬도 고장 나지 않는다는 걸 뜻한다.

비할 데 없는 유연성(Unparalleled flexibility): '고객 맞춤형'이 완벽한 제품을 사는 방식이라면, '비할 데 없는 유연성'은 완벽한 제품을 사용하는 방식이다.

실시간(Real-time): 이것은 급변하는 사회에서 점점 더 많은 사람들이 얻고자 하는 가치 중 하나다. 완벽함의 정의가 '우리가 원하는 것을 원할 때 얻는 것'이라면 '실시간'은 우리가 원하는 것을 원할 때를 가장 잘 나타

> **완벽함을 증명하는 핵심 표현들**
>
> 1. 변명하지 않기
> 2. 특별한/예외적인
> 3. 지속적인 개선
> 4. 놀라운 일이 아니다
> 5. 문제가 없는
> 6. 걱정할 게 없는
> 7. 비할 데 없는 유연성
> 8. 실시간
> 9. 지속적인 해결책
> 10. 완전한 만족

내는 말이다. 여론조사 회사인 닐슨 컴퍼니는 수천 명의 고객들에게 실시간으로 정보를 제공하는 기술을 개발하여 전 세계에서 가장 앞선 회사가 되었다.

지속적인 해결책(Lasting Solutions): 승자들이 하는 일의 결과를 정의한 말이다. 그들은 일시적으로만 유효한 일에 매달리지 않으며, 고장 난 시스템을 고치기 위해 임시 처방을 하지도 않는다. 그들은 오랫동안 지속되는 것들을 원한다. 성공이란 사람들이 원하며 지속되는 무언가를 창조하는 것이다. 승자는 제품을 창조하고, 생산 시스템을 완벽하게 만든다. 이런 이유로 '지속적인 해결책'과 '측정할 수 있는'이라는 표현이 같이 쓰인다.

완전한 만족(Total satisfaction): 이 가치는 소비자들에게 바람직한 결과로서, '만족하지 않으면 환불 보장'이라는 말을 대체했다. 왜 그럴까? 고객이 환불을 받아야 한다면 그건 분명 뭔가가 잘못됐기 때문이다. AS가 가능함을 자랑한다는 건 소비자들에게 제품이 고장 나기도 한다고 알리는 것과 같다. 이와 반대로 '완전한 만족'이란 말은 소비자들이 제품에 완전히 만족하기 때문에 수리나 환불 걱정을 할 필요가 없다는 것을 뜻한다. 승자들이 소비자에게 제공하고 싶어 하는 게 그런 만족감이다.

런츠의 교훈

완벽함을 끈질기게 추구하기 위해 필요한 원칙

1. 완벽함 = 모든 경험은 언제나 지난 번 경험보다 더 낫다.

완벽함을 추구하기 위해서 고든 램지가 TV에서 보여주는 것처럼 극적인 기술을 가질 필요는 없다. 그러나 그가 TV 밖 조리실에서 보이는, 완벽을 추구하는 열정적 태도는 필수이다.

2. 모든 승자들은 서로 다른 방식으로 완벽함을 추구한다. 행동의 본질보다 중요한 건 열정의 깊이다.

당신의 열정이 조용한 강렬함이나 대담한 행동을 통해서 드러날 수도 있다. 이보다 더 중요한 건 그 열정이 어떻게 나오며 어떻게 지속되는지 그 방법을 아는 것이다.

3. 충분히 좋은 게 다가 아니다.

누구에게 무엇을 파는지는 중요하지 않다. 당신이 경쟁자를 이기고 싶다면 완벽함을 추구해야 한다. 그것도 끈질기게! 당신이 할 수 없다면 경쟁자들이 그렇게 할 것이다.

4. 완벽함은 당신을 차별화한다.

소비자들은 눈으로 봐야 완벽함이 추구되는지를 안다. 볼 수 없더라도 자동차 문이 닫힐 때나 5성급 호텔에서 평화로운 행복감을 만끽할 때처럼 그것을 느낄 수 있다. 모든 디테일에 집중하라. 그러면 당신은 마땅히 받아야 할 관심을 받을 것이다.

5. 모범을 통해 완벽으로 가는 길을 걸어라.

직원들은 최소한 당신이 말과 행동을 일치시킬 것으로 기대한다. 당신이 그들과 함께 참호에 들어가지 않는다면 그들은 당신을 따라서 전투에 참여하지 않을 것이다. 또한 최소한의 노력으로는 부족하다. 완벽함은 그렇게 해서는 결코 얻어지지 않으며, 승자는 결코 그렇게 행동하지 않는다. 당신과 함께하는 사람들 역시 위대해지도록 당신은 완벽함을 고취해야 한다.

5 / *Partnership*

파트너십

전체가
부분의 합보다 더 크다

내가 다른 사람들보다 더 멀리 봤다면,
그것은 거인들의 어깨 위에 서 있었기 때문이다.

― 아이작 뉴턴 경

1624년, 존 던이라는 영국 작가가 중병에서 회복 중이었다. 던은 회복 중에 자신이 병을 앓았던 것에 대해서 생각해 보는 시간을 가졌고, 이후 23장으로 구성된 『뜻하지 않은 상황에 대한 기도문(*Devotions upon Emergent Occasions*)』이 탄생하게 되었다. 이 책은 명상, 충고, 기도 세 부분으로 나눠져 있다.[31] 이 중 가장 유명한 부분이 '명상 17번'이다.

누구도 섬처럼 고립되어 혼자 살 수 없다. 모든 사람들은 대륙의 한 조각이자, 본토의 일부이다. 바닷물에 의해 흙덩어리 하나가 유실되면 유럽의 크기는 줄어든다. 갑(岬)이 유실되거나 당신 친구나 당신의 영지(領地)가 유실되어도 마찬가지이다. 누구의 죽음이든 그것은 나를 줄어들게 만든다. 나는 인류에 속해 있기 때문이다. 따라서 누구를 위해서 조종(弔鐘)이 울리는지 알아보려고 사람을 보내지 말라. 그것은 당신을 위해서 울린다.[32]

존 던의 명상 17번을 트위터 버전으로 바꾸면 다음과 같을지 모르겠다.

@던팡2: 혼자 하는 것 금지. 거기에 가기 위해선 사람들이 필요. 우리는 모두 같은 처지. 종이 울림.

지금으로부터 약 400년 전에 존 던이 쓴 글은 오늘날 유명 언론인 세바스찬 융거의 글만큼이나 적절하다. 그는 『위(*War*)』라는 책에서 이렇게 썼다.

전투는 갱단의 싸움보다는 축구처럼 신속한 결정과 정확한 행동이 요구된다. 취해야 할 행동을 가장 잘하는 부대가 보통 승리한다. 이를 위해서는 병사들이 자신보다 집단의 이익에 기초해서 결정을 내려야 한다. 모든 병사들이 그렇게 한다면 부대원 대부분은 생존하지만, 아무도 그렇게 하지 않으면 부대원 대부분이 사망한다. 본래 전투란 게 그렇다.

전 세계 최고 갑부인 카를로스 슬림 엘루도 "이러한 새로운 기술의 파도 속에서 당신은 모든 걸 전부 혼자서 할 수는 없다. 연대를 맺어야 한다"라고 말했다.

승자는 자신이 가고 싶은 곳에 도달하기 위해서는 반드시 다른 사람들의 도움이 필요하다는 걸 안다. 그들은 자신이 모든 것을 알지 못한다는 점을 알며, 자신이 모든 분야에서 가장 똑똑한 사람은 아닐 수 있다는 사실을 이해한다.

이보다 더욱 중요한 사실은, 그들은 전체가 부분의 합보다 더 위대할 때가 종종 있다는 걸 이해한다는 것이다. 이는 지금까지 이 세상이 목격했던 것 중에서 가장 강력하면서도 성공한 파트너십 가운데 몇 개를 이끈 동력이다.

스포츠 캐스터인 짐 그레이는 지난 30년 동안 운동선수들의 행동을 관찰해 왔다. 그가 보기에 위대한 선수들을 승자로 만드는 건 파트너십과 팀워크다. 그레이는 이렇게 말했다.

마이클 조던이 경기에서 그냥 두각을 나타낸 건 아니었다. 그가 공을 자기 자신에게 패스하면서 돌파할 수는 없었다. 공을 다른 선수에게 넘겨줘서 다시 넘겨받아야 했다. 그는 공격과 수비 모든 면에서 적절한 장소에 적절한 선수들이 배치되지 않았다면, 발목을 붕대로 묶어줄 트레이너가 없었다면, 정시에 비행기로 이동시켜 줄 여행 담당 비서가 없었다면, 이기는 데 필요한 온갖 사건들이 없었다면 이길 수 없다는 걸 알았다.

그렇다. 그는 이 모든 일을 혼자서 할 수는 없었다.

당신은 다른 사람들을 믿고, 그들이 각자 맡은 일을 하게 해야 한다. 그리고 당신이 리더로서 성공하기 위해서는 최고의 인재들이 일을 맡아 할 수 있게 해야 한다. 주위에 좋은 사람들이 없고, 자기만 중요하다고 생각한다면 당신은 바로 장애물에 부닥칠 것이다. 정상에 접근하는 많은 사람들이 자기들이 잘해서가 아니라 모든 사람들이 그들을 위해서 해준 많은 일들 때문에 거기까지 올라갔다는 걸 이해하지 못한다.

최고의 기업들은 고객, 직원, 활동 커뮤니티들과의 파트너십 덕에 자신들이 존재한다는 걸 이해하는 리더들이 경영한다. 파트너십은 다리 하나만 부러져도 사용할 수가 없는, 다리가 4개인 의자와 같다. 파트너십의 일부(다리)를 파괴할 경우 기업 전체를 파괴하게 된다. 승자는 항상 자기편에 서 있기를 원하는 사람들을 불쾌하게 해서는 안 된다는 사실을 기억한다.

브리티시 페트롤리엄 사건의 교훈

누군가가 영국 석유화학 전문회사인 브리티시 페트롤리엄(이하 BP) 고위 경영진에게도 이와 같은 교훈을 알려줬어야 했다. 2010년 4월 20일에 멕시코 만에서 작업 중이던 딥워터 호라이즌 시추선에서 대규모 폭발이 일어나서 11명이 숨지는 사고가 발생했다. 그로부터 1개월 뒤에 당시 CEO였던 토니 헤이워드는 회사가 일으킨 피해에 대해서 미국 국민들에게 사과했다. 그러나 혼자서 모든 책임을 뒤집어쓰기 싫었던 그는 중대한 실언을 하고 만다. "나만큼 이번 사태가 마무리되기를 원하는 사람은 없다. 다시 내 삶을 되찾고 싶다."[33]

눈 깜짝할 사이에 토니 헤이워드는 미국 최대의 공공의 적이자 세계에서 가장 증오를 받는 CEO이며 미국 기업계의 문제를 드러내는 살아 숨쉬는 상징이 되었다.

BP라는 외국계 정유 회사 때문에 생긴 미국 역사상 최악의 환경 재난으로 인해서 무수한 동물들이 숨지고, 많은 사람들이 일자리를 잃었으며, 경제는 삐거덕거렸고, 많은 사람들의 삶이 파괴되었다. 그런데도 천문학적 액수의 연봉을 받고 있던 BP의 CEO란 사람이 방송 카메라 앞에서서 코를 훌쩍거리며 자신의 삶을 되찾고 싶다고 말한다는 게 과연 타당한 일인가? 그는 일부러라도 그렇게 해서는 안 됐다.

헤이워드가 유치한 슬픔을 그대로 드러냈던 수준에는 못 미치지만, 그로부터 불과 2주 뒤에 칼 헨릭 스반버그 BP 회장은 이렇게 말했다. "나는 대형 정유 회사들이 탐욕스럽다거나 배려심이 전혀 없는 회사라는 말을 종종 듣는다. 그러나 그건 사실이 아니다. 우리는 보잘것없는 사람들까지도 배려한다."[34]

스반버그를 옹호하자면 그는 스웨덴 사람이다. 영어는 분명 그의 모국어는 아니다. 그리고 그는 아마도 걸프 지역에 사는 모든 사람들을 모욕할 생각은 없었을지도 모른다. 그러나 그런 건 중요하지 않다. 명심해야 할 사실은, 당신이 말하는 내용이 아니라 사람들이 듣고 보는 내용이 중요하다는 것이다.

사람들과 커뮤니케이션을 할 때는 혼자가 아니라 다른 사람들과 '함께'하고 있다는 걸 명심하라. 특히 당신이 엄청난 규모로 바닷물을 오염시키고 주변 생태계를 모두 파괴하는 등 뭔가 중대한 잘못을 저질렀다면 당신에 대한 논란을 만들지 말라. 당신은 존재하지 않는 걸로 하라. 당신이 해야 할 유일한 일은 문제를 올바로 고쳐놓는 것이다.

당신이 문제 있는 장치들을 팔았건, 승객들로 가득 찬 비행기를 5시간 동안 활주로에 대기시켜 놓았건 간에, 사과할 때는 당신 자신의 인생은 잊어야 한다. 고객이나 부상당하거나 분노한 사람만이 중요할 뿐이다.

그들 입장에서 생각하라. 당신이 그들을 어떻게 도울지 말하고 있는 게 아니라면 당신에 대해 말해 봤자 사람들이 당신에 대해 아직도 갖고 있을지 모를 성실하다는 생각이나 신뢰감조차 사라질 뿐이다.

BP의 기름 유출 사건 이후 의회 청문회 도중에 헤이워드와 플로리다 주 출신의 클리프 스턴스 의원이 나눈 다음 대화를 읽어보자.

클리프 의원 : 플로리다 주민들과 대화해 본 결과 해안에서 기름이 유출되

고 있다고 말하던데, 그것이 BP의 무분별한 행동 때문에 생긴 일이라고 말해도 되겠습니까? 맞습니까, 아닙니까?

토니 헤이워드 : 대형 사고로 인해서 생긴 일입니다.

클리프 의원 : 아뇨, 제 말씀이 맞는지 틀리는지만 답변해 주세요. 기름 유출이 BP의 무분별한 행동 때문에 생긴 겁니까, 아닙니까?

토니 헤이워드 : 무분별한 행동 때문에 그런 사고가 났다는 증거는 없습니다.

클리프 의원 : 그렇다면 당신은 지금, 오늘 이 자리에 서서 BP가 무분별한 행동을 한 적이 없다고 말하는 거군요? 그게 당신의 입장 맞습니까?

토니 헤이워드 : 무분별한 행동 때문에 그런 사고가 났다는 증거는 없습니다.

클리프 의원 : 아뇨, 맞는지 틀리는지만 답변해 주세요. 당신은 BP가 무분별한 행동을 한 적이 없다고 말하고 있습니다.

토니 헤이워드 : BP의 무분별한 행동 때문에 그런 사고가 났다는 증거를 본 적이 없습니다.

클리프 의원 : 좋습니다. 그렇다면 무분별한 행동이 저질러진 적은 없다고 공식적으로 말하는 거군요. 이번 사고로 인해서 BP에서 해고된 사람이 있습니까? 한 명이라도?

토니 헤이워드 : 아직까지는…….

클리프 의원 : 있는지, 없는지만 말씀해 주세요.

토니 헤이워드 : 아직까지는 없습니다.

클리프 의원 : 해고된 사람이 전혀 없다는 거군요. 그렇다면 시추선 선장이 뉴올리언스로 가서 기름을 온통 뿌려놓고 앨라배마, 미시시피, 플로리다, 루이지애나에 엄청난 피해를 입혔지만 아무도 해고된 사람이 없다는 말씀이군요?

토니 헤이워드 : 지금 자체적으로 조사 중입니다.

클리프 의원 : 그렇다면 조사가 3년 동안 진행된다고 칩시다. 그동안 아무도 해고하지 않을 건가요?

토니 헤이워드 : 조사의 결론이 나게 되면 필요한 조치를 취하겠습니다.[35]

군이 헤이워드를 변호하자면 그에게는 인정할 것과 인정하지 말 것, 의견을 달 것과 의견을 달지 말 것, 화제로 삼아야 할 것과 삼지 말아야 할 것 등을 자문해 주는 변호사 팀이 있었다. 그가 직설적으로 대답했더라면 폭발의 원인이 다른 누군가에게 있었더라도 그 폭발로 인해 비롯된 모든 일에 대해서 BP가 법적인 책임을 지겠다는 걸 인정하는 셈이 됐을 것이다.

그러나 대부분의 사람들은 11명의 목숨을 앗아가고 수백만 갤런이나 되는 석유를 걸프 만에 유출시킨 시추선 폭발을 BP의 부주의한 행동으로 기록했다. 특히 뒷마당에 있는 해안이 기름 오염으로 아비규환 상태에 빠지기 일보 직전이라면 더 그렇게 느낄 수밖에 없다. 결국 헤이워드의 책임 회피성 발언은 아무런 효과를 내지 못했다.

일반적으로 사람들은 CEO를 특별히 좋아하거나 CEO와 좋은 관계를 유지하지 못한다. 특히 CEO가 외국인이면 더욱 그렇다. 이처럼 미국인들이 외국인 CEO에 대해서 갖고 있는 선입관 때문에 헤이워드는 자신이 처한(그리고 BP가 처한) 위기 상황에서 변호사의 비호를 받는 용의자처럼 말하기로 결정했다.

그는 곧이곧대로 말하지 않았다. 그는 의원들이 그가 책임지게 하려고 애쓴다는 걸 알았기 때문에 그들이 묻는 까다로운 질문들에는 대답을 거부했고, 미끼를 물지 않으면서 위태로운 위기를 피해갈 수 있었다.

그는 이렇게 말할 수도 있었다. "부주의하다는 게 사람들과 오염 지역이 처한 결과에 무관심하다는 뜻이라면 우리는 결코 부주의한 적이 없다. 우리는 매우 깊은 관심을 드러내고 있으며……" 그러나 그는 그러지 않았다.

설상가상으로 의회에 출석해서건 전국으로 송출되는 TV 광고에 출연해서건 말을 할 때 그는 냉담한 느낌을 주었다. 죽음과 파괴와 성난 군중으로 가득 찬 인류 드라마의 중심에 선 헤이워드는 인간답게 소통할 수 있는 능력이나 의사를 보여주려고 하지 않았다. 그는 로봇 같고, 교조적이며, 무엇보다도 오만했다.

이와 같은 상황에서 커뮤니케이션의 인간적인 측면을 무시한다면 경쟁자들과 비평가들에게 공격받기 십상이다. BP의 두 경영자는 그렇게 바보같으면서도 이해력이 부족한 듯한 대중적 발언을 했다. 그 결과 BP를 걸프 만 사태로 인한 사람들의 고통에 무관심한 회사로 묘사하려고 애쓰는 비평가들로부터 이미 받고 있던 것 이상의 비난을 받았다.

이런 대부분의 비난에 대해서 BP는 결국에는 잘 대응했고, 충분한 책임을 졌으며, 시간이 얼마나 걸리건 상관없이 문제를 해결하기 위해서 가진 재원을 투입할 뜻이 있음을 분명히 밝혔다. BP는 지역사회와 손을 맞잡았고, 올바른 말을 하고 올바른 일을 했다.

그러나 BP는 집중 포화를 받기 전에 몇 가지 치명적인 잘못을 저질렀다. BP가 그런 말을 하지 않고, 임원들이 대중적 성명을 발표하면서 죄책감이나 책임감을 느끼고 있음을 조금이라도 드러냈더라면 BP에 대한 언론 보도가 훨씬 덜 부정적이 되었을지도 모른다. 미국에서 BP의 평판이 완전히 풍비박산될 정도에 이르지는 않았을 수도 있고, 토니 헤이워드도 아직 자리를 지키고 있었을지 모른다.

어떻게 '화학작용'을 일으킬 것인가

효과적인 제휴는 개별 부분들을 종합한 결과가 개별 부분들 각각에 비해서 현저히 더 나은 뭔가를 만들 수 있다는 걸 보여준다. 마카로니와 치즈, 존 레넌과 폴 매카트니, P&G를 창업한 양초 제조 업자 프록터와 비누 제조 업자 갬블, 시트콤 〈윌과 그레이스〉의 윌과 그레이스, 영화 소개 프로그램 〈시스켈과 에버트〉의 진 시스켈과 로저 에버트 등 이와 관련해서 유명한 사례들을 많이 떠올려볼 수 있다. 그들이 함께해서 이룬 성과는 개별적으로 이룬 성과에 비해서 훨씬 더 위대했다.

긍정적인 제휴 관계 속에서 한쪽은 다른 한쪽의 장점들을 보강하고, 지원하고, 그로부터 도움을 받기 위해서 노력한다. 그것을 화학작용이라고 말할 수 있는데, 승자는 궁극적인 성공을 이루는 데 그것이 얼마나 중요한지를 알고 있다.

부동산 재벌인 모트 주커먼과 인터뷰 도중 나는 그가 지난 40년 동안 함께 일했으며 그의 엄청난 성공에 크게 기여한 사업 파트너 에드워드 린드를 많이 존경하고 있다는 걸 확인할 수 있었다. 주커먼은 미소를 머금은 채 추억을 되새기며 이렇게 말했다.

"내 파트너와 나는 모두 불손했기 때문에 부동산 사업에서 멋진 시간을 보냈다. 나는 그나 내가 지나치게 심각하지 않았던 게 성공에 도움이 됐다고 생각한다. 우리는 즐겁게 일했고, 그런 태도를 보고 사람들은 우리가 하는 말에 깊은 신뢰를 느꼈다. 우리는 정말로 멋진 시간을 보냈다. 우리는 우리가 하는 일을 즐겁게 만들었고, 우리가 하는 일에서 재미를 느꼈다." (눈코 뜰 새 없이 바쁘게 보내는 시간과 일하면서 겪는 온갖 우여곡절을 재미있었다고 표현하지 않는 승자를 만나기는 어렵다. 재미를 못 느낀다면 당신은 승자가 되기에 적절하지 않을지 모른다.)

두 사람이 세운 회사인 보스턴 프로퍼티즈는 몇 차례의 부동산 하강기를 극복하고 살아남아서 미국 최대 A급 사무 공간 소유 및 개발 업체 중 하나가 되었다.

화학작용은 정의하는 것보다 만들기가 더 어렵다. TV 아이콘, 코미디언 밥 뉴하트를 예로 들어보겠다. 그가 출연한 시트콤은 한 편도 아닌 두 편이 역대 시청률 순위 10위 안에 들었고, 코미디 독백 앨범 2개는 베스트셀러가 되었다. 그는 50년 동안 공연을 했는데, 전국 공연이 열리는 콘서트홀은 늘 사람들로 꽉 채워진다. 그것은 그가 화학작용을 일으킬 수 있기 때문이다.

나는 그에게 어떻게 그렇게 오랫동안 정상의 자리를 유지할 수 있었는지 설명을 부탁했다.

화학작용은 서로 좋아해야 일어난다. 두 쇼 〈밥 뉴하트 쇼〉와 〈뉴하트〉를 하면서 보낸 시간은 좋았다. 우리는 많이 웃었다. 일하면서 웃었고, 그런 웃음은 카메라를 통해서 사람들의 집으로 전달된다. 청중들은 집 안에서 원하거나 원하지 않는다고 말할 권리를 가지고 있으며 그런 권리를 행사하고 있다. 그들은 두 번 '그래, 좋아. 그가 좋으니 그가 나오는 쇼를 보겠어'라고 결정했다.

내가 항상 성공한 건 아니었다. 나는 1961~1962년에 에미 상과 피바디 상을 받았지만 NBC로부터 중단 통보서를 받은 쇼에 출연했다. 그 후 마음속으로 '이 쇼가 통할까?'라는 생각을 했다.

〈뉴하트〉를 했을 때 나는 배우 메리 프란에게 '당신이 맡은 내 집사람 역은 세상에서 가장 힘든 일이 될 것이다. 수잰 플레셔티와 나는 이미 화학작용을 일으켰고, 사람들은 당신을 수지(수잰 플레셔티)와 비교할 것이기 때문이다'라고 말했다. 우리는 서로 존경했으며 그것은 좋은 결과를 낳았다.

화학작용으로 시너지 효과를 내려면 균형이 정말로 중요하다. 한 파트너가 창조적이고 과도한 감이 있다면 다른 파트너는 체계적이고 원칙적이어야 한다. 한 파트너가 체계적이지 않고 정신이 없다면 다른 파트너는 정리 정돈이 완벽하고 늘 준비가 되어 있어야 한다. 그래야 일이 된다. 승자는 그렇다는 걸 알고 있다.

피닉스 대학의 설립자이자 억만장자인 존 스털링은 올바른 파트너십이 갖는 가치가 무엇이라고 생각하는지를 묻는 내 질문에 이렇게 말했다.

나는 내가 세부적인 일까지 신경을 쓰는 경영자가 못 된다는 걸 깨달았다. 그래서 최대한 빨리 기업을 관리할 수 있는 다른 사람을 뽑았다.

나는 나 자신을 바깥일에 맞는 사람이라고 생각했다. 나는 사회, 경제, 정치 등 거시적 상황에 책임을 졌던 사람이고, 정치 공작, 로비, 협상을 했던 사람이었다. 나는 '내가 외부 문제들을 책임질 테니 당신들은 회사 안의 문제에 집중하면 된다'라고 말했다. 그래서 그들은 영리를 목적으로 한 교육 사업에 대해서 쏟아지는 온갖 비난으로부터 보호받을 수 있다고 느끼고 맡은 일에 몰두할 수 있었다.

균형은 시너지 효과를 내는 반면 불균형은 실패로 이어진다. 그런 균형을 찾지 못한다면 적절한 파트너십을 맺을 수 없다. 공격성이나 고집 또는 자신감이나 친절함 같은 특정 성격에서 이 둘 중 어느 한쪽 방향으로 지나치게 쏠릴 경우 서로 불화를 이루다가 결국 고객들과도 마찰을 일으킬 것이다.

최적의 파트너를 찾아라

협력하고 제휴하는 것은 섬세하고도 신성한 일일 수 있다. 제휴는 크게 1) 개인 간 제휴 2) 기업 간 제휴 3) 제3자의 지지라는 세 가지의 주요 범주로 분류할 수 있다.

개인 간 제휴는 두 사람 이상의 사이에서 가능하다. 예를 들어 클린턴 부시 아이티 펀드는 2010년 초 아이티의 수도 포르토프랭스에서 대지진이 일어난 이후 즉시 만들어졌다.

이 펀드의 목표는 아이티 역사상 최악의 재난 이후 극도로 고통받고 있던 아이티 국민들에게 돈, 옷, 음식 등을 지원하기 위해 다양한 정치적 신념을 가진 사람들의 단합을 이끌어내는 것이었다. 미국의 전 대통령인 빌 클린턴과 조지 W. 부시가 인도적인 도움이 가장 절실히 필요한 때와 장소에 그것을 지원하기 위한 초당파적 노력에 힘을 보탰다.

클린턴이나 부시 모두 혼자서도 얼마든지 미국 국민들로부터 큰 지원을 이끌어낼 수 있었겠지만, 각자 가진 명성과 영향력을 합침으로써 두 사람은 각자 혼자 했을 때보다 두 배가 넘는 영향력을 미쳤다. 이처럼 정치계의 정적들이 인류를 돕는 데 함께 나서자 두 전 대통령 누구에게도 기부하지 않았던 '완전히 별도의' 새로운 기부자들이 생겨났다.

개인 간 제휴는 앞서 언급했던 것처럼 "전체가 부분의 합보다 더 위대하다"는 것을 보여주는 가장 좋은 방법이다.

기업 간 제휴의 좋은 사례는 애플과 나이키의 제휴이다. 애플과 나이키는 각자 아이팟과 나이키플러스 제품 라인의 매출을 늘리기 위해 손을 잡았다.

양사의 제휴는 사람들이 계속해서 더 많은 기술을 삶에 이용하면서 비교적 성공을 거두었다. 양사의 제휴는 "사람들은 운동하면서 음악 듣는 걸 좋아한다"라는 단순한 전제에서 체결되었다. 따라서 나이키와 애플은 음악 청취 경험과 운동 경험을 통합시키기 위해서 노력했고, 그 결과로 나온 게 나이키플러스 기술이었다.

이 기술은 운동 상태를 디지털로 추적할 수 있게 해준다. 나이키플러스 장비와 아이팟을 연동해 놓고 조깅을 하면 조깅 속도와 거리에 따라서 들을 음악 목록이 만들어진다. 운동을 마친 후 샤워를 할 때 아이팟은 이미 당신의 운동 결과를 온라인에 올려놓고, 다른 날 운동 결과와 비교해서 볼 수 있게 해준다.

이것은 세계에서 가장 크고 성공한 회사 두 곳이 공통의 목적을 위해 손을 맞잡은 사례다. 놀랄 것도 없겠지만 제휴가 성공적이었던 덕에 나이키플러스 제품들의 판매가 늘어났다.

나이키만큼 제휴를 잘 이용하는 회사도 없다. 그 시작은 지금처럼 스포츠 스타와의 제휴가 일상적이지는 않았던 30여 년 전, 마이클 제프리 조던이라는 이름을 가진 삐쩍 마르고 자신감에 가득 찬 노스캐롤라이나 출신의 농구 선수와 맺은 계약이었다.

1964년에 운동화 제조 업체로 시작한 나이키가 미국 스포츠 용품 시장의 절반을 장악하기까지는 불과 16년밖에 걸리지 않았다. 그러나 창업자인 필 나이트는 그 정도로는 성이 차지 않았다. 1980년에 회사를 주식시장에 상장시켰고, 1982년에는 전국 TV 광고 방송을 시작했지만 그는 더 많은 걸 원했다. 그보다 몇 년 전에 나이키는 성질이 나쁜 것으로 유명한 루마니아 출신 테니스 스타 일리에 나스타세와 계약을 맺고, 이후 주류 시장으로 진출하는 방안을 찾고 있었다.

당시 21세의 마이클 조던은 그들이 원하던 스포츠 스타였다. 그러나 문제가 있었다. 조던은 컨버스를 먼저 선택했다. 그리고 그의 다음 선택은 아디다스였다. 그러나 컨버스가 이미 두 명의 당시 리그 최고 선수 래리 버드·매직 존슨과 계약을 맺은 상태였고, 아디다스는 무슨 이유에서인지 조던에 관심을 보이지 않았기 때문에 나이키에게 기회의 창이 열렸다.

조던과 당시 리그에서 가장 좋은 조건으로 계약을 체결한 나이키는 조던이라는 미래의 슈퍼스타를 중심으로 브랜드를 알리기 위한 광고 활동을 시작했다. 그다음은 당신이 아는 그대로다. 조던은 지구상 가장 위대한 선수가 되었고, 나이키는 수천만 켤레의 스니커즈를 팔았다.

조던이 등장하기 전에 운동화 회사들은 자신들이 팔릴 거라고 믿은 디자인을 토대로 운동화를 디자인했고, 운동선수들은 기쁘게 그 운동화를 신었으며 부수입과 공짜 신발에 만족했다. 그런데 나이키와 조던은 이러한 역학관계를 바꿔놓았다.

조던의 이름을 내건 나이키 제품 디자인에 새로 책임을 맡은 디자이너 팅커 햇필드는 조던을 포트랜드에 있는 본사로 데려가서 그에게 디자인 아이디어를 구했다. 이것은 조던에게 나이키가 그를 존중하고 그에게 충성하고 있다는 걸 보여주는 신호로 간주됐고, 그는 나이키와 계약을 유지하자는 생각을 갖게 되었다. 나이키에게 그것은 위대한 무언가의 시작이었다.

그로부터 계속해서 조던은 자신의 이름이 들어간 모든 나이키 제품 디자인에 기여하게 되었고, '히스 에어니스(his Airness)'라는 애칭을 가진 그가 만든 모든 신발들은 사하라 사막에서 팔리는 에비앙 생수만큼 엄청나게 많이 팔렸다. 그의 선수 생활이 끝나고도 오랫동안 에어 조던 시리즈는 스니커즈 운동화 세계에서 가장 높은 가격을 유지했다. 가끔은 스니커즈 운동화 마니아들이 가장 처음 나왔던 운동화를 구하기 위해 170달러가 넘는 돈을 지불하기도 했다.

나이키는 운동화 산업에서 제휴 관계의 표준을 세웠다고 말할 수 있다. 다른 누구보다 먼저 협력의 중요성을 간파한 나이키의 능력은 나이키가 시장 1위 업체로 부상하는 데 결정적인 역할을 했다.

마이클 조던이 없었다면 나이키는 지구상에서 가장 인지도 높은 브랜드들 중 하나가 되지 못했을 수 있다. 나이키가 없었다면 마이클 조던은 아마도 역사상 가장 위대한 농구 선수로 여겨질지 몰라도 전 세계적인 아이콘이 되지는 못했을 것이다. 나이키와 조던은 함께 협력함으로써 수십억 달러를 벌었고, 수십억 명의 충성스런 고객을 만들었다.

효율적인 제휴는 제휴 당사자들이 혼자서 이룰 수 있는 것 이상을 이루도록 동기를 부여한다. 세계적인 커뮤니케이션 회사의 CEO가 22세의 청년으로부터 사업 개선 방법을 배웠다고 공개적으로 인정하는 건 흔한 일이 아니다. 그러나 세계적인 마케팅 회사인 옴니콤의 자회사 다이버사이파이드 에이전시 서비스의 회장이자 CEO인 톰 해리슨은 그렇게 했다.

나를 호되게 질책하는 22세의 청년이 있다. 그는 내게 "왜 그런 식으로 일을 하십니까? 쉽게 처리할 수도 있는데요"라고 말한다. 그와 같은 괴짜들이 진정으로 우리를 위해서 해주는 일은 우리가 어느 방향으로 발전해 나가야 하는지를 보여준다. 그들이 시장에서 가장 중심적 위치에 있기 때문이다. 그들은 저 밖에 있다. 그들은 혁신가들이다. 지구에서 가장 위대한 마케팅 회사들 중 한 곳의 CEO는 22세의 청년을 멘토로 두고 있다.

그리고 그와 동시에 이 청년은 마케팅 분야의 위대한 기업 옴니콤으로부터 소중한 경험을 얻고 있다. 이것은 완벽에 가까운 제휴의 사례이다. 기업과 청년 모두에게 도움이 되기 때문이다. 이처럼 적절한 짝을 찾으면 엄청난 결과를 만들어낼 수 있다.

공공 분야와 민간이 제휴하는 경우도 있다. 오늘날 미국 정부의 역할에 대한 두 가지 논란이 있는데, 그중 더 광범위하게 논의되는 것이 국가 안보이고 상대적으로 무시되는 것이 국내 안보다. 후자는 자금 지원, 과잉 수용, 안전 같은 감옥 통제와 관련된 문제들이 있다. 미국의 국내 안보를 강화하는 데 기여한 최근의 제휴는 최고 서비스를 제공하기 위해서 공공과 민간 두 분야의 장점을 결합한 것이다.

우선, 통계를 살펴보자. 《뉴욕 타임스》는 "미국 내 민간 교도소들에 수용된 연방 죄수들의 숫자는 2000년 1만 5,524명에서 2008년 3만 2,712명으로 두 배 이상 늘었다. 민간 교도소들에 수용된 주 죄수들의 숫자도 같은 기간에 7만 5,000명에서 9만 3,500명으로 늘었다"고 보도했다.[36]

이러한 민간 감옥들 다수의 소유권은 미국 교정 회사 CCA(Corrections Corporation of America)에 있다. CCA는 "연방 정부와 두 곳의 주 다음으로 미국에서 네 번째로 큰 교정 시스템이다."[37]

CCA는 지금으로부터 25년도 더 전에 민간 교정 관리 사업을 시작했는데 죄수, 감옥, 구류 시설들의 디자인, 건설, 확충, 관리를 전문으로 한다. 1980년대 미국 정부는 기존의 예산과 시설로는 급증하는 죄수들을 도저히 감당할 수 없는 지경에 이르렀다. 교도소 내 사고가 급격히 늘고 교정 프로그램의 효율성이 극히 낮아 재범률이 높아지는 추세였다. 마침내 몇몇 주 정부는 교도소 운영을 민간에 맡기기로 결정하고 이를 공개 입찰에 부쳤다. 이때 등장한 회사가 CCA 등이다.

CCA의 웹사이트에 들어가면 '미국의 제휴 교정 분야의 리더'라는 흥미로운 문구를 보게 된다. 제휴 교정은 새로우면서도 효과적인 분야다. CCA는 미국의 다른 기업들은 그때까지 배우지 못했던 것, 즉 '민간'이라는 개념이 항상 긍정적인 것만은 아니라는 사실을 이해했다. 어떤 사람들에게 '민간'은 '영리'를 다르게 표현한 단어일 뿐일 수 있다. 또 어떤 사람들에게 '민간'이란 단어는 배타적이고, 특권적이면서, 종종 무책임한 의미를 줄 수 있다.

민간 감옥 문제를 둘러싸고, 현재 미국에서는 시장을 신뢰하는 사람들과 정부를 신뢰하는 사람들의 의견이 맞서고 있다. 감옥뿐 아니라 정부와 기업의 역할이 서로 교차하는 다른 많은 곳에서도 이와 비슷한 논란이 벌어진다. 누구도 민간 기업이 경찰 활동과 공공의 이익을 위해 일할 거라고 믿지 않는다. 그리고 누구도 정부가 효율적으로 움직이거나 현명하게 세금을 쓸 거라고 믿지 않는다. 바로 여기서 제휴가 중요해지는 것이다.

CCA가 제공하는 게 바로 두 세계의 최고 장점이다. 정부와 '제휴'함으로써 CCA는 정부와 CCA 각각의 접근법이 갖는 이점들을 대중들에게 제공하는 한편, 반대로 결점들은 최소화한다.

CCA는 또 "우리는 기업의 효율성과 비용 효과성을 바탕으로 정부의 감시와 책임 기능을 수행한다"라고 주장한다. 언어적 차원에서 다른 기업들에게 교훈이 될 수 있는 이런 강력한 메시지는 사람들의 가슴속에 그 어느 때보다 강력하게 울려 퍼지고 있다.

오늘날 가계와 정부 예산은 한계에 도달했고, 정부의 낭비는 통제가 불가능한 상태이고, 많은 사람들은 자유시장이 우리에게 큰 실망을 줬다고 믿고 있다. 안전과 효율성을 보장하는 일이 '둘 중 하나를 취하고 하나를 버릴 수 있는' 명제가 되어서는 안 된다.

이런 상황에서 CCA는 믿음과 확신을 주는 언어를 찾아냈고, 우리는 더 이상 효율적인 민간 감옥들과 안전한 공공 감옥들 사이의 무의미한 선택 때문에 고민할 필요가 없어졌다. 제휴 감옥들은 모두 효율적이고 안전할 수 있다.

CCA가 현재 사용하고 있는 '민-관 제휴'라는 표현은 그것이 협업, 협력, 포용성을 구현한다는 점에서 매우 효과적이다. 이 표현은 '공공 부문'을 더 효과적이고 효율적으로 바꾸면서 '민간 부문'의 날카로운 면을 덜어준다. 정치적 스펙트럼에 상관없이 어필할 수 있다는 점에서 이러한 조합은 승리한다.

자존심을 버리고 협력하면 얻는 것들

제휴는 종종 신뢰를 구축하는 훈련이 되기도 한다. 어떤 웹사이트에 들어갔는데 거기 '구글이 지원한다'라고 적힌 검색 바가 있으면 그 검색바를 사용해 검색하는 게 두렵지 않을지 모른다. 구글이란 이름은 그 사이트의 검색 기능에 신뢰감을 부여해 준다. 그 대가로 구글은 사용자가 검색 바를 사용했을 때 생기는 수익의 일정액을 갖는다.

이와 마찬가지로 랩톱이나 PC에 '인텔 인사이드'라는 스티커가 붙어 있는 걸 보면 그것이 컴퓨터 업계에서 가장 신뢰가 가는 이름인 인텔 프로세서에 의해서 돌아간다는 걸 안다.

2005년 6월에 열린 애플의 전 세계 개발자 컨퍼런스에서 스티브 잡스는 애플의 컴퓨터에 앞으로는 그냥 칩이 아니라 인텔의 칩을 넣겠다고 밝혔다. 이유는 다음과 같았다.

인텔의 칩은 성능이 아주 좋다. 인텔의 칩은 다른 이유로도 우리에게 매우 중요하다. 성능만큼 중요한 게 전력 소비이고, 우리가 중시하는 건 와트당 성능이다. 2006년과 그 이후 예상했던 우리의 미래 로드맵을 살펴보면 파워 PC(IBM, 애플, 모토로라 3사가 공동 개발한 마이크로프로세서-역주)는 와트당 15유닛의 성능을 내는 데 반해서 미래의 인텔 로드맵은 70유닛의 성능을 내는데, 이런 차이는 우리가 앞으로 뭘 해야 할지를 분명히 말해 준다.[38]

잡스는 자존심을 접고 인텔이 더 뛰어나다는 걸 인정했다. 그 덕분에 애플은 이후로 자체 프로세서 문제에 발목 잡히지 않고 획기적인 기술 개발에 매진할 수 있었다. 인텔 입장에서는 세계에서 가장 강력하면서도 존경받는 브랜드 중 한 곳에 자사의 칩을 팔 수 있게 됐다는 걸 의미했다. 결과적으로 애플과 인텔 모두 이익을 얻었고, 고객들 역시 혜택을 보았다. 이것은 너-나-우리가 모두 승리하는 전략이었다.

이베이는 지속 가능성, 즉 환경을 중시하는 회사이다. 1995년 9월 3일에 이베이가 처음 판 물건(이베이는 당시 옥션웹이라는 이름으로 알려졌다)은 14.83달러에 팔린 고장 난 레이저포인터였다. 이베이의 창업자인 피에르 오미디어는 구매자에게 연락해서 레이저포인터가 고장 났다는 걸 알려주었다. 구매자는 "고장 난 레이저포인터를 수집한다"라고 대답했지만 말이다.[39]

오늘날 이베이는 1만 5,000명의 직원을 두고 87억 달러의 매출을 올리는 회사로 성장했다. 그리고 영향력이 확대된 만큼 사회적 책임에 전념하는 다른 조직들과의 제휴 노력도 강화하고 있다.

이베이에서 우리는 지속 가능성을 다소 다른 차원에서 생각한다. 기존에 존재하는 제품들의 사용을 홍보하는 데서 시작해서 화폐를 쓰지 않고 결제하는 일에 이르기까지 우리가 하는 모든 사업들은 사람들에게 더 적은 자원을 써서 더 많은 일을 할 수 있는 힘을 준다. (중략) 우리의 비즈니스 모델이 미친 가장 거대한 환경적 영향은 매도자와 매수자 사이의 배송에서 눈에 띈다.

우리는 2007년에 미국 우정공사 USPS(United States Postal Service)와 힘을 합쳐서 새로운 친환경적 우선 취급 우편(priority mail) 포장 서비스를 시작했다. 이 공동 포장 서비스에는 '요람에서 요람으로(Cradle-to-Cradle: 제품의 설계, 제작, 사용 기간과 새로운 제품으로의 재활용까지 포함하는 제품의 수명 주기-역주)'라는 인증이 붙으며, 이베이닷컴의 UPSP 배송 허브를 통해서 무료로 이용 가능하다.[40]

웹사이트에서는 이런 지속 가능성 운동이 멋져 보이긴 했지만 나는 처음에는 이베이를 환경적 지속 가능성에 집중하는 기업으로 여길 수 없었다. 그런 말이 그냥 술책처럼 보였다.

그런데 얼마전에 이베이에서 어떤 물건을 샀는데, 이베이가 워싱턴 D.C.에 있는 비영리 환경 단체인 CI(Conversation Internation)와 제휴 계약을 맺은 걸 알았다. 호기심이 발동했다. 이베이에서 결제를 끝마치자마자 나는 CI가 지구와 전 세계 생물의 다양성을 지키기 위해 벌이는 일을 도와달라며 1달러를 기부하라는 요청을 받았다.

이런 사소한 한 가지 제휴 사례만으로도 이베이가 실제로 친환경 경영을 하고 있다는 게 분명해졌다. 친환경 포장을 공동 홍보하는 차원을 떠나서 이베이는 CI 같은 단체가 환경을 깨끗이 유지하고 보호하는 일을 돕기 위한 기금 모금을 지원하고 있다.

그렇다면 이베이에 대한 내 생각이 왜 바뀐 걸까? 솔직히 CI 링크를 추가한다고 해서 이베이가 희생하는 건 아니다. 그러나 이베이가 환경 보호에 진지하지 않았다면 CI는 이베이와 제휴를 맺지 않았을 것이므로 그

링크 하나로 나는 이베이를 더욱 신뢰할 수 있게 되었다. 이것이 신뢰할 만한 제휴를 통해서 나오는 '인증'의 힘이다.

소비자연맹과 파트너가 되어라

제휴는 소비자들에게 마음의 평화를 느끼게 한다. 그런 세 개의 조직이 있다. 미국자동차협회(AAA: American Automobile Association), 굿 하우스키핑, 컨슈머 리포트다. AAA는 전국적이고 보편적인 소재를 다룬다. 컨슈머 리포트는 제품과 서비스의 장단점 등을 평가한다. 그리고 굿 하우스키핑이야말로 '마음의 평화'를 잘 보여준다고 할 수 있다.

AAA는 회원으로 가입하고 거주지에 따라서 AAA의 기본 서비스를 받는 대가로 연간 50~60달러 정도를 지불하면 도로 지도, 여행안내 책자, 호텔과 레스토랑 등급 그리고 심지어 할인이 가능한지 여부조차 몰랐던 곳에서의 할인 서비스 등과 같은 몇 가지 혜택을 얻는다.

그러나 대부분의 AAA 회원들에게 회원 가입 이유를 물으면 '도로 지원(Roadside Assistance)' 서비스를 받을 수 있어 마음의 평화를 느끼기 때문이라고 대답한다. 모든 AAA 회원들은 자동차 배터리가 방전되거나 타이어가 터지거나 자동차 문이 잠겨서 열지 못할 때 AAA에 도움을 요청하는 전화 한 통이면 모든 문제가 해결된다는 걸 알고 있다.

AAA 회원은 미국에서 캐나다까지 5,000만 명이 넘는다. 따라서 기업들 입장에서는 회원들과 접촉할 수 있게 AAA와 제휴를 맺는 게 더할 나위 없이 합리적이다.[41]

1855년 클라크 브라이언은 "더 나은 가정생활을 위한 가족 저널"을 목표로《굿 하우스키핑》을 창간했다. 이 잡지는 독자들이 관심 있어 하는 소비재들을 검증하고 검토하기 위해 1909년 매사추세츠 주 스프링필드에 굿 하우스키핑 연구소를 열었고, 그해 12월에 엄격한 기준을 맞추고 제조 업체들로부터 나온 모든 요구를 충족시킨 제품들을 정리해서 소개했다.

21개 소비재의 이름이 실렸는데 그중에는 세탁기, 냉장고, 가스레인지, 전기다리미 같은 다양한 가전제품들이 포함됐다. 1910년 말까지 근 200개 제품들이《굿 하우스키핑》잡지의 인증을 받았다.[42] 굿 하우스키핑 연구소는 현재 매년 2,000개가 넘는 제품들을 검증하고 있고, 설립 이후 지금까지 5,000개 제품의 품질을 인증했다.[43]

오늘날 450만 부가 넘는 판매 부수를 자랑하는《굿 하우스키핑》의 독자 수는《마샤 스튜어트 리빙》과《패밀리 서클》의 독자 수를 모두 합친 것보다 더 많다. 잡지의 독자들 대부분은 미국 동부와 중서부와 남부 주에 거주하는 40대 중후반의 여성들이다.[44]

이 잡지를 이렇게 강력하게 만드는 것은 2년 동안 제품들을 제한적으로 보증해 주는 '품질 인증'이다. 굿 하우스 키핑은 말한다.

"1909년 이후부터 우리는 인증한 제품들의 품질을 보장하는 걸 정책으로 삼아왔다. 우리가 인증한 제품들은 2년 동안 보증을 받는다. 구매 후 2년 내에 제품에 결함이 발견되면 소비자들에게 환불해 주거나 제품을 수리 또는 교환해 준다. 우리가 아는 한 그 어떤 잡지나 웹사이트나 제3의 브랜드 중에서 자체 보증을 통해 제품을 지원해 주는 곳은 없다."[45]

강력한 효과를 내는 이 메시지 뒤에 제휴의 강도가 느껴진다. 이 메시지는 행동을 가장 중요한 요소로 삼고 있다.

마음의 평화를 주는 세 조직 중 마지막은《컨슈머 리포트》이다. 이 잡지는 미국소비자연맹(Consumers Union)이 발행한다. 소비자연맹은 "모든 소비자들을 위한 공정하고 정당하고 안전한 시장을 만들기 위해서 애쓰고, 소비자들이 스스로를 보호할 수 있도록 돕는 전문가들로 이루어진 독립적 비영리 조직이다."[46]

이 조직은 대중 미디어를 통한 광고가 막 시작돼서 소비자들이 과대 포장된 제품과 실제 좋은 제품을 구분하기 위해 믿을 수 있는 정보가 거의 없었던 1936년에 결성됐다. 이후로 소비자연맹은 광범위한 소비자 정보와 제품 평가를 제공하면서 객관적 조사원으로서의 역할을 수행해 왔다.

독립성과 중립성을 지키기 위해서 소비자연맹은 외부의 광고나 테스트한 제품의 공짜 샘플을 받은 전례가 없다. 더불어 이 연맹은 수백 명의 '미스터리 쇼퍼(mystery shopper: 고객을 가장하여 매장 직원의 서비스 등을 평가하는 사람-역주)'와 기술 전문가들을 채용해서 평가 제품을 직접 구매하고 테스트해 본다.[47]

《컨슈머 리포트》는 캠코더부터 자동차에 이르기까지 당신이 상상할 수 있는 모든 것을 테스트한다. 그리고 매년 4월에 신차 특집호를 내는데, 신차가 받은 등급에 따라서 다양한 신차 모델들의 운명이 결정될 수 있다. 수백만 명의 미국 소비자들에게 《컨슈머 리포트》는 복음이다. 소비자들은 그 밖의 다른 잡지들은 신뢰하지 않는다.

《컨슈머 리포트》로부터 비난을 받지 않았다고 해서 충분히 좋은 건 아니다. 거론이라도 돼야 한다. 소비자들은 《컨슈머 리포트》가 추천하지 않는 제품은 사지 않는다.

상황이 더 나빠지기도 한다. 전 세계적으로 가장 대중적인 인기를 끈 자동차 브랜드 도요타는 《컨슈머 리포트》에 의해서 '사지 말라'는 등급을 받은 후 그 모델의 생산을 중단하고 리콜을 단행했다. 《컨슈머 리포트》가 그와 같은 등급을 매긴 게 매우 이례적인 일이지만 그런 등급은 '죽음의 키스'와 같은 효과를 낸다. 반대로 《컨슈머 리포트》가 신형 TV나 컴퓨터의 구매 추천을 할 경우 이 제품의 판매량은 크게 는다.

지갑에 있는 AAA 회원 카드나 병원 대기실에 놓인 《굿 하우스키핑》과 마찬가지로 《컨슈머 리포트》가 제공하는 가장 가치 있는 것은 마음의 평화이다. 만약 이들 소비자연맹의 평가에 귀 기울임으로써 신뢰를 얻고 파트너십을 구축할 수만 있다면, 당신의 회사는 '마음의 평화'라는 가치를 얻는 것이나 다름없다. 오늘날 그런 확신은 무한대의 가치가 있다.

파트너십을 구축하는 승자들의 '이기는 말'

완벽함을 표현하는 단어가 제품과 관련이 있다면, 제휴를 표현하는 단어는 주로 사람과 관련되어 있다. 다음은 이 책에서 소개되는 승자들이 자신이 한 일, 그 일을 한 방법, 그 일을 하면서 쌓은 관계를 설명하기 위해서 일반적으로 가장 많이 사용한 말 10가지를 정리해 놓은 것이다.

완전히 조율되다(Fully aligned): 대부분의 성공한 경영자들이 그들 기업의 경영 스타일을 설명할 때 쓰는 표현이다. 모든 승자들은 의견 차이를 인정하고 '완전히 조율된' 전투를 벌인다.

포용(Inclusion): 성공한 기업들이 '다양성' 프로그램을 설명할 때 쓰는 단어다. 직원들은 자신이 일하는 기업이 그동안 무시됐던 지역사회로까지 인재 풀을 확대하기 위해서 노력할 때 자긍심을 갖는다. 그러나 일부 사람들이 '다양성'을 자신들의 희생을 전제로 얻어지는 성과라고 느낄 때 문제가 생긴다. '포용'은 더 많은 사람들에게 더 많은 기회를 주는 활

> **파트너십을 강화하는 핵심 표현들**
>
> 1. 완전히 조율되다
>
> 2. (다양성이 아니라) 포용
>
> 3. 단결된
>
> 4. (구조 조정이 아니라) 새로운 접근법
>
> 5. 독립적 사고
>
> 6. 독자적 인증
>
> 7. 마음의 평화
>
> 8. (생산성이나 평가 측정 기준보다) 측정 가능한 결과
>
> 9. 직원에 집중하는
>
> 10. 개인적 책임

동으로 간주되는 반면, 다양성은 다른 사람들의 희생으로 어떤 사람들에게 이익을 주는 활동으로 간주되기도 한다.

단결된(United): 중대한 경영진 개편을 단행하고 있는 기업에서 구성원들은 경영진이 '단결된' 모습을 보여주기를 원한다. 리더들 사이의 분열은 종종 구성원들 사이에서 혼란을 일으킨다. 이사회가 새로운 CEO를 선택할 때 '단결된' 모습을 보여주고 있다거나 고위 경영진 사이의 미래 비전이 일관된다는 걸 알면 직원들의 마음은 평화로워진다.

새로운 접근법(A fresh approach): 승자들이 위대한 전략적 우위나 획기적인 제품을 만들어냈다는 사실을 설명하기 위해서 자주 사용하는 표현이다. 하지만, 직원이나 고객과의 대화에 쓰는 경우는 드물다.

이 표현은 놀랄 만큼 극단적이지 않으면서 '새롭고 다른' 것을 암시하기

때문에 투자자들과 주주들이 좋아한다. 한편 '구조 조정(reorganization)' 은 관료적인 잘못을 수정하거나 사람들을 해고할 때 드는 변명으로 간주되는데, 어떤 경우도 우호적인 결과를 내지는 못한다.

독립적 사고(Independent thinking): 이는 승자들이 사람을 채용할 때 필수으로 고려하는 특성이다. 이 책에서 소개된 사람들은 분명 강력한 의지를 가지고 있으며, 모두 '끈질기고' '결연하고' '집중적으로'(이 세 단어는 아주 유용하다) 탁월함을 추구하기 위해서 노력하는 한편, 대안의 시각을 제시하는 사람들을 중시하고 그런 사람들에 둘러싸여 있다. 자신을 독립적 사고를 하는 사람으로 선전하는 건 승자에게 채용될 수 있는 좋은 방법이다.

독자적 인증(Independent certification): 직원들과 소비자들 사이에서 신뢰를 얻는 데 가장 좋은 단어이다. 우리는 더 이상 기업인들이나 정치인들이 하는 말을 믿지 않는다. 우리는 독자적인 소스를 통해 그들이 하는 주장이 사실인지 아닌지 확인하고 싶어 하고, 그런 확인을 요구하기도 한다. 《컨슈머 리포트》와 《굿 하우스키핑》 같은 잡지들과 미국퇴직자협회(AARP)와 AAA 같은 조직들 그리고 아마존, 페덱스, 인텔 같은 기업들은 잘 알려진 이상적인 독자적 인증 조직들이다.

마음의 평화(Peace of mind): 이는 제휴의 근본 목적이며, 이런 문구는 정말로 많은 차원에서 효과를 낸다. 이와 관련한 가장 좋은 사례로 빌 게이츠와 워런 버핏의 공동 자선 활동이 있다. 두 사람이 공동 노력을 선언했을 때 사람들은 주목했다. 이것은 두 사람이 하는 어떤 일이든 낭비를 최소화하고 최대한의 효과를 내면서 행해질 것이고, 기부자들은 이 두 경영계의 거물이 직접 기부 활동을 하고 있다는 사실을 통해 마음의 평화를 갖게 될 것임을 의미했다.

측정 가능한 결과(Measurable results) : 이것은 투자자들과 주주들 그리고 소비자들과 직원들 모두가 제휴로부터 기대하는 것이다. '측정 가능한 결과'는 21세기의 '백문이 불여일견'에 해당하며, 그 노력이 효과적임을 말로 주장하기보다 증거를 가지고 보여준다. 실제로 '측정 가능한 결과'를 보여주는 최상의 방법은 '증거를 토대로' 하거나 '사실을 토대로' 한 통계를 이용하는 것이다.

분명 사람들은 효과적인 제휴가 '생산성' 향상으로 이어질 것으로 기대하지만 '생산성'이라는 단어는 사람들에게 자신의 희생을 대가로 해서 얻는 이익이라는 생각을 갖게 만든다. 반면에 '측정 가능한 결과'는 모든 사람들에게 혜택을 선사한다. 그러나 자주 사용되는 단어인 '측정 기준'은 냉정하고도 인간적이지 않은 단어로 간주된다.

직원에 집중하는(Employee focused) : 이 책에서 소개된 거의 모든 승자들은 '직원에 집중'한다. 사실상 모든 승자에게서 드러나는 가장 중요한 특징 중 하나는 그들이 자신을 위해서 일하거나 그들과 함께 일하는 사람들에게 관심을 가지고 지원해 준다는 점이다.

고위 임원들과 중간관리자들이 강력한 유대 관계를 맺지 않고 성공의 사다리를 올라가는 건 사실상 불가능하다. 당신이 사용하는 말과 당신이 쏟는 능력이 '직원에 집중'되어 있다면 당신은 승리에 필요한 조건을 가지고 있는 셈이다.

개인적 책임(Personal responsibility) : 모든 사람들이 책임자들에게 기대하는 것이다. 그런데 개인적 책임을 신입사원들까지 져야 한다는 사실을 전달하는 것이 문제이다. 내가 인터뷰한 사람들 중 자신이 하는 일에 대해서 개인적 책임을 지지 않는 사람은 없었지만, 그들의 성공 여부는 다른 사람들도 그들만큼 책임을 지느냐 아니냐에 달려 있다.

6

Passion

열정

흥분과 열정을
혼동하지 말라

자신이 살 수 있는 것보다 못한 삶에 안주하면서
그저 그렇게 사는 인생 속에서는 열정이 보이지 않는다.

— 넬슨 만델라

월트 디즈니가 디즈니랜드 건설에 필요한 자금 1,700만 달러를 구하기 위해 개인 보험 등 갖고 있던 모든 것들을 담보로 걸었다는 사실을 알고 있는가? 10대 미혼모 엄마에게서 태어난 오프라 윈프리가 불과 9세의 나이로 성폭행을 당했다는 사실을 알고 있는가? 스티브 윈이 아버지의 갑작스런 죽음으로 대학 재학 중에 빚더미에 앉은 아버지의 회사를 물려받은 사실을 알고 있는가? 아니면 메릴린치의 전 CEO인 스탠 오닐이 끔찍하게 가난한 가정에서 태어나서 어린 시절 가족의 생계를 돕기 위해 목화를 땄다는 사실을 알고 있는가?

그들을 비롯한 대부분의 승자들의 공통점은 무엇일까? 첫째, 그들은 모두 엄청난 장애물을 만났다. 둘째, 그들은 모두 실패를 여러 번 경험했다. 그리고 셋째, 아무리 상황이 나쁘게 돌아가더라도 그들은 포기하지 않았다. 그들에게 결코 포기란 없었다.

그들은 왜 포기하지 않은 걸까? 그들이 밑바닥에서 출발해 하루 16시간씩 평생을 목숨 걸고 일하게 된 계기는 무엇일까? 당신에게 충분한 돈이 있다면 정보와 영향력, 만남과 칭찬 등 그 어떤 것도 살 수 있다. 그러나 열정이 없다면 다른 걸 아무리 많이 갖고 있더라도 결코 계속하지도, 승리하지도 못할 것이다.

포기하고 싶은 충동과 맞서라. 야구 영화 〈그들만의 리그〉에 나오는 지미 듀건(톰 행크스 분)은 이렇게 말했다. "힘들 것이다. 힘들지 않으면 누구나 할 것이다. 어려움을 극복해야 위대해진다."

앞으로 나아가게 하는 강력한 힘

어떤 걸 열정이라고 말하지 않는지부터 정리해 보자. 대부분의 미국인들은 월마트 매장과 32킬로미터 거리 내에서 산다. 조그만 마을이나 시골 공동체라면 월마트는 그 지역에서 가장 많은 직원을 고용한 회사 중 하나일 것이다. 월마트는 신발, 시리얼, 콘택트렌즈, 엔진오일, 바나나, 소총 등 대부분의 물건들을 마을에서 가장 저렴한 가격에 파는 데 열정적이다. 반면 매장, 종업원, 제품 등 그 외의 다른 모든 것들에는 정말로 열정적이지 않다.

미국에 있는 어떤 코스트코 매장에 들어가도 직원들에게 매장가와 제품 구성에 대해서 물어보는 70대 중반의 노인을 목격할지 모른다. 그는 백화점에서 파는 가격 절반에 땅콩이나 디자이너가 만든 바지를 살 수 있기를 바라는, 저가 상품을 찾는 노인이 아니다. 그는 소매 분야 역사상 가장 혁신적이면서도 강력한 인물 중 한 명인 코스트코의 공동 창업자이자 CEO 짐 시네갈이다. 시네갈은 매년 400개가 넘는 코스트코 매장들을 거의 모두 방문하기 때문에 이론상으로는 전 직원이 그를 만나볼 기회를 갖는다.

지금으로부터 27년 전에 시네갈과 그의 파트너인 제프 브로트먼은 고객들에게 '더 이상 좋을 수 없는' 가격으로 물건을 팔기 위해서 창고형 매장을 열기로 결심했다. 이 아이디어는 말 그대로 더 이상 좋을 수 없는 결과를 가져왔다.

시네갈은 그의 가격 정책을 이렇게 설명했다.

우리는 항상 우리와 경쟁사들 사이에 얼마나 큰 간격을 만들 수 있는지 알고 싶어 한다. 궁극적으로 경쟁사들이 우리를 보고 '저 사람들 정말 미쳤다. 우리, 다른 데 가서 영업하자'라고 말하게 하기 위해서다.[48]

시네갈이 대학 강의실에서 소매 영업을 배운 건 아니었다. 그는 18세부터 캘리포니아 남부에서 최초의 할인 창고 매장 중 한 곳인 페드마트(Fed-Mart)에서 매트리스를 내리고 제품을 포장하면서 전문 소매 교육을 받았다. 그는 페드마트의 고위직까지 올라간 이후 47세의 나이에 코스트코를 시작했다.

그는 열정적으로 배우고 직원들과 적극적으로 소통하면서 기업의 모든 면에 관심을 쏟는다. 그 자신이 말했듯이 "소매업에선 세부적인 데까지 신경을 쓰는 게 중요하다." 그의 사무실은 항상 그와 대화하려는 직원들에게 개방되어 있다. 그는 단 한 명의 PR 전문가도 고용하지 않고, 종종 문의 전화를 직접 응대하고, 소비자들이 보내온 수백 통의 이메일을 매일 읽는다. 이것은 수십억 달러 자산을 가진 CEO가 흔히 하는 일은 아니다.

시네갈은 또한 소비자 만족도 면에서 절대로 현재의 상태에 안주하는 법이 없다. 그렇기 때문에 코스트코는 소매업자들 사이에서 비교 불가능한 정도로 좋은 평판을 얻고 있는 것이다. 또한 시네갈은 어떤 물건이라도 가격을 14퍼센트 이상은 올리지 않는다는 원칙을 견지해서 분석가들과 주주들의 분노를 사기도 하지만, 그러한 정책은 코스트코를 할인 소매 업계의 1등 기업으로 만들었다. 코스트코는 계속해서 미국 고객 만족 지수에서 1위나 1위 근처에 머문다.

사실상 시네갈보다 코스트코에 대해 더 열정적인 사람들은 그곳 회원들이다. 코스트코에서 쇼핑할 권리를 얻기 위해 매년 45달러 내지 100달러의 회비를 내는 회원이 5,500만 명이 넘는다.

이 사람들은 현금 계산대를 통과하는 데 20분 이상 걸리기도 하는 줄에 서서 침착하게 자기 차례를 기다릴 용의가 있다. 그들에게서 초조함은 느껴지지 않는다. 고객들은 기다려야 하지만 그들에게 코스트코의 가치, 서비스, 품질은 기다림을 감수할 만큼 정말로 좋다.

효과적인 커뮤니케이션이나 설득의 기술과 달리 열정은 학습하고, 개발하고, 위조하기 어려운 감정이다. 어떤 것에 관심이 있는 척할 수도 있고 하는 일에 대해서 열정적인 것처럼 보이게 할 수도 있지만, 진정한 열정은 억지로 만들 수 없다.

열정은 어떻게 성공으로 직결되는가

승자는 먹고 숨쉬고 말하고 자고, 열정적으로 산다. 일은 그들의 '일부'이며, 어떤 경우 일이 그들의 정체성을 완전히 정의하기도 한다. 승자는 단순한 관심이나 호기심보다 훨씬 더 심오하면서 보다 강력한 뭔가에 따라서 움직이기 때문에 완벽함을 추구한다. 그들은 일을 더 잘할 수 있는 방법과 일을 더 잘할 수 있는 장소 찾기를 멈추지 않는다. 그들은 사람들의 기대치를 뛰어넘기 위해서 훨씬 더 노력할 수 있는 사람들이다.

최고의 광고주들은 열정이 뭔지를 이해한다. 그들은 우리의 감정뿐만 아니라 우리의 기억을 사로잡는 30초짜리 광고에서도 열정을 일으킨다. 어떤 종류건 열정을 강조하는 광고 문구가 가장 기억하기가 쉽고 광고가 사라진 후에도 오랫동안 우리 기억에 남는다.

다음 세 가지는 진정한 승자들을 보통사람들과 구분해 준다.

- 비전 없는 감정은 아무 이유 없이 성질을 부리는 것이다.
- 감정 없는 비전을 가져봤자 당신은 아무것도 못한다. 그런 비전에는

추진력이 부족하기 때문이다. 좋은 싸움을 계속할 이유가 사라진다.

• 비전 없는 약속은 의미가 없다. 분명한 방향이 없이는 성취해도 성취감을 느끼지 못하기 때문이다.

기업 커뮤니케이션과 정치 커뮤니케이션을 보면 실제 사람들과의 소통이 부족하기 때문에 열정이 결핍되는 경우가 많다. 나는 지금까지 오랫동안 인간의 역동성에 대해 전혀 감을 잡지 못하고 사실, 숫자, 통계만을 가지고 맹목적으로 떠드는 많은 CEO들, 마케팅 회사 임원들, 의원들을 비판해 왔다.

내가 말한 그런 '감'은 기업들에게서 내가 가장 중요하게 생각하는 것이며, 그것의 유무에 따라 이기는 사람과 단순히 생존하는 사람이 나뉜다.

J 크루의 미키 드렉슬러는 열정이 없어 하는 일마다 고통받은 한 CEO의 이야기를 들려주었다. "그는 30년 동안 회사를 경영해 왔는데 그를 만나면 그에게 잔디 깎는 일도 맡기고 싶지 않을 것이다. 그에게는 열정이 전혀 없다. 그는 지루하게 산다. 그는 매일 직장에서 지루한 모습을 보였다. 창조성이나 호기심도 없다. 호기심이 없는 사람은 성공할 수가 없다. 특히 모든 것이 몇 달 만에 사라지는 기업 세계에서는 더욱 그렇다."

벤 코헨과 제리 그린필드가 1977년 버몬트에 있는 한 오래된 주유소에서 두 사람의 첫 번째 아이스크림 가게 밴앤제리의 문을 열었을 때 그들은 뭔가 다른 걸 만들고 싶었다. 그들은 수익성 높은 기업을 세우고도 싶었지만 그보다도 세계 안에서 변화를 일으키고 싶었다. 그들은 지역사회에 뭔가를 되돌려주고 싶었다.

그들은 처음에 지역 축제에 공짜 아이스크림콘을 기부하는 것으로 원하던 일을 조그맣게 시작했다. 사업이 성장하자 이익의 상당 부분을 자선단체에 기부하고, 이류 납품 업체들과 제휴 관계를 맺고, 친환경 포장 방법을 개발하면서 그동안 해오던 노력을 확대했다.

벤과 제리가 가진 사회적 책임에 대한 열정은 제품 개발에서 마케팅, 인사, 경영에 이르기까지 사업의 모든 면에 영향을 미쳤다. 이익 마진이 줄어들게 됐을 때도 마찬가지였다. 결과는 놀라웠다. 버몬트의 오래된 주유소에서 출발한 두 사람의 아이스크림 사업은 매년 수억 달러의 매출을 올리는 대형 사업으로 성장했고,《포브스》,《포춘》,《월스트리트 저널》같은 신문 잡지들은 2000년에 두 사람이 회사를 유니레버에 매각할 때까지 미국에서 가장 존경받는 회사 가운데 하나로 선정했다.

열정은 위로부터 생겨난다

비행기 승객들이 오늘날 미국에서 가장 불만 많은 소비자라는 사실은 놀랍지도 않다. 2008년도에 나온 미시건 대학의 한 연구가 밝힌 미국 고객 만족도 지수를 보면, 항공 산업의 점수는 100점 만점에 62점에 불과하다. 미국 국세청(IRS: Internal Revenue Service)의 점수는 65점인데,[49] IRS보다 점수가 낮을 정도라면 정말 문제가 많은 것이다.

이 연구에 따르면 고객 만족도를 떨어뜨린 요인은 무관심한 직원, 연료비 상승, 파산 그리고 사상 최고 수준까지 올라간 수화물 유실과 발송 지연과 손상 등이었다.

이런 와중에도 진정한 열정의 모범이 되는 예외적 항공사가 있다. 그 주인공은 사우스웨스트 항공이다. 이 항공사는 매년 항공 업계 만족도 부문에서 1위를 차지하고 있다. 2009년 사우스웨스트의 고객 만족도 지수는 81점으로 업계 평균에 비해 17포인트나 더 높았고, 불친절한 승무원들과 수화물 유실 사례를 말할 때 내가 자주 예로 드는 US에어 같은 다른 주요 경쟁사들에 비해서도 훨씬 더 점수가 높았다.

사우스웨스트는 어떻게 이런 성과를 내는 것일까? 사우스웨스트를 다른 항공사들보다 더 뛰어나게 만드는 요인은 무엇일까? 이 질문에 대한 답은 '변화 요구와 승리하려는 추진력'에서 찾을 수 있다.

롤린 킹과 허브 켈러허는 보통 사람들을 위한 기존과 다른 항공사를 만들기로 결심했다. 두 사람은 '최대한 낮은 가격으로 승객들을 원하는 목적지로 데려가고, 승객들에게 좋은 시간을 갖게 하자'라는 단순한 목표로 사우스웨스트를 시작했다.

그들은 한 비행기 모델만을 사용하는 등 경영의 단순화와 표준화를 통해서 비용 효율화를 달성하고, 비행기 이착륙 대기시간을 줄이고, 항공료를 현저히 낮췄다. 그리고 친절하고, 빠르고, 신뢰할 수 있는 서비스를 제공하기 위해서 에너지와 자신감이 넘치고 팀 지향적인 젊은 직원들을 채용했다. 그리고 지난 40년 동안 그들은 늘 그렇게 해왔다.

사우스웨스트는 1971년에 4대의 비행기를 가지고 3개 도시('텍사스 트라이앵글'이라고 불리는 댈러스, 휴스턴, 샌안토니오)를 운항하며 처음 경영을 시작해서 연간 200만 달러의 매출을 올렸다. 더 강력한 대형 경쟁사들이 소송을 제기하는 등 공격을 해왔지만 사우스웨스트는 어려움을 극복하고, 항공 여행이 너무 비싸다고 생각했던 수백만 명의 사람들에게 하늘길을 열어주었다.

텍사스의 조그만 마을에서 시작한 이 항공사는 미국 최대 항공사 중 하나로 성장했다. 오늘날 연간 1억 명의 승객들이 사우스웨스트를 이용해 미국 내 66개 도시로 여행한다.

CEO 게리 켈리는 사우스웨스트와 다른 회사들 사이의 차이점에 대해 간단히 이렇게 말했다.

사우스웨스트 사람들은 함께 일하면서, 서로 사랑하고, 서로 존중한다.[50]

사우스웨스트의 브랜드 로고에 '마음'이 포함되어 있다는 사실이 놀랍지 않다. 참 똑똑한 로고이다. 사우스웨스트에게 비행은 정말로 마음과 사랑과 열정의 문제다. 그리고 만나는 모든 사우스웨스트 직원들로부터 그렇다는 걸 확인할 수 있다.

사우스웨스트 인사 담당 부사장인 리비 사튄은 "본인이 맡은 일을 당연한 임무라고 생각하고 고객과 회사를 위해서 충성을 다하는 직원들"을 찾는다. 그런 직원들은 사욕보다는 '대의'를 소중하게 생각한다.[51] 사우스웨스트에서는 고위 임원에서부터 수화물 취급자에 이르기까지 모든 사람들이 현장에서 결정할 수 있는 자유를 누린다.

직원들은 창조적이고 독창적으로 일하도록 권유받는다. 그들은 자기 주도적으로 개선을 도모하고, 딱딱하고 격식을 차리는 경쟁사 직원들과 달리 노래와 춤과 농담 던지기 같은 자기만의 독특한 방식으로 고객을 접대한다.

직원들의 눈과 미소를 보면 그들이 사우스웨스트에서 일하는 걸 정말로 원한다는 걸 알 수 있다. 그리고 그들은 승객들도 다른 항공사 대신에 사우스웨스트를 이용하고 싶게 만든다. 다른 항공사의 직원들이 마지못해 일한다는 느낌을 주는 것과 대비된다.

열정은 위에서부터 생겨난다. 사우스웨스트에서는 첫날부터 그랬다. 서커스단 단장이었던 P. T. 바넘을 일부 닮고 워렌 버핏도 일부 닮은 켈러허는 라이트 형제들 이후 존재해 왔던 딱딱한 항공 기업 스타일을 공개적으로 거부했다.

사우스웨스트는 회사 구석구석에 즐거움이 넘쳐난다. 1972년에 사우스웨스트 비행기 승무원들은 사람들의 관심을 끌기 위해서 군복 스타일의 유니폼 대신에 꽉 끼는 바지를 입었다.

1992년에 켈러허는 "똑똑하게 비행하라(Just Plane Smart)"라는 광고 문구에 대한 권리를 다투기 위해서 법정에 서기보다는 그 문구의 권리를 주장한 회사의 사장에게 문구의 권리를 걸고 팔씨름 시합을 하자는 이색 제안을 하기도 했다. 결과적으로 그는 팔씨름 시합에서 졌지만 어쨌든 광고 문구의 사용권을 얻게 됐고, 두 CEO의 팔씨름 대회가 세간의 주목을 끄는 동안 그들은 법정 다툼을 했을 경우 썼을 돈을 자선단체에 기부했다.

켈러허가 낸 이 이색 아이디어는 사우스웨스트 직원, 고객 그리고 비행기 이용객들에게 돈으로 환산할 수 없는 좋은 이미지를 남겨주었다.

승객들은 사우스웨스트 비행기에서만 승무원들이 비행기 안전 규정을 랩으로 전달하는 광경을 볼 수 있다. 랩보다 컨트리 뮤직을 더 좋아한다면 이륙하기 전에 구수한 컨트리 송으로 사우스웨스트가 주는 혜택들을 설명해 주는 승무원들을 만날 수 있다.

사우스웨스트가 중시하는 자유로운 정신과 선도 기업이 된 배경 뒤에는 회사의 발전을 위해서 희생을 각오하는 똑똑하고 혁신적인 CEO인 켈러허가 있다. 사우스웨스트는 비행한 마일이 아니라 여행 횟수에 따라서 혜택을 주는 식으로 상용 고객 우대 프로그램을 단순화시킨 최초의 항공사였다. 사우스웨스트는 또한 최초로 무탑승권 여행 및 노인 할인 서비스, 일명 땡처리 요금제(Fun Fare), 장난감 세트 제공 서비스(Fun Packs), 일일 항공 화물 배달 서비스 등을 제공했다.

그리고 사우스웨스트가 조종사 노조로부터 5년간의 임금 동결안에 합의를 얻어내야 했을 때 켈러허는 자신의 임금도 5년 동안 동결하여 자신도 하기 싫은 일을 직원들에게 요구하지 않겠다는 걸 보여줌으로써 직원들로부터 존경을 받았다. 켈러허는 임금 동결로 7,500만 달러에서 1억 달러의 보상이 줄어들었지만 직원들의 신뢰와 5년 동안 노사분규 없는 회사를 얻었다.

또한 다른 항공사들이 계속해서 소비자들의 돈을 야금야금 먹는 방법들을 찾을 때 사우스웨스트는 이미 기정사실이었던 '모든 사우스웨스트 비행기의 수화물은 공짜'라는 사실을 부각하는 광고를 내보내고, 50대가 넘는 비행기에 "공짜 가방들은 사우스웨스트를 탄다(Free Bags Fly Here)"라는 광고 문구를 붙여 알렸다.

재미있고, 가격이 적정하고, 신뢰할 만한 항공사라는 것 외에 사우스웨스트에는 또다른 차별점이 존재한다. 그들은 흑자를 낸다는 것이다. 사우스웨스트는 50여 년 연속으로 매년 흑자를 내왔다. 유가가 급등하고 항공 여행 시장이 위축되었지만 경쟁사들과 달리 사우스웨스트는 흑자를 내고 있다.

직원들의 솟아나는 열정과 똑똑한 경영 전략, 높은 고객 만족으로 인해 사우스웨스트는 항공 업계의 선도 기업이자 노동자들의 생산성과 수익성을 높이기 위해 노력하는 다른 수천 개 기업들의 귀감이 되었다.

사우스웨스트가 입증했듯이 열정은 전염되며, 열정을 가지고 살기 위해서는 그것을 직접 보고 느껴야 한다. 아무리 강요해도 다른 사람들이 당신을 따르도록 동기를 부여해 줄 수는 없다. 열정을 전염시키기 위해서는 당신의 감정, 비전, 약속을 사람들이 이해하고 듣고 싶어 하는 언어로 바꿔놓아야 한다.

열정은 그들을 전설로 만들었다

스티븐 클루벡은 열정의 화신이다. 지금으로부터 8년 전에 그는 라스 베이거스 한 곳에만 있던 회원제 숙박 시설 건설사의 CEO였다. 오늘날 그는 세계에서 두 번째로 큰 민간 소유의 회원제 숙박 시설 건설사인 다이아몬드 리조트의 CEO다.

그는 자신이 하는 일에 너무나도 헌신적이고 열정적이다. 개인 이메일 주소가 적힌 명함을 자신이 소유한 전 세계 100곳이 넘는 리조트의 프런트 데스크에 눈에 띄게 비치해 놓았다. 그의 블랙베리는 온갖 의견, 요청, 요구를 전하느라 계속 울리는데, 그는 모든 전화에 일일이 다 응대한다.

대고객 만족 서비스를 위한 열정으로 무장한 클루벡은 아무런 사전 통보 없이 모든 리조트들을 방문하여 직원들을 깜짝 놀라게 한다. 그는 리조트 소유자와 회원들 간의 일대일 대화를 원칙으로 삼으며, 밤늦게까지 몇 시간씩 전화 통화를 하기도 한다.

그는 예고 없이 프런트 데스크에 등장해서 10개의 열쇠를 요구한 다음 각 방을 일일이 방문해서 청결, 위생, 인테리어 등을 점검하며, 항상 방의 상태가 최상으로 유지되는지 확인한다. 또 수건을 접는 일부터 매출 현황 수정에 이르기까지 직원들을 도와 어디서나 무슨 일이든 한다.

그는 동트기 전에 일어나 유럽으로 전화를 걸면서 하루를 시작하고 자정이 지나 하와이에 거는 전화로 하루 일과를 마무리할 때까지, 시간대별로 해야 할 일을 정해놓고 하루를 공략하면서 살아간다.

클루벡은 "나는 사탕 가게에 있는 아이와 같다!"라고 말했을 정도로 자신이 하는 일을 사랑한다. 그는 사랑하는 가족과 연결되어 있고, 매일같이 꽉 짜인 업무 일정을 소화하며, 잠을 많이 자지 않고도 전력을 기울여서 일할 수 있는 능력이 있다. 이와 더불어 그의 열정은 그에게 강력한 리더가 될 수 있는 에너지를 준다.

전 세계 거의 모든 시간대에 일하는 사무실들이 있는 회사를 소유하고 있고, 모든 이메일과 전화에 즉시 응대해야 한다면 전력을 다해 일해야 한다. 그런데 열정이 있어야 그것이 가능하다. 열정은 일을 놀이로 바꿔놓는다. 열정은 일을 놀라움으로 바꿔놓는다. 그리고 열정은 다른 사람들이 모두 잠이 든 새벽 2시에도 계속해서 일할 수 있게 해준다.

잭 웰치, 리 아이아코카, 빌 게이츠, 스티브 잡스, 마이클 델, 도널드 트럼프 같은 '대형' 승자들이 멈추지 않고 계속해서 나아가게 된 동기가 무엇이었을까? 큰 성공을 거두고 많은 돈과 권력을 쥐고 승승장구하면서도 계속해서 새로운 비전을 추구하고 새로운 목표에 정진하게 만든 게 무엇이었을까? "열정이 없으면 에너지도 없고, 에너지가 없으면 아무것도 가질 수 없다"라고 했던 트럼프의 말이 이 질문에 가장 적절한 대답이 될 것 같다. 한 가지 확실한 건, 이들의 성공을 만든 건 돈만이 아니었다는 사실이다.

가장 열정적인 사람들은 할리우드에도 있다. 1979년 베트남 전쟁을 배경으로 만든 영화 〈지옥의 묵시록〉은 어떤 프로젝트에 열정을 느낄 때 준비를 한다는 게 어떤 의미인지 완벽하게 보여준다. 프랜시스 포드 코폴라 감독은 영화 제작 10년 전부터 품었던 꿈을 실현하고자 했는데, 열정과 인내로 결국 소기의 성과를 거두었다. 몸과 마음 그리고 한평생의 희생 없이는 불가능한 일이었다.

처음에 코폴라는 〈대부〉 1편과 2편으로 거듭 성공을 거둔 상태였기 때문에 〈지옥의 묵시록〉을 쉽게 만들 것으로 생각했다. 그렇지만 캐스팅에서부터 경고 신호가 나타났다.

코폴라는 3년 동안 베트남에서 군 복무를 한 베테랑 장교인 주인공 벤

저민 L. 윌러드 대위 역으로 제일 먼저 배우 스티브 맥퀸을 선택했다. 그러나 맥퀸은 촬영을 위해서 17주 동안 미국을 떠나 있기 싫었기 때문에 배역을 거절했다.

알 파치노도 윌러드 대위 역을 제안받았지만 그 역시 그렇게 오랫동안 미국을 떠나 있고 싶지 않았고, 〈대부〉 2편을 촬영하던 도중에 도미니카 공화국에서 쓰러진 적이 있어서 정글에서 촬영하다가 또 쓰러질까 봐 두려워했다.

그 외에 코폴라는 잭 니콜슨, 로버트 레드퍼드, 제임스 칸 등에게 월터 커츠 대령(말런 브랜도 분)이나 윌러드 대위 역을 제안했다. 윌러드 대위 역은 결국 하비 케이틀이 낙점을 받았지만 촬영이 시작되고 불과 며칠 뒤 코폴라는 로스앤젤레스로 날아가서 그 배역을 마틴 쉰으로 교체해야 했다.

코폴라는 이 영화 작업을 하면서 엄청난 스트레스를 겪었다. 그가 극복해야 했던 몇 가지를 정리해 보면 다음과 같다.

- 영화 촬영 도중에 거대한 폭풍이 필리핀을 강타해서 세트장이 무너져 제작이 중단됐으며, 배우들과 스태프들이 서로 별도의 장소에 고립됐다.
- 보디가드들이 하루 종일 지켰지만 어느 날 급여를 몽땅 도둑맞았다.
- 마틴 쉰이 심장마비를 일으킨 후 도움을 구하러 400미터를 헤매고 다녔다.
- 페르디난드 마르코스 집권 필리핀 정부는 영화 촬영이 진행되던 곳에서 반군과 전투를 벌였고, 전투 장면을 찍는 데 필요했던 헬리콥터들을 몰수하고 조종사들을 데려갔다.
- 브랜도가 심각한 과체중 상태로 세트장에 모습을 드러냈다. 이 모습

을 본 코폴라는 "브랜도가 원래 대본에 적힌 대로 장면을 찍기에는 너무 뚱뚱해졌다"라는 이유로 엔딩을 없앴다.

필리핀 정글에서의 가혹한 촬영은 원래 17주면 끝날 걸로 예상했지만 실제로는 16개월이 걸렸다. 더군다나 편집에만 3년이란 시간이 걸렸다. 1,400만 달러의 제작비가 들어갈 예정이었지만 3,100만 달러로 두 배 이상 늘어났고, 결국 감독과 제작사 모두 심각한 재정 위기에 봉착했다. 그러나 코폴라는 포기하지 않았고, 굴복하지 않았다.

이런 모든 난관을 이겨내고 탄생한 〈지옥의 묵시록〉은 칸 영화제 황금종려상을 수상했고, 아카데미 최우수 작품상 후보에 올랐으며, 골든 글로브 최우수 작품상을 수상했고, 현재 21세기 '최고의 영화' 목록 수십 곳에 이름을 올려놓고 있다. 이 영화는 미국 최초로 돌비 서라운드 스테레오로 녹음한 70밀리 영화였다. 이 기술은 나중에 영화 산업에 일대 혁명을 일으켰다.

점점 더 커지는 어려움과 상상조차 하기 힘든 문제들을 극복하려는 코폴라의 열정과 불굴의 의지가 없었더라면 그는 자신의 비전을 성취해 내지 못했을 것이다. 또한 그가 만든 전쟁 서사시는 실패한 또다른 할리우드 영화에 불과했을지 모른다.

강렬한 시각적 효과로 열정을 전달하라

열정을 전달하기 위해서는 말만큼이나 시각적인 효과가 중요하다. 잘못된 시각 효과는 말을 뒤집거나 사람들이 몰입할 수 없게 만들어서 메시지를 완전히 잘못 전달할 수 있다.

펜실베이니아 대학에서 학생들을 가르치면서 나는 말이나 노트를 활용한 적이 없었다. 나는 언제나 모든 학생들과 눈을 마주치기를 원했다. 나는 교탁 위에 서서 가르치지 않았다. 교실 뒤편에 있는 사람들과도 소통하고 내 강의에 집중하게 만들려고 학생들 곁을 걸어 다니면서 강의했다.

우리는 수업이나 프레젠테이션 시간에 앞에 있는 사람들이 가장 집중을 잘 한다는 걸 알고 있다. 그 사람들이 가장 많이 배운다. 300명의 학생들을 모두 열정적으로 상대하기는 어렵다. 그들이 멀리 떨어져 있다면 더욱 그렇다. 그러나 그들과 섞인다면, 그들 바로 곁에 있다면, 확성기를 이용한 것처럼 그들이 당신의 강의를 더 잘 듣게 할 수 있다.

의회에서 내가 했던 프레젠테이션도 별반 다르지 않다. 나는 일부러라도 의회 안을 계속해서 돌아다닌다. 나는 의원들이 한눈 팔 기회를 주지 않는다. 그들은 답장해야 할 이메일이 있거나 받아야 하는 전화가 걸려올 때 종종 한눈을 판다. 한눈을 팔아도 내 말을 계속 듣고 있을지 모르지만 그들이 '경청'하는 건 아니다. 다시 말해서 그들은 아무것도 배우지 않는다. 이것은 학생의 잘못이 아니라 교사의 잘못이다.

열정은 어떤 커뮤니케이션 전문가라도 반드시 전달해야 할 의무다. 프레젠테이션을 할 때 나는 청중들이 질문을 받을까 봐 두려워하기를 바란다. 그런 청중들은 내 말을 한마디도 놓치지 않고 듣는다. 그런 두려움을 조장하기 위해서 나는 다양한 청중들과 시선을 맞추면서, 그들과 의미 있는 관계를 맺는다.

원고를 그대로 읽기만 해서는 열정적인 연설을 하기 어렵다. 연설문을 넘기느라 바쁘면 정신을 번쩍 들게 하는 강력한 감정을 청자들로부터 이끌어낼 수가 없다.

2001년 9·11 사태 직후 조지 W. 부시 당시 대통령은 세계무역센터가 있었던 그라운드 제로의 그을린 잔해 더미 위에 올라갔다. 그는 한 손에 휴대용 확성기를 들고, 또다른 손은 생존자 수색을 위해서 잔해를 치우고 있던 구조대원의 어깨 위에 올렸다. 그는 상상할 수 없는 고통과 실의의 순간에 주위에 모여 있던 사람들을 돕고 용기를 북돋워주고자 연설을 시작했다.

그러자 군중들 틈에 서 있던 한 남성이 "소리가 들리지 않는다!"라고 소리쳤다. 부시 대통령은 잠시 연설을 중단한 채 "나는 당신의 목소리를 들을 수 있다. 전 세계의 다른 사람들도 그렇다. 그리고 이 건물들을 무너뜨린 사람들도 곧 우리 모두의 목소리를 듣게 될 것이다"라고 말했다.[51]

그는 미국인들이 그 결정적인 순간에 느끼고 듣고 싶었던 것을 제대로 포착했다. 그것은 미국의 총사령관이 국민들을 고무한, 미국 역사상 보기 드문 사례 중 하나였다. 그는 자신의 열정과 감정을 미국인들을 진정으로 감동시키는 단어들로 표출했다.

그가 준비된 연설의 일부로 그런 말을 했다면 억지로 꾸몄다는 느낌을 주었을 것이다. 그런 연설은 즉석에서 자발적이고 전혀 예상치 못한 순간에 해야 효과가 있다. 부시의 말은 모두를 깜짝 놀라게 하면서 그가 그 이전이나 그 이후에 할 수 없었던 방식으로 소통하게 해주었다.

보디랭귀지는 열정을 시각적으로 나타내는 효과를 낸다. 손과 팔을 흔드는 방식, 방 안을 돌아다니는 방식 그리고 서 있는 방식이 모두 당신이 전달하는 메시지의 열정과 다른 사람들이 느끼는 열정을 키우는 데 도움을 준다. 양손을 주머니에 넣고 있거나 팔짱을 끼고 있을 때는 열정적일 수 없다. 그러한 자세는 당신과 사람들 사이에 벽을 세우는 것과 같아서, 바람과는 다르게 그들을 억지로 밀어낸다.

비즈니스 사회에서 이런 자세는 특히 문제가 된다. 많은 CEO들은 자신이 통제력을 보여주고 있다고 생각하면서 끔찍한 보디랭귀지를 사용한다. 그들은 자신이 자신과 방 안에 있는 모든 사람들 사이에 장애물을 세움으로써 신뢰를 훼손하고 있다는 사실을 깨닫지 못한다. 이러한 단절은 종종 회의의 질의응답 시간에 생기는데, 사실은 이때가 CEO들의 열정을 보여줄 수 있는 최적의 시간이다. 사람들과 자발적으로 일대일 커뮤니케이션을 할 수 있기 때문이다.

그러나 이때 팔짱을 끼는 순간 청중의 반응은 수그러든다. 이러한 보디랭귀지는 "내게 맞서지 말라"는 말과 같기 때문이다. GM의 전 CEO인 프리츠 헨더슨은 강건한 리더이자 커뮤니케이션 전문가였지만, 그가 팔짱을 낄 때마다 사람들은 그를 다른 사람들이 어떤 생각을 하는지 무관심한 사람으로 봤다.

시각적으로 안 좋은 또다른 행위는 손가락을 흔드는 것이다. 다음에 TV에서 연설하는 정치인을 보게 된다면 그가 카메라를 향해 얼마나 자주 손가락을 흔드는지를 보라. 그것은 열정과 무관하다. 열정적인 사람들, 즉 다른 사람들을 진정으로 배려하고 자신이 하는 말을 믿는 사람들은 손가락을 흔들면서 이야기하지 않는다. 그들은 이야기의 이해를 돕고자 손을 충분히 움직이며, 양팔을 충분히 뻗고 손바닥을 위로 향한 채 말한다. 그러면 사람들의 기분이 고취되고, 포용적이고 권위가 느껴지는 분위기가 연출된다. 그런 태도는 사람들의 관심을 끌고 집중하게 만드는 강력한 시각 효과를 낸다.

메시지 전달을 위해서 이미지를 사용할 때 가장 효과적인 것이 단발성 시각 효과를 주는 것이다. 순간적으로 매우 강한 인상을 줘서 다른 데로 관심을 돌릴 수 없을 정도로 강력한 감정적인 반응을 일으키는 사진이 예가 될 수 있다.

허리케인 카트리나가 휩쓸고 지나간 후의 뉴올리언스 사람들이나 지진이 일어난 뒤의 아이티 사람들 모습이 담긴 이미지들을 떠올려보자. 비참하고 고통스러운 삶을 살아가는 그들의 모습이 하나의 카메라와 하나의 렌즈와 한 사진가를 통해서 고스란히 전달된다. 이러한 이미지들은 당신이 그들을 돕고 싶게 한다.

나와 계약을 맺은 출판사인 하이페리온은 수단의 다르푸르 지역을 주제로 한 책을 만들었는데, 표지 전체를 밝은 녹색 눈을 가진 한 소녀의 인상적인 얼굴로 디자인했다. 이 시각적 효과가 너무 강렬했기 때문에 나는 책을 집어 들고 사람들을 만나서 책 제목 『우리가 보지 못한 세계: 다르푸르와 그 외 지역의 학살을 종식시키기 위한 임무(*Not on Our Watch: The Mission to End Genocide in Darfur and Beyond*)』나 책 표지 중 어느 게 더 흥미로운지를 물었다. 그러자 그들은 만장일치로 책 표지를 골랐다.

책 표지는 그것을 본 사람들 사이에서 열정을 일으켰다. 사람들은 표지의 주인공인 소녀와, 그녀와 같은 처지에 있는 사람들을 돕고 싶어 했다.

사진은 사람들이 같은 감정을 가지고 행동하게 했다. 사진 한 장은 정말로 1만 단어만큼의 가치가 있다.

그와 반대로 시각적 열정을 보여주지 못하는 조직들은 선언이나 약속이나 대의명분을 후원하는 사람들의 목록이 담긴 광고를 내보내는 데 그친다. 목록에 거론된 사람들을 제외하고는 아무도 읽지 않는 수십 명의 얼굴 없는 이름들이 나오는 그런 광고들을 봤을 것이다. 길게 나열된 명단은 열정이 아니다.

완벽하게 열정적인 시각 효과

1. 적은 게 더 큰 효과를 낸다. 한 장의 사진이 하나의 몽타주보다 더 나을 수 있다.

2. 한눈팔지 못하게 만든다. 강력한 인상으로 관심을 모아 집중시킨다.

3. 지적·감정적으로 소통하게 한다.

4. 어떤 단어들을 덧붙이지 않아도 그림 한 장만으로 강력한 메시지를 전달할 수 있다.

5. 최소한의 단어들만 가지고도 더 많이 배우고 더 많은 일을 하고 싶게 한다.

6. 흑백 이미지는 전면 컬러 이미지만큼 호소력이 강하다.

열정을 전염시키는 기술

승자들과 범인들 사이의 가장 큰 차이점은 주위 사람들에게 자신의 열정을 전달하는 방식에서 찾을 수 있다. 내가 미국에서 가장 성공한 정치인, CEO, 기업인, 연예계 인사들과 20년 전부터 같이 일하고 대화해 오면서 느낀 건, 그들이 자신이 가진 열정만큼이나 주위 사람들의 열정도 고취시킬 수 있는 능력을 가지고 있다는 것이었다.

가정용 건축자재 판매 회사인 로우스(Lowe's)는 내 열정적인 고객사들 중 한 곳이다. 나는 2008년에 라스베이거스에 있는 호화로운 호텔 만델레이 베이에서 열린 연례 매장 관리자 회의에 초대받아서 간 적이 있다. 로우스의 모든 고위 임원들이 지역과 지구 관리자들 및 1,500명이 넘는 매장 관리자들과 함께 회의에 참석했다.

회의실 안에서는 엄청난 에너지가 감지됐다. 정말 매혹적인 에너지였다. 회의의 모든 세션은 로우스의 구호로 시작했는데, 그 구호를 외치는 시간은 하루의 시작을 알리는 시간이었다! 2,000명이 넘는 사람들이 주먹을 꽉 쥔 채로 팔꿈치를 아래로 내리면서 로우스의 스펠링을 외치는 걸 들으며 어떤 감정적 충격을 느꼈을지 상상해 보라. 그것은 기업 세미나라기보다는 미국 프로 미식축구 팀 댈러스 카우보이스가 여는 야외 파티 같았다.

회의가 진행되면서 관리자들은 무대 위로 호명돼 올라가서 그동안 이룬 공을 치하하는 상을 받았다. 최고의 매출을 올린 사람, 매장 개선을 가장 잘한 사람, 최고의 고객 서비스를 제공한 사람, 매장에서 가장 많은 돈을 아낀 사람별로 상을 받았다. 그 순간의 에너지는 전염성이 매우 강했다. 한 사람이 상을 받으면 다른 모든 사람들도 함께 상을 받는 느낌이 들기 때문이다. 그 느낌은 정말로 강력해서, 에너지가 마치 회의실을 들어 올리는 것처럼 느껴졌다.

로우스는 열정을 전염시킨다. 수십 명의 승자들을 선별해서 그들이 이룬 업적을 치하함으로써 회의실 안에 있던 모든 사람들이 공유할 수 있게 하여 회의실에 모인 3,000명 모두를 승자로 만들었다.

그리고 놀기 위한 목적으로 라스베이거스 같은 장소에서 연례 회의를 개최하는 많은 기업들과 달리 로우스 사람들은 그곳에서 일을 했다. 그들은 아침 일찍 그곳에 가서 저녁 늦게까지 떠나지 않았다.

그들은 도박을 하지 않았고, 밤늦게까지 파티를 연 것도 아니었으며, 빈둥대며 시간을 보내지도 않았다. 팀 빌딩, 집단 열정 육성 그리고 회사와 서로를 키우고 지속적인 성취를 도울 수 있는 권한 위임이란 목적을 위해서 그들은 그곳에 갔다.

로우스 같은 기업들이 열정을 능숙하게 전달할 수 있는 이유는 그들이 강력한 이야기꾼들이기 때문이다. 그들은 지금 하고 있는 일이 중요하다는 말만 하고 끝내지 않는다. 그들은 최대한 열심히 일하라고 부탁하거나 '더 적은 재원을 가지고 더 많은 일을 하라'는 식의 짜증나는 도전을 강요하지도 않는다. 그리고 그들은 집을 리모델링하는 방식을 바꿀 테니 믿어달라고 사람들에게 요청하지도 않는다.

로우스가 그런 일들을 하지 않는 이유는 사람들에게 '그냥 말해 봤자' 아무 소용이 없기 때문이다. 당신이 관심이 있는 것에 직원들도 관심 갖도록 동기 부여하려면 그 이유를 알려줘야 한다. 당신이 하는 말이 합리적일 뿐 아니라 감정적으로도 공감한다고 느끼게 해야 한다.

열정이 역효과를 낼 때

한곳에서 모든 걸 먹을 수 있지만 특별히 맛있지는 않은 뷔페처럼, 열정 또한 양날의 칼이다. 열정이 지나치게 많이 분출되면 나쁜 결과가 생긴다. 그동안의 노력이 완전히 무산되고, 어떤 경우 경력이 무너지기도 한다.

2004년 1월 19일 아이오와 주 민주당 대통령 예비선거에서 하워드 딘은 경쟁자들인 존 케리와 존 에드워즈가 막판에 부상하여 실망스럽게도 3위로 밀렸다. 앞서 며칠 동안 독감을 크게 앓았던 딘은 아이오와 주 웨스트 디모인에 있는 발 에어 볼룸에서 자신을 도와준 자원봉사자들을 위해 열린 예비선거 저녁 유세에 참가했다. 그는 참가한 사람들의 사기를 북돋아주기 위해 인상적인 승복 연설을 했는데 예상보다 훨씬 더 큰 환호를 받았다.

딘은 열정적인 청중의 환호에 대고 소리쳤는데, TV 시청자들에게는 청중들이 내는 소음은 마이크로 걸러져서 안 들리고 그가 크게 외친 구호만 들렸다. 집에서 TV를 보고 있던 사람들에게는 그가 완전히 감정에만 휩쓸려 목소리를 높이는 것처럼 보였다.

시각적으로도 악몽 같았다. 그는 얼굴이 벌겋게 상기된 채 연설을 시작했고, 이를 꽉 물고 소매를 걷어 올린 채 그날 저녁 결과가 왜 그에게 완전한 패배가 아니었는지를 큰 소리로 설명했다. 그런 다음에 예비선거 이후로 몇 주 내내 방송을 탄 일명 그의 '고함' 소리가 들렸다.

우리는 뉴햄프셔로 갈 것이고, 우리는 사우스캐롤라이나와 오클라호마와 애리조나와 노스다코타와 뉴멕시코로 갈 것이며, 우리는 캘리포니아와 텍사스와 뉴욕으로 갈 것입니다. (중략) 그리고 우리는 사우스다코타와 오리건과 워싱턴과 미시간으로 간 다음에 워싱턴 D.C.로 가서 백악관을 다시 되찾을 겁니다! 예!!!

딘은 마지막 말 "예!!!"를 특히 톤을 높여서 소리를 지르듯 말했는데, 나중에 그는 본래부터 거친 자신의 목소리가 깨져서 더 그렇게 들렸다고 설명했다. 그날 이후 지금까지 미국 정치계에서 '딘의 고함' 또는 "나는 고함 연설을 할 것이다"라는 은어가 돌아다니고 있다.

딘은 당시 연설이 최고의 이미지를 전달해 주지는 못했다는 사실을 인정하면서 농담조로 그것을 〈데이비드 레터맨 쇼〉에 나오는 '홍조가 된 얼굴로 미친 듯 떠드는 고함'에 비유했다. 그 주에 그는 방송인 다이앤 소여와 가진 인터뷰에서 "조금 당황스럽지만 사과하고 싶지는 않다"라고 말했다. (그러나 이는 중대한 잘못이다. 열정적인 사람들은 가끔 선을 넘는 게 허용되지만, 단 이때는 반드시 사과를 해야 한다.)

'딘의 고함'은 통제 불능 상태에 빠진 열정의 사례라는 점에서 매우 중요하다. 이미지(붉은 얼굴, 삐뚜름한 머리, 환호하는 관중 등)와 언어가 합쳐져서 아주 많은 사람들을 난처하게 만들었다.

열정은 불과 같다. 그것은 당신의 집을 따뜻하게 해줄 수 있지만 태워 없앨 수도 있다. 그것을 가둬놓고 억누르고 있으면 끝장난다. 그것을 잡아서 목표를 향해 발산되게 하면 뭐든지 이룰 수 있다.

열정적인 승자들의 '이기는 말'

> **열정을 표현하는 핵심 문구들**
>
> 1. 상상하라
> 2. 내가 당신을 위해 싸우겠다
> 3. 더 나은 것을 믿어라
> 4. 축하한다
> 5. 자유
> 6. 인생은 모험이다. 나와 같이 하겠는가?
> 7. 어떤 것도 _____보다 중요하지 않다

이 단어들은 당신이 승리하기 위해 해야 할 말과 행동들을 모아놓은 것이다. 이들은 모두 뭔가를 열망하게 하고 기운을 북돋워준다. 또한 평범한 사람과 특별한 사람의 차이를 제대로 정의한다.

상상하라(Imagine): 앞으로 인생이 어떻게 될지 생생하게 그려보게 해 주는 말이다. 당신이 누군가에게 뭔가를 상상해 보라고 할 때 당신은 그들이 그것을 원하고 받아들이도록 하는 일을 절반쯤 한 것이다.

내가 당신을 위해 싸우겠다(Let me fight for you): 이 말은 당신이 옹호자이자 뭔가가 일어나게 하는 데 적극적인 참여자임을 보여준다. 이것은 즉각적이면서도 깨질 수 없는 인간적 유대 관계를 만드는 특별한 개인적 약속의 표시이다. 이 말은 몇 년 전까지만 해도 느낌이 너무 강해서 솔직히 신뢰를 얻지 못했다. 그러나 지금은 비즈니스를 하면서 우리를 위해서 자신의 모든 것을 걸 의사가 있는 사람들이 환영받는다.

더 나은 것을 믿어라(Believe in better): 뉴스 코프의 회장이자 CEO인 제임스 머독이 세계에서 가장 혁신적인 위성 TV 제공 업체인 스카이가 제조하는 제품과 서비스를 묘사하기 위해서 만든 문구이다. 이것은 현재의 상태를 분명히 거부하고 확실한 개선을 원한다는 뜻이다. 또한 이것은 내가 지금까지 봤던 가장 강력한 기업 슬로건 중 하나다.

축하한다(Celebrate): 감사의 뜻을 전달하기 위한 비교적 새로운 방법이다. 이것은 승인과 감사의 메시지를 시각적·구어적으로 전달한다. 예를 들어 '가입을 축하한다'는 말은 믿고 받아들인다는 뜻이다.

자유(Freedom): 이 말은 더 이상 정치적인 목적으로만 쓰이지 않는다. 많은 사람들이 자신의 자유가 줄어들고 있다고 믿고 있는 시점에서 더 많은 자유를 얻고 싶어 하는 사람들의 바람에 호소하는 건 사람들을 일으켜 세워서 더 나은 뭔가를 요구하게 하는 강력한 방법이다. 자유는 우리 존재의 일부이며, 정치계나 경영계, 일상생활 어디서건 자유를 증진하는 일은 무엇이나 열정적인 반응을 일으킬 것이다.

인생은 모험이다. 나와 같이 하겠는가?(Life is an adventure. Will you join me?): 이 말은 특정한 행동을 요구하는 좋은 사례다. 거의 모든 승자들은 이런 표현을 쓴다. 어떤 사람들은 모험보다 '발견'이란 단어를 더 선호하지만 모험은 흥분과 경외를 선사하기 때문에 더 우호적인 반응을 얻는다. 열정을 유발할 때 이 말이 강력한 효과를 내는 이유는 새로운 뭔가를 경험할 수 있도록 초대하기 때문이다.

어떤 것도 ──보다 중요하지 않다(Nothing is more important than ──): 이것은 자주 쓸 수 있는 말은 아니다. 그러나 적절한 맥락에서 쓰면 어떤 주제에 대해 당신의 열정의 강도가 어느 정도인지를 잘 드러내준다.

 런츠의 교훈

프레젠테이션에서 열정 보여주기

1. 이유를 설명하라.

감정적 반응을 이끌어내도록 수사적(rhetorical) 질문들로 시작하라. 그다음에 당신 인생의 미션이 왜 그들 인생의 미션이 되어야 하는지를 설명하라.

2. 신체 메시지가 구두 메시지만큼 중요하다.

시각적 장애물을 만드는 연단을 사용해서는 안 된다. 청중들에게 다가가고 그들을 포용하려 한다는 걸 시각적으로 보여주기 위해서 두 팔을 뻗어라. 손은 주머니에 넣지 말아라. 준비된 문장을 읽어서는 안 된다. 당신은 당신의 목소리와 당신의 존재로만 청중들과 소통해야 한다.

3. 목소리의 높낮이 변화가 중요하다.

조용한 프레젠테이션이 의외로 열정적일 수 있다. 가장 중요한 메시지를 전달할 때는 목소리를 낮추고, 결론을 강조할 때는 목소리를 높여라. 결코 소리쳐서는 안 된다. 그것은 가짜 열정이다.

4. 연설에는 억양이 있어야 한다.

리듬을 타거나 같은 음절을 가진 단어들을 쓰거나 특정 단어를 3~4회 반복하면 청중들에게 매력적으로 다가가면서 동기를 이끌어낼 수 있다.

5. 이야기를 말하라.

열정은 단순히 서론, 본론, 결론 이상의 것을 요구한다. 열정은 사례와 은유를 요구한다. 인간적 맥락이 필요한 것이다.

7

Persuasion

설득

승자는 설교하지 않고
설득한다

말해 주면 잊어버린다. 가르쳐주면 기억한다. 참여시키면 배운다.

— 벤저민 프랭클린

나는 부모님에게 설득하는 법을 배웠다. 더 정확히 말하면 부모님 덕분에 설득하는 법을 배웠다.

내 어머니는 모든 면에서 전통적인 유대인 어머니다. 어렸을 때 어머니는 내가 밥은 잘 먹고 다니는지, 숙제는 하는지, 좋은 친구들을 사귀는지, 잠은 충분히 자는지 내 삶의 세세한 부분들까지 신경 쓰셨다. 고등학교, 대학교 시절 늘 A만 받았던 어머니는 나를 잘 키우기 위해 좋은 일자리를 포기하고 자신의 삶을 헌신하셨다.

어머니가 없었다면 나는 결코 여러 책들을 집필하지 못했을 것이다. 나는 쉽게 글을 쓰는 타입이 아니라서 글을 쓸 때마다 안간힘을 쓴다. 그러나 배우고 설득하고 교육하기 위한 열정을 어머니가 심어주셨기 때문에 나는 글 쓰는 일을 계속 할 수 있었다.

아버지는 어머니와 정반대였다. 어머니가 진중한 분이셨다면 아버지는 유머가 많은 분이셨다. 어머니는 의욕이 넘쳤지만 아버지는 여유가 넘쳤다. 어머니는 지식과 문화를 중시하셨지만 아버지는 아들과 즐거운 시간을 보내는 걸 중요하게 생각하셨다.

어렸을 때 내가 팝콘이나 사탕, 야구 카드 등을 사려고 돈을 달라고 하면 어머니는 항상 안 된다고 하셨다. 아버지는 내가 밤늦게까지 정치나 역사에 관한 방송을 보고 있으면 어머니의 허락을 받으라고 하셨다. 내가 원하는 것을 얻으려면 부모님 두 분 중 어느 분에게 가서 말을 하고 (결코 동시에 말을 하면 안 된다) 어떻게 설득할지를 알아야 했다.

부모님에게 설득의 기술을 배운 사람은 나 말고 또 있다. 스티브 윈은 이렇게 말했다.

아버지는 빙고 게임장을 갖고 계셨다. 나는 16세가 되던 해부터 여름마다 아버지를 도왔고, 더 나이가 들어서는 빙고 게임을 진행했다. 아버지는 매우 유능한 빙고 게임 진행자이자 매우 유능한 즉흥 연설가였다. 아버지는 내게 1,000명의 사람들 앞에서 말하는 방법과 목소리에 리듬 넣는 방법을 가르쳐 주셨다. 사람들은 리듬에 맞춰서 빙고 게임을 하기 때문에, 그런 리듬이 없으면 혼란스러워한다.

아버지는 또한 말할 때 강조하는 것이 얼마나 중요한지 가르쳐주셨다. 아버지는 이렇게 말씀하셨다. "스티브, 뭔가를 강조할 때는 중요한 말 앞뒤에서 말을 멈춰야 한다. 목소리는 절대 높여서는 안 된다. 정말로 중요한 말이라면 목소리를 낮추고, 그 말을 하기 전과 후에 잠시 틈을 줘라."

당신이 부드럽게 말할 때 사람들은 더 신중하게 경청한다. 반대로 목소리가 커질수록 사람들의 반감은 더 커진다.

스티브 윈이 말한 설득의 법칙 세 가지는 아주 적절하다.

1. 침묵은 소음보다 더 많은 메시지를 전달한다.

2. 리듬이 있는 것은 무작위적인 것보다 더 효과적이다.

3. 빈 공간은 어질러진 공간보다 더 많은 것을 보게 해준다.

신뢰는 성공적인 설득의 제1 조건이다

성공한 사람들은 커뮤니케이션이 아니라 동기부여에 적극적이다. 그들은 상대의 의견을 바꾸기를 원하지 않는다. 그들은 상대의 인생을 바꾸고 싶어 한다. 그들은 지지자들을 원하지 않는다. 그들은 제자들을 원한다.

소매 업계만큼 이 말이 분명한 곳은 없다. 그리고 암웨이만큼 이에 대한 열정과 성실함을 잘 드러내주는 곳은 없다. 1만 3,000명의 직원을 두고, 수십 개국에서 300만 명의 IBO들이 일하고 있는 암웨이는 초대형 소매 기업이다. 창립자인 리치 디보스는 지금으로부터 50여 년 전에 세워진 암웨이가 지속적으로 성공할 수 있었던 비밀은 보편적인 매력을 '가르치는' 능력이라고 설명한다.

자신이 하는 일을 설명하는 법을 모른다면 어떤 일도 성취하지 못한다. 모든 사람들은 이런 식으로 배우고 이런 식으로 사람들의 마음을 움직인다. 그것은 어떤 일이건 처리할 수 있도록 한다. 우리는 누구라도 가르칠 수 있고, 누구라도 가르치는 방법을 가르칠 수 있도록 노력했다. 당신은 가르칠 수 있어야 배울 수 있다.

누군가를 도울 때 당신은 가르치는 법을 가장 잘 알게 된다. 이제 당신은 책임질 사람이 있고, 그들은 당신에게 의지하고, 당신은 리더이며, 갑자기 인생에서 더 많은 책임을 지게 된다. 그때는 사람들을 훈련시켜야 한다. 당신을 돕는 그들은 당신에 대해 책임을 지며, 당신의 개인 동기부여자가 되고, 당신의 개인 상담사가 되며, 당신을 응원할 것이다.

승자는 사람들에게 단순히 "원래 그렇다"라거나 "이렇게 하면 된다"라고 말하지 않는다. 자신들 말이 사실임을 믿게 하고 확신을 주어 사람들이 기꺼이 자신들의 지도를 따르게 한다.

윈스턴 처칠은 강력한 설득 능력 덕분에 영국인들이 나치 독일에 승리하기 위해서 필요한 극기와 투지를 갖게 할 수 있었다. 처칠은 국민들의 사기가 땅에 떨어졌을 때 깊숙이 흐르고 있던 영국 국민의 정신을 일깨우며 공격에 나섰다.

어떤 대가를 치르더라도 우리는 우리나라를 지킬 것이다. 우리는 해변, 착륙장, 평야, 거리, 언덕에서 싸울 것이다. 우리는 결코 굴복하지 않을 것이며, 그러리라 생각하지는 않지만 이 섬이나 섬의 상당 부분이 함락되거나 굶주리게 된다고 하더라도 바다 위에 있는 우리의 제국은 영국 해군력에 의해 무장되고 지도되어, 언젠가는 모든 권력과 힘을 가진 새로운 세계가 자유와 낡은 세대를 구원하기 위해서 움직일 때까지 계속 투쟁할 것이다.

처칠은 단어나 문구를 반복함으로써 무슨 일이 있어도 전쟁에서 승리하겠다는 자신의 약속을 강조했다. 연설 전문을 보면 "우리는 ~것이다"가 10차례 반복된다. 이런 반복은 사람들의 관심을 유도한다. 또한 결말까지 계속 읽고 계속 듣게 한다. 마틴 루터 킹의 유명한 연설도 "나에게는 꿈이 있다"라는 문구가 8차례 반복되어 같은 효과를 냈다.

지금으로부터 250년 전 미국을 건국한 아버지들은 미국인에게 인생,

자유, 행복 추구는 양도할 수 없는 권리라는 확신을 주었다. 19세기 노예해방론자들은 미국인들에게 노예제도는 인간의 존엄성과 하나님의 의지를 모욕하는 것이라는 확신을 주었다. 토머스 에디슨은 우리에게 전기가 불빛과 소리로 우리 미래를 채울 것이라는 확신을 주었다. 헨리 포드는 우리에게 휘발유 자동차들이 말과 마차를 대체하면서 우리가 과거 어느 때보다 더 자유롭게 돌아다닐 수 있게 될 것이라는 확신을 주었다.

이보다 더 최근에 빌 게이츠(마이크로소프트), 스티브 잡스(애플), 래리 페이지와 세르게이 브린(구글), 제프 베조스(아마존) 그리고 마크 주커버그(페이스북) 같은 사람들은 우리에게 컴퓨터와 기술과 인터넷이 전 세계 사람들의 쇼핑, 여가, 정보 검색, 상호 교류, 사업 방식에 극적인 혁명을 일으킬 것이라는 확신을 주었다.

그들은 우리가 놓친 것을 경청했고, 우리가 원하는 것에 집중했고, 우리의 가슴속 깊숙이 울려 퍼진 메시지와 제품을 가지고 우리에게 돌아왔다. 그들은 우리와 연결됐기에 우리는 그들을 믿었고, 그들이 하는 말을 들었고, 결과적으로 우리는 그들이 파는 것을 샀다.

그들 스스로 자신의 말에 강한 믿음을 갖고 있었기에 우리도 그들을 신뢰하는 경향을 보였다. 신뢰는 커뮤니케이션과 설득에 핵심적인 역할을 한다. 만약 사람들이 당신이 하는 말을 당신이 실제로는 믿지 않는다고 생각하면, 당신은 진정한 신뢰를 쌓을 수 없다.

미국의 부동산 재벌인 모트 주커먼은 이렇게 말했다.

설득할 때 가장 중요한 건 사람들에게 설득하려는 내용을 설득하는 자신이 믿고 있어야 한다는 것이다.

나는 항상 도시 생활을 좋아했기에 부동산 사업을 시작했다. 나는 이 분야에서 일하는 게 집에 있는 것처럼 편하게 느껴진다. 나는 부동산 세계를 사랑했다. 내가 가봤던 모든 도시의 중심지들은 내게 아주 잘 맞는 느낌이었고 편안했다. 나는 실제로 내가 하는 말을 믿었다. 나는 가짜가 아니었다. 나는 연기를 하고 있지도 않았다. 난 내 진짜 모습, 내 진짜 느낌을 사람들에게 그대로 드러냈다.

부동산 세계에서는 하려는 일에 대해 사람들의 신뢰를 얻어야 한다. 건물을 끝까지 완성해서 임대하겠다는 말을 믿도록 은행들을 설득해야 한다. 또 세입자들에게는 일정에 맞춰 이사할 수 있게 제 날짜에 건물이 완공될 것임을 설득해야 한다.

모트의 말이 옳다. 신뢰는 설득의 핵심이다. 당신이 진심으로 말하고 있다거나 당신이 하는 말이 진심이라고 생각되지 않는다면 사람들은 당신이 하는 말을 경청할 하등의 이유가 없다. 신뢰를 받지 못한다면 리더가 되지 못한다.

나는 NBA 협회장인 데이비드 스턴에게 사람들이 그를 따르게 만들 때 신뢰를 주는 게 왜 그토록 중요한지 물었다. 그는 이렇게 대답했다.

감독이 할 수 있는 가장 중요한 일이 선수들에게 신뢰감을 북돋아주는 것이다. 감독이 선수들에게 "이렇게 하면 우리가 이긴다"라고 말했을 때 정말로 이길 거라고 예상해야 선수들은 지시를 따른다. 그리고 선수들은 승리를 예상했을 때 더 나은 플레이를 한다. 회사에서건 스포츠 팀에서건 전쟁터에서건 어디에서 누구를 이끌건 간에, 사람들이 당신을 신뢰하도록 그들에게 영감을 불어넣는 게 중요하다.

잡스의 설득

설득을 하려면 원칙을 가지고 계속 추진하는 끈기가 필요하다. 설득은 효과적인 문장이나 어구 하나로 가능하지 않다. 설득은 반복적인 작업이다.

스티브 잡스는 매년 우리가 정말로 원하지는 않는 또다른 애플 기기를 살 수밖에 없게 만드는 '설득의 달인'이었다.

애플 광고에 나오는 그의 옷차림을 보면 그의 세상에서는 '단순함'이 가장 중요하다는 걸 알 수 있었다. 가장 기본적인 MP3 플레이어에서부터 가장 고가의 컴퓨터에 이르기까지 애플의 제품들은 단순하면서도 사용하기 쉽다. 잡스는 또다른 애플 제품을 검토, 구매, 사용하면 더 단순하고 좋은 삶을 살 수 있다고 고객들을 설득하는 방법을 알았다.

잡스는 소비자들과 대화하는 방법을 알기에 애플을 계속해서 정상의 자리에 올려놓을 수 있었다. 기술 업계의 슈퍼볼에 해당하는 애플 행사는 전설적이다. 잡스는 유행과는 동떨어져 보이는 청바지를 입고, 스니커즈를 신고, 검정색 터틀넥을 걸친 채 나왔다.

그는 자신이 기업인이나 아니면 아예 다른 사람처럼 보이려고 애쓰지 않았다. 그는 진심으로 성실한 모습을 보여줬다. 그는 그가 선보이는 제품만큼 소박하고 쉽게 다가갈 수 있었다. 넥타이도 연단도, 그리고 그(혹은 그의 제품)와 그를 지켜보는 사람들 사이에 거리감을 느낄 수 있는 어떤 것도 만들지 않았다.

그는 자신이 소개하는 제품에 대해 흥분하고 감정을 드러내는 걸 두려워하지 않았다. 이런 프레젠테이션을 20년 넘게 해왔지만 그는 행사 말미에 애플 직원들의 가족들에게 감사를 표시할 때 직원들이 매일 회사에 쏟는 열의와 헌신에 대해 고마워하며 목이 잠겼다. 잡스가 믿기 힘들 정도로 까다롭고, 타협을 모르고 용서하지 않는 상사로 알려졌음에도 직원들이 오랜 시간 그의 곁에 있는 이유가 그것일지 모른다. 직원들은 자신이 제조업의 역사와 같이 일하고 있다는 걸 알았다.

잡스는 세세한 부분까지 자신이 풀고 있는 문제에 끊임없이 집중했다. 그는 청중들에게 성공한 기술 제품의 기준을 최소 세 차례 이상 말할 때까지 자신이 찾아낸 해결책을 알려주지 않았다. 그러한 구성은 효과적이었다. 드라마를 만들고 긴장감을 주었다. '이 제품이 삶에 필요한 이유'를 공감할 수 있는 분위기가 충분히 만들어질 때까지 "이 제품을 사야 한다"는 말을 해서는 안 된다.

더 깊이 들어가 보자. 잡스는 사람들이 절대 잊어버리지 않도록 모든 것을 세 번씩 말했다. 새로운 생각들을 처음에는 목록 형식으로 소개한 다음 각 요소들을 개별적으로 언급하고, 또다시 목록을 말했다.

그리고 그는 매번 정확히 똑같은 단어들을 사용해서 오래도록 기억나는 후렴을 만들었다. 심지어 그는 청중들이 그를 따라서 후렴을 세 번 반복하게 했다. 결과적으로 잡스는 그의 말에 집중하지 않은 사람들에게도 그의 메시지를 받아들이게 했다.

완벽함에 대한 당신의 목표와 그것을 성취하는 방법을 설명하면 고객들은 호응한다. 사람들이 정말로 기억해 주기를 바라는 기능이 있을 때 잡스는 그것을 다른 제품의 기능과 비교했다. 아이폰을 다른 스마트폰들과 비교했고, 아이팟 나노를 처음 선보였을 때는 다른 MP3 플레이어들과 비교했다. 잡스는 비교를 통해 애플의 제품들만이 가진 독특한 특징들을 강조하고, 누구나 이해할 수 있는 쉬운 말로 현대의 기술 환경에 대해 설명해 주었다.

소비자들에게 자사의 제품을 쓰면 삶이 더 단순해지고 더 나아지고 더 문제가 없을 거라고 확신을 줄 수 있을 때까지 애플에 맞서 경쟁할 수 있는 기업은 거의 없을 것이다. 애플은 논란의 여지가 없는 '심플함의 왕'이며, 스티브 잡스는 '커뮤니케이션의 왕'이었다.

반대하는 사람들을 변화시키는 방법

당신 회사가 30여 명의 엄마들로부터 신제품에 대한 정확한 의견을 듣고자 조사 전문 업체에 용역을 의뢰하기로 했다고 가정해 보자. 반면 당신의 비즈니스 파트너는 당신이 예전에도 그런 조사를 해본 적이 있지만 아무런 성과가 없었다는 이유로 이 조사에 극도로 회의적이다. 당신은 조사 전문 업체 사람들을 데려오고, 그들은 여러 개의 게시판들을 세운 다음 파워포인트 자료를 보여주면서 자신들의 조사가 얼마나 대단한 결과를 얻어낼지 입증하려고 애쓴다. 그러나 역시 예상대로 당신의 파트너는 그들의 말에 설득되지 않는다.

기업 세계에서 흔하게 볼 수 있는 일이다. 기업의 리더들은 설득이 수용의 기술이 아니라 변화의 기술이라는 사실을 이해하지 못한다. 리더들이 당신만큼 열정을 보이며 당신의 뜻에 따라 움직이게 해야겠다고 생각한다면, 그러려고 애쓰지 말고 그들이 거부하지 않고 중립적인 태도를 보일 수 있게 하라. 이것이 훨씬 더 부담이 적고 현실적인 대안이며, 궁극적으로 당신이 원했던 일을 할 수 있게 해줄 것이다.

어떤 자리에 있건 반대하는 사람들과 중립적인 사람들이 한 걸음씩 더 당신 쪽으로 움직일 수 있게 하려면 다음과 같은 다섯 가지 전략을 이용하라.

1. 반대에 직설적으로 대답하라 : "내가 한 이야기 중에 당신이 동의하지 않는 부분이 있는가? 그것에 대해 같이 말해 보자."

2. 그들의 두려움을 줄여라 : 분명히 강조해서 말하라. "그렇다. 나는 당신의 걱정을 이해하며, 그런 걱정은 예상했다. 그래서 그 문제를 해결하고 우리가 올바른 방향으로 가고 있는지 알 수 있게 당신에게 피드백을 받으려고 한다."

3. 사실들을 제시하라 : 사실들은 어떤 언어보다도 효과적으로 고집 센 사람들의 마음을 움직인다. "데이터를 보고 그것을 우리 목표에 어떻게 적용할지 논의해 보자."

4. 매력적인 이야기를 하라 : 곧바로 당신 주장부터 펼치지 말라. 청중들이 공감하고 수긍할 수 있는 당신의 멋진 경험담을 이야기할 방법부터 찾아라. 그들도 역시 사람이다.

5. 간청하라 : 똑똑하고 합리적인 주장을 한다고 해서 반드시 당신이 생각한 대로 할 수 있는 건 아니다. 어떤 책에서는 그럴 수 있다고 하지만 실제 삶에서는 그렇지 않다. 어떤 경우 조금만 더 간청하면 될 수도 있다. 억만장자 쇼핑몰 개발자인 허브 사이먼은 이렇게 말했다. "나는 간청하는 게 두렵지 않다. 계약을 성사시키기 위해서 해야 한다면 기꺼이 한다. 나는 해야 할 일을 하고 있는 것뿐이다."

설득의 다섯 단계 스펙트럼: 설득 대상의 수준에 따른 대응법

설득은 당신이 도달해야 하는 결승점이 아니라 과정이다. 열렬한 지지자들에게 생기를 불어넣지 못하면 실패하는 것이나 다름없다고 생각한다면 설득을 오해하는 것이다. 반대나 단순한 저항을 무력화시키는 것도 지지를 얻는 것만큼 중요하다.

다음은 성공하기 위해 상대의 마음을 얼마나 움직여야 하는지 잘 이해할 수 있게 도와줄 설득의 다섯 단계이다. 공개 프레젠테이션을 하거나 취직 인터뷰를 준비하는 사람 등 누구에게나 도움이 될 것이다. 승자는 모든 청중을 다음과 같이 다섯 범주로 나누고, 그에 따라 설득 노력의 우선순위를 매긴다.

1. 거부

이것은 가장 극단적 형식의 반대이다. 거부자는 당신이 실패할 것이라고 확신하는 사람이다. 그들은 적극적으로 당신이 하는 일을 방해하며, 당신이 추진 중인 일을 중단시키기 위해서 모든 힘을 쏟는다. 그들은 원칙상 당신과 의견이 다르다. 또 그들 중 다수는 당신 생각에 격렬하게 반대하며, 행여 당신 말을 들을 기회가 생기더라도 결코 그 말을 귀담아듣지 않는다. 당신이 정유 회사 임원이라면 거부자들은 그린피스와 시에라클럽이다. 당신이 친노조 성향이라면 당신의 거부자들은 어디에서나 목격되는 기업인들이다.

거부자에게 당신이 내세우는 대의명분을 설득하기란 일반적으로 불가능하다. 사실상 정치인, 기업인, 전문가, 연예인 그리고 일반 사람들이 저지르는 큰 잘못 중 하나는 그들 생각에 반대하는 사람들을 설득하느라 시간과 노력을 낭비하는 것이다. 당신이 말을 많이 할수록 그들의 분노는 더욱 커지고, 더 적극적인 반대로 이어진다. 당신에게 이보다 더 좋은 방법은 거부자의 존재를 그냥 인정하고, 상황이 허락한다면 그들에게 화해를 청해 보는 것이다. 그들이 조용히 있어주기를 바란다면 억지로 인정하고 존중해 주기보다는 그들과 함께 침묵하라.

2. 의견 충돌

거부자 다음으로 설득하기 어려운 경우가 단순한 의견 충돌이 있는 사람이다. 이런 부류의 사람은 당신을 굳이 이기려 하지 않는다. 그들은 단지 당신과 세계관이 다르며 당신 편에 서지 않을 뿐이다. 그들은 당신 회사나 당신 회사의 홍보 활동에도 그다지 관심이 없기 때문에 조직적으로 반대하지도 않을 것이다.

이때 똑똑하게 대응하는 방법은 그들의 반대되는 생각을 인정한 다음에 다시 생각해 봐야 할 세 가지 이유를 그들에게 알려주는 것이다(두 가지는 뇌를 자극하기에 충분하지 않고, 네 가지 이유를 댈 경우 상대방을 지나치게 자극하게 된다).

당신은 당신과 의견이 다른 사람들을 인정함으로써 그들에게 존경심을 표해야 한다. 그들에게 증거 사례들을 제시하여 그들이 자신의 판단에 의구심을 갖고 당신과 소통하려 하게 도와라. 이때 단번에 그들의 마음을 사로잡으려고 해서는 안 된다는 것을 명심하라. 그러기까지는 시간이 걸린다. 그들이 중립적인 생각을 하게 할 수만 있다면 언젠가는 그들의 마음을 사로잡을 수 있다.

3. 중립성

중립적인 사람은 거부자만큼이나 마음을 움직이기 어려울 수 있다. 그들은 적극적인 자기 의사 표명에 관심이 없기 때문이다. 이도 저도 아닌 사람도 있다. 또 어떤 사람은 아예 무관심하다.

정치에서 그들은 종종 무소속이며, 어느 한쪽 편을 들 만큼 관심이 없고, 반대 의사를 개진할 만큼 열정적이지도 않다. 기업과 관련해 그들은 자기가 어떤 제품이나 서비스를 사용하고 있는지 관심이 없다. 그냥 먼저 구할 수 있는 것을 쓸 뿐이다. 그리고 그들에게 당신은 이익도 짐도 되지 않는, 큰 의미가 없는 존재이다.

이처럼 결정을 내리지 못한 청중에게 어떤 생각이나 개념을 소개할 수만 있다면 당신은 승리할 것이다. 왜냐하면 선입견에 맞서 싸울 필요가 없기 때문이다. 다만 그들이 당신의 말에 충분히 관심을 갖게 하기가 어렵다. 중립적 성향을 가진 사람에게 동기를 불어넣는 좋은 방법은 그들이 앉아서 받아 적게 만들 수 있는 메시지와 그들과의 접점을 찾아내는 것이다. 그러면 그들이 당신 편으로 움직이기 시작할 것이다.

4. 동의

당신이 내세우는 명분에 중립적인 사람은 거부자만큼 위협적이지는 않지만 이자 없는 계좌의 예금만큼만 유용할 뿐이다. 그러나 당신의 뜻에 전적으로 동의하는 지지자들이 침묵을 지키거나 활동하지 않는다면 중립적인 사람보다 꼭 더 낫다고 보기도 어렵다. 다음 단계는 그런 지지자들이 움직이게 만드는 것이다.

당신은 그들이 당신을 거들어주기를 바란다. 당신은 틀리게 말하는 사람들을 정중하게 고쳐줄 수 있도록 옹호자들이 정보를 찾고 배우기를 원한다. 당신은 옹호자들이 당신을 대변해서 이야기하고, 그러는 과정에서 다른 사람들의 감정과 생각을 바꿔주기를 바란다.

옹호자들이 행동에 나서게 만들기 위해서는 '만일/그렇다면'으로 설득하는 것이 필요하다. 예를 들어 이런 식이다. "오늘밤 저녁 뉴스 프로그램을 시청하지 않는다면 당신은 아무 정보도 없이, 동료와 상사들 앞에 무지한 모습으로 있게 된다." "당신이 나를 고용하지 않는다면 당신은 내 창의성, 천재성, 충성심을 이용할 수 있는 기회를 놓치게 된다. 그리고 나는 당신의 경쟁사에서 일할 것이다."

5. 행동

당신 대신 일한다는 걸 자랑스럽게 말하는 사람들이 당신의 옹호자이다. 그들은 부탁받지 않아도 당신을 위해서 당신의 입장을 대변하려고 애쓴다. 그들은 앞으로 무슨 일이 생길지 지켜보기 위해 기다리면서 주변부에 머물러 있지 않는다. 그들은 당신의 목표가 공동체의 목표가 되게 하기 위해서 매일 열심히 주도적으로 행동한다. 정말로 승리하기를 원한다면 그들을 곁에 두라.

행동 중심의 사람들이 필요로 하는 것은 당신의 '확인'이다.

설득 과정이 하나의 스펙트럼이라고 했을 때 그것의 한쪽 끝에서 다른 쪽 끝으로 한 번에 건너뛸 수 있는 방법은 없다. 또한 성공을 측정하는 표준도 없다. 그것은 모두 정도의 문제일 뿐이다.

최고의 설득은 교육이다

설득은 감정과 이성의 균형을 잡는 문제다. 아이들에게 교복을 입히자는 것이건, 일시적인 감원을 유발할 수 있는 합병을 하자는 것이건, 아니면 국가가 건강보험 개혁 문제를 어떻게 처리할지 결정하는 것이건, 모든 이슈들은 감정의 차이 때문에 이견이 생긴다. 그렇다고 해서 모든 설득을 감정에 따라 해야 한다는 건 아니다. 서로 다른 반응들은 우리가 적어도 논리와 지식만큼이나 감정에 따라서 움직인다는 사실을 확인시켜 준다.

어떤 대화이건 올바른 방식과 그릇된 방식이 있다. 당신은 상대방에게 정보와 사실을 강요할 수 없다. 설령 대화가 술술 풀리거나 허심탄회하게 대화한다고 해서 상대방이 당신의 결론에 반드시 동조하는 것은 아니다.

종종 우리 뇌는 우리가 듣고 접하는 사안들을 어떻게 처리할지 본능적으로 결정한다. 그런 이유로, 모든 설득 행위는 교육의 순간이다. 교육은 감정을 생각으로 바꿀 수 있게 해주기 때문이다. 그런데 교육을 이야기하기나 정보 제공과 혼동해서는 안 된다.

이야기하는 사람(teller)은 당신을 바꿀 것이라고 가정하고, 정보 제공자(informer)는 당신을 바꾸려고 하고, 교육자(educator)는 당신에게 권한을 부여함으로써 당신과 함께 변할 수 있기를 고대한다.

경청의 힘

'당신이 무엇을 말하는지가 아니라 그들이 무엇을 듣는지가 중요하다.' 이 말은 "사람들이 듣고 싶은 말만 해주어라"는 뜻으로 오해하는 경우도

1. 이야기하는 사람

이야기는 가장 익숙한 설득 방식이다. 이야기하기는 정보, 사실, 숫자, 통계, 주장하는 사람의 이야기를 나열하며 청중을 상대로 '밀어붙이는' 전략에 해당한다. 그들은 자기가 옳다고 전제하며, 청중이 자신이 옳다고 받아들여 줄 것이라고 생각한다.

이야기하기는 가장 공격적이면서도 가장 효율적이지 못한 커뮤니케이션 방식이다. 청중이 아닌 이야기하는 사람의 입장만을 반영하기 때문이다. 그 것은 상호작용을 하는 법이 드물다. 당신이 계속해서 청중의 관심을 끌려면 상호작용이 반드시 필요하다.

이야기하는 사람은 지겨울 정도로 오랫동안 떠드는 경향을 보인다. 그들은 정해진 원고를 읽고, 시선을 피하고, 잘난 체하면서 단조로운 목소리로 말한다. 그렇기 때문에 이야기하는 사람들은 좀처럼 승자가 되지 못한다.

2. 정보 제공자

정보 제공은 대화로 이어질 수 있는 중립적인 설득 시도이다. 정보 제공자와 이야기하는 사람의 차이는 주장을 내세우는 기술에 있다. 정보 제공자는 자신이 옳다는 가정하에 당신에게 다가오지만, 당신은 그들이 옳다고 가정하지 않는다. 정보 제공자는 자신이 해야 할 일, 즉 당신을 자신에게 동의하게 해야 한다는 걸 안다. 이는 자신의 생각을 겸손하게 전달할 수 있는 밑바탕이 된다.

정보 제공자는 또한 증거를 가지고 자신의 주장을 편다. 그들은 이야기하는 사람의 사실과 숫자의 건조한 나열에서는 벗어나지만 '이유'까지 제시하지는 않는다. 여기서 말하는 '이유'는 그들이 주장하는 것이 정말로 중요하다는 걸 알려주는 심오하고 근본적인 것이다.

정보 제공자는 다른 사람들은 모두 틀렸으며 자기만 옳다고 가정하지 않는다. 그러나 듣는 사람의 입장에서 주제를 이해하거나 설명하려고 애쓰지 않으므로 상대방이 공감하지 못해 결국 설득에 실패한다.

3. 교육자

교육자는 다른 사람들이 사실로 믿고 있는 것 외의 다른 소재로 대화를 유도할 필요성을 이해하고 그럴 능력이 있는 사람이다.

나는 기업과 정치 지도자들에게 '연설'하려는 생각을 버리고 대중과 직접 대화 나누는 방안을 고려해 보라고 조언한다. 기업들에게는 사람들과 '소통'하기 위해서가 아니라 사람들을 '교육'할 목적으로 마케팅과 홍보 활동을 해 보라고 조언한다. 사고방식을 바꾸면 말투, 전달 방식, 말의 내용이 개선될 가능성이 커진다.

교육은 가정 효율적인 설득 방식이다. 그 이유는, 교육은 정보 배포에 그치지 않고 지식과 지혜를 주고, 궁극적으로는 권한을 위임하기 때문이다. 교육의 기본은 청취, 질문, 참여이며, 교육자는 자기 자신이 아니라 청중에 의해서 동기를 부여받는다. 최고의 교육자는 청중을 가르치기도 하지만 청중으로부터 배우기도 한다.

최고의 설득자인 교육자의 의사 전달 방식은 다각적이고 상호적이다. 그들은 미리 작성된 원고를 읽는 법이 드물다. 그들은 그보다 청중과 시선을 맞추는 걸 더 좋아한다. 그들은 메시지를 수정하고, 조금이라도 남아 있는 의문을 없애기 위해서 매 순간 사람들이 무슨 생각을 하는지 알고 싶어 한다.

있는데, 그런 뜻이 아니다. 상대가 당신의 주장을 어떻게 받아들이고 있는지를 주의 깊게 관찰하고 이야기의 톤과 스타일을 세심하게 조율해야 한다는 뜻이다.

2005년 10월에 나는 국회의사당에서 불과 몇 분 간격으로 상원 공화당과 하원 공화당 의원들을 대상으로 연설하는 이례적인 영광을 누렸다. 두 연설 주제 모두 '의정 활동을 지금처럼 하지 말고 유권자들에게 용서를 구하거나 소수당으로 전락할 준비를 하라'였다. 나는 프레젠테이션을 위해서 수십 개의 차트와 그래프들도 준비했다.

나는 의원들이 나를 자애로운 교수로 여길 거라고 생각했지만 쓸데없이 소란만 일으키는 사람이라는 평가만 받았다. 결국 내 메시지는 청중의 공감을 전혀 불러일으키지 못했다. 그들에게 다시 초대받아 공화당 의원들 앞에서 연설하기까지 그로부터 3년이 넘는 시간이 걸렸다. 그때 공화당은 2006년과 2008년 선거에서 모두 패배한 뒤였다.

중요한 건 내 목소리 톤과 스타일이 사과를 받기보다는 사과를 요구하는 데 더 익숙한 의원들에게 어필하지 못했다는 사실이다. 나는 매우 열정적이었고, 분명 내 말이 옳았기 때문에 '사실 그대로' 말하기 위해서 국회의사당에 갔다. 그러나 나는 그 당시 의원들이 적절한 결정을 스스로 할 수 있도록 그들을 교육시키기 위해 갔어야 했다.

사실들은 내 편이었다. 사실들은 내 생각이 옳다는 걸 입증해 줄 수 있을 정도로 충분히 강력했다. 그러나 나는 그런 사실들이 내 열정에 가려 드러나지 못하게 했다. 그 일로 나는 9가지 승리 원칙들 중 열정이 항상 설득 다음이어야 한다는 걸 배웠다.

지나칠 정도로 많은 기업과 정치 지도자들은 다른 사람들이 자기와 세계관이 다른 이유를 이해하지 못하기 때문에 위대한 업적을 쌓지 못한다. 그들은 "이것이 우리 모두가 전진할 수 있는 방법이라는 걸 직원들은 왜 깨닫지 못하는 걸까?", "유권자들은 어떻게 이번 법안의 중요성을 이해할 수 없을까?"라고 묻는다.

다른 사람들을 설득하려면 그들이 처한 현실을 이해하는 게 중요하다. 당신이 그들을 이해하고 인정해야만 그들도 당신의 이야기를 이해할 수 있을 것이다.

NBA 협회장인 데이비드 스턴이 내게 말해 준 것처럼 "말하는 것보다 계속해서 듣는 게 훨씬 더 중요하다. 대화 시간 중 10퍼센트만 말하고, 90퍼센트는 들어라." 당연한 말이지만 상대방을 설득하는 데 가장 중요한 요소 중 하나는 경청이다.

"사람들은 주절대기만 하고 의식해서 말하지는 않네, 사람들은 흘려듣기만 하고 제대로 경청하지 않네"라는 사이먼 앤드 가펑클의 고전 〈사운드 오브 사일런스〉의 가사는 정치와 비즈니스 분야에서 일하는 사람들에게 시사하는 바가 크다.

경청은 적극적 행위다. 사람들의 말을 경청할 때 우리는 그들이 말하는 모든 단어들을 생각하면서 받아들인다. 그들 목소리의 톤과 억양, 그들이 사용하는 단어, 그들이 생략하는 단어, 그들의 제스처, 시선을 맞추거나 시선을 피하는 방식 등 모든 것에 신경을 쓴다.

경청은 그냥 흘려듣는 차원을 넘어 분석하는 행위가 포함된다. 경청은 우리가 화자와 화자가 하는 말의 내용에 제대로 관심을 갖고 집중하게 만든다. 경청을 하면 따지기보다는 전략적인 질문을 하게 된다.

경청을 잘하려면 노력해야 한다. 시간을 내어 사람들이 하는 말을 유심히 경청하다 보면 그들이 어떤 사안을 어떻게 느끼는지 제대로 이해할 수 있다. 당신은 종종 말로 표현된 것보다 말로 표현되지 않는 것에서 더 많은 걸 배운다는 사실을 깨닫게 될 것이다.

설득하려면 공감대를 만들어라

설득력 있는 연설을 하기 위해서는 첫 마디로 적절한 분위기를 만드는 것도 중요하지만 자연스러운 흐름(순서)에 따라 메시지를 전달해야 한다.

이런 흐름을 만들 때 가장 중요한 게 공유 원칙이다. 공유 원칙은 대부분의 사람들이 동의하는 진술을 말한다. 몇 가지 예를 들면 다음과 같다.

- 아이들을 의식주 없이 살게 해서는 안 된다.
- 모든 사람들은 자신의 미래를 결정할 권리를 가져야 한다.
- 기업이 우리의 안전보다 자신들의 이익을 더 중시하는 걸 용인해서는 안 된다.
- 모든 사람들은 질적으로 뛰어나면서 가격도 적당한 건강보험 서비스를 받아야 한다.
- 누구나 꿈을 이룰 수 있어야 한다.

당신은 매우 설득력 있는 사람들이 이런 종류의 진술로 대화를 시작하는 걸 종종 듣게 될 것이다. 이런 원칙적인 진술이 전달력이 큰 이유는 보편적인 성격을 띠기 때문이다. 또 이런 진술은 진심으로 마음에 호소한다.

당신과 청중들의 생각이 서로 일치하지 않을 때도 있다. 이런 문제가 생기는 건 처음부터 당신이 청중에게 등을 돌렸기 때문이다. 일방적으로 자기주장만을 내세우기 전에 청중과 통할 수 있는 공통점을 찾아보려고 시도해야 한다. 이런 시도를 처음부터 해도 아무 손해 볼 게 없고, 오히려 엄청나게 많은 것을 얻을 수 있다.

공유 원칙을 세우면 청중의 의심을 없앨 수 있다. 한마디로 청중을 '무장해제'시킬 수 있다. 당신은 설득력 있는 말로 실질적인 '대화'를 시작할 수 있다. 또한 실수하면 안 된다. 실수는 당신이 승자가 되려고 하는 데 논란을 일으킬 것이다.

빌 게이츠와 스티브 잡스는 상냥하게 굴고 인습을 철저히 답습함으로써 지금 자리에 오른 건 아니었다. 그들은 사람들을 화나게 만들었다. 그들은 다른 사람들이 정말로 듣고 싶지 않은 것들을 이야기했다. 그럼에도 끝내 설득을 이끌어냈다. 승자가 되기 위해서는 열정적인 설득을 당신의 절친한 친구로 만들어야 한다. 가장 설득력 있는 사람들은 청중과 맞서 싸우지 않는다. 그들을 말로 구슬린다.

중요한 건 청중의 인정을 받으면서 만장일치의 합의를 조장하는 데 도움이 되는 보편적 아이디어와 개념과 원칙을 활용하는 것이다. 그러면 거기에 덧붙여서 더욱 발전된 아이디어들을 만들고 실행하는 작업을 시작할 수 있다.

기업들이 언어를 잘 이용해 성공을 이룬 사례만큼이나 실패 사례도 많다. 미국에서 가장 집중력과 결단력이 강한 기업 리더들 중 한 사람이 겪은 일화를 소개하고자 한다. 그는 '먹히지 않는 말'을 사용했고, 그로 인해서 큰 대가를 치렀다. 내가 소개하려는 사람은 MGM 리조트 인터내셔널의 회장이자 CEO인 짐 머렌이다. 그는 실패한 언어를 썼을 때 어떤 일이 일어날 수 있는지를 들려주었다.

지금까지 전문가로서 인생을 살아오면서 아무 생각 없이 그냥 머릿속에 떠오르는 말을 지껄이다가 비로소 나는 내가 내뱉은 말 때문에 문제가 생긴다는 걸 뒤늦게 깨달았다. 《월스트리트 저널》 기자가 던진 매우 심각한 질문에 나는 아주 경박하게 대답한 적이 있는데, 그것 때문에 엄청난 결과가 초래됐다.

나는 1998년 2월에 MGM 리조트에 들어왔다. 당시 벨라지오 호텔과 만델레이 베이 호텔이 건설 중이었고, 다른 몇몇 건물들도 문을 열기 직전이었다. 기자는 내게 "2009년 초면 이 새로운 호텔들이 문을 열게 되는데 경제에 어떤 영향을 줄 것으로 보는가?"라고 질문했고, 나는 "피바다를 만들 것이다"라고 대답했다. 내가 한 말은 그다음 날《월스트리트 저널》에 실렸고, 그다음 날에는 '피바다'라고 큼지막하게 쓰인 제목과 함께《리뷰 저널》에 실렸다.`

　인사 담당자이자 당시 부동산 사업부 사장이 내 사무실로 찾아와서 "대체 무슨 짓을 한 겁니까?"라고 물었다. 그제야 나는 내 말 한마디 한마디가 얼마나 중요하며, 내가 더 신중하게 처신했어야 한다는 걸 깨달았다. 나는 내가 하는 말이 미칠 영향에 더 신경을 썼어야 했다.

단순하게 말하라

　우리는 과거 어느 때보다 우리의 관심을 사로잡기 위해서 경쟁하는 많은 사람들과 대상들에 둘러싸여 있다. TV나 라디오를 켜거나 온라인이나 오프라인 우편함을 열면, 온갖 곳에서 보낸 수많은 메시지들을 보게 된다. 그중 당신의 관심을 사로잡는 메시지들, 궁극적으로 당신이 뭔가를 하게 만드는 메시지들은 명확하고, 간결하고, 적절하면서도 기억하기 쉬운 것들이다. 그리고 이 모든 요소들의 핵심은 '단순함'이다.

　승자가 어떻게 커뮤니케이션하는지 생각해 보자. 프랭클린 루스벨트 대통령은 1933년 3월 4일 정말로 열정적이면서 강렬한 인상을 주는 취임 연설을 했다. 그 연설에서 가장 도드라진 문장이 있는데 바로 이것이다. "우리가 두려워해야 하는 한 가지는 두려움 그 자체이다."[52] 미국인들이 경제공황의 밑바닥에서부터 정신적으로 벗어날 수 있게 돕고 싶었던 루스벨트 대통령은, 불과 몇 단어로 된 이 단순한 한 문장으로 미국 국민들에게 내일을 위해 싸울 희망과 용기와 이유를 주었다.

폭스 뉴스 채널의 창립자이자 CEO인 로저 아일스는 이렇게 말하는 걸 좋아한다. "의미 없는 말의 첫 번째 조건은 너무나 많은 말이다. 당신 자신이 무슨 말을 하는지 모르고 있음을 상대방이 모르게 만들려고 애쓸 때 말이 많아지는 법이다."

사람들은 엉터리 아이디어에 온갖 조잡한 단어들을 덧붙여서 치장하려고 애쓴다. 그래봤자 소용없다. 12개 단어만 써도 충분한데 20개 단어를 써야 할 이유가 없으며, 6개 단어만 써도 될 때 12개 단어를 써야 할 이유는 없다.

할 말의 3분의 1을 줄여라. 아무런 의미를 잃지 않고도 그렇게 하는 게 가능하다면 당신은 더 강력하고, 명확하고, 더 설득력 있는 말을 할 수 있게 될 것이다.

메시지가 설득력을 갖추기 위해서는 단순해야 한다는 걸 보여주는 또 다른 사례는 구글의 비공식 표어이자 모토인 "악해지지 말자(Don't Be Evil)"이다. 구글 웹사이트에서 이 문구를 찾을 수는 없지만, 구글의 관점에서 홍보 정책을 토론할 때 직원들은 이 문구를 언급한다. 이 문구가 아름다운 이유는 상식에 호소하기 때문이다.

사람들은 종종 기업들이 도를 넘는 모습을 보고 좌절한다. 미국인들은 미국 기업들이 오직 실적에만 관심이 있다는 사실을 알고 그들의 도덕성이 타락했다고 믿는다. 따라서 이런 기업들과 명백히 거리를 둘 수 있으면 큰 승리를 거두게 될 것이다.

가장 일하기 좋은 회사 중 하나로 평가받고 있는 구글은 직원들에게 많은 금전적 혜택과 자유를 선사하는 것으로 유명하다. 또한 사생활 침해와 전자책 시장 진출을 둘러싼 이슈들을 제외하고 봤을 때 구글은 여전히 기업 리더들과 일반 대중에게 높은 평가를 받고 있다. 구글이 내세

신뢰하게 만드는 리더들의 비언어적 특징은 무엇인가?

마음에서 우러나서 말하고, 연설문이나 텔레프롬프터를 보기보다는 청중과 직접 눈을 마주치며 연설한다.	35%
진심을 말하고, 말과 행동이 일치한다.	34%
정확하고, 직접적이고, 철저하게 질문들에 답한다.	32%
자신이 제품, 기업, 산업의 세세한 부분까지 알고 있다는 걸 보여준다.	26%
뛰어난 지적 능력을 보여주며, 거론하는 사안들을 철저히 따져본다.	24%
내 질문과 관심과 조언에 귀 기울이고 있음을 분명히 보여준다.	21%
말하는 동안과 질문에 대답하기 전에 잠시 시간을 두고 생각하면서 신중하게 생각하고 말한다는 것을 보여준다.	9%
내 수준에 맞춰 나와 대화하고 소통한다.	10%

출처: The World Doctors, 2010년

우는 "악해지지 말자"라는 모토는 매우 단순하고도 직설적이어서 강력한 힘을 가진다. 그것은 "우리가 가능하다고 생각할 때 좋은 일을 하는 기업이 되려고 노력하겠다"는 뜻이 아니다.

나는 승자들을 주로 소개했다. 그들은 설득의 힘과 설득의 역학을 이해하고, 그들의 제품, 서비스, 아이디어의 우수성을 입증해 보였기 때문에 승리했다. 그들은 깊숙이 자리 잡은 회의주의, 공포, 혼란, 오래된 인간의 타성을 극복하기 위해서 언어를 사용했다. 그들은 또한 입소문, 효과적인 광고, 소셜 네트워크 그리고 그 밖에 정보를 주고 소문을 퍼뜨릴 수 있는 모든 방법을 동원했다. 인내와 적극적인 경청을 바탕으로 구글은 정상에 오를 수 있었다.

상당히 많은 수의 남성 CEO들이 결코 끝날 것 같지 않은 장황한 문장들로 쓸 데 없이 많은 말을 하는 걸 자랑스러워하는 반면에 여성들은 평범한 언어와 이해하기 쉬운 이야기들을 선호한다. 남성들은 지껄이지만, 여성들은 그림을 그린다. 뿌리 깊은 냉소와 불신의 시대에 먹히는 말을 하는 여성들의 견해는 특별히 더 신선하면서도 정직한 것으로 여겨진다.

설득력 있는 승자들의 '이기는 말'

모든 사람들을 설득하는 데 가장 효과적인 말들은 사람들이 일상에서 가장 듣고 싶어 하는 것들이다. 이러한 말들의 목록은 바뀔 가능성이 높다. 부단히 변하는 인간의 욕구를 어느 정도 충족시켜 주느냐에 따라 그 말들의 효과가 달라지기 때문이다. 그러나 그 단어와 문구들이 바뀌더라도 그 뒤에 숨겨진 원칙들에 집중하라. 다음은 오늘날 가장 중요한 9개의 설득력 있는 단어다.

안정(Stability): 더 나은 것으로 돌아간다는 의미인 '갱신'이 가장 강력한 단어 중 하나였던 시절이 있었다. 그러나 달라졌다. 이제 우리 모두가 추구하는 것은 '안정'이며, 우리가 지금 원하는 건 인생의 기복과 변동성이 끝나는 것이다. 나쁜 날이 오지 않게 막을 수 있다면 우리는 좋은 날을 기꺼이 포기할 것이다.

예측성(Predictability): 이와 마찬가지로 '예측성'이란 단어가 매우 중요한 단어로 부상했다. 돈은 부족하고, 실수해도 되는 여지가 없어진 가운데 우리는 시도하거나 검증해 보지 않은 것에 우리의 운명을 걸 수는 없다. 우리는 사려고 한 것에 돈을 제대로 지불한 것인지 알고 싶어 할 뿐이다.

> **설득을 이끌어내는 핵심 표현들**
>
> 1. 안정
> 2. 예측성
> 3. 통찰
> 4. 특정 분야 전문가
> 5. 성과 중심
> 6. 상식
> 7. 신뢰성
> 8. 편리성
> 9. 결과

통찰(Insight): 내가 지금까지 들어본 '통찰'에 대한 정의 중 최고는 도널드 럼스펠드가 인터뷰 때 했던 것이다. 내가 그를 위해서 일한다면 그가 한 말을 편집했을지 모른다고 말하자 그는 이렇게 대답했다. "뭔가를 검토한 후 그것을 더 낫게 만들 수 있는 사람들은 많지만 무엇이 빠졌는지를 찾아낼 수 있는 사람은 극소수다." 빠진 것을 찾아내서 살릴 수 있는 능력이 통찰인 것이다.

어떤 기업이 얼마나 '통찰력이 있는지', 혹은 당신이 특정한 문제나 이슈 해결에 '통찰력'을 발휘하고 있는지를 알게 되면 사람들은 자신이 독특하면서 가치 있는 제품이나 서비스나 정보를 얻고 있다고 생각한다.

특정 분야 전문가(Specialist): '특정 분야 전문가'가 '일반 전문가'에 비해서 더 강력한 힘을 갖게 됐다. 전화 토론 프로그램과 케이블 뉴스 때문에 일반 전문가라는 사람들이 크게 늘어났기 때문이다.

언론에 나오는 사람들은 모두 자신들이 각자의 활동 분야에서 전문가라고 주장하기 때문에 우리는 누구도 믿지 못한다. 이와 반대로 '특정 분야 전문가'는 그 숫자가 '일반 전문가'에 비해서 적기 때문에 여전히 특별한 사람들로 간주된다. 그리고 우리는 여전히 그들이 전문가라는 호칭을 들을 만큼 충분히 많은 훈련이나 교육을 받았다고 간주한다.

성과 중심(Performance drive): 이 표현은 여러 차원에서 사용된다. '성과 중심'으로 임금과 보너스가 나온다면 우리는 더 좋은 성과를 올릴수록 더 많은 돈을 벌 수 있다고 생각한다. '성과 중심' 문화의 기업이 만든 제품은 약속한 성능을 발휘할 것으로 간주된다. 기업 문화가 '성과 중심'적이라면 우리는 성공을 하면 보상받을 것으로 생각한다.

상식(Common sense): 설득에서 '상식'이 그토록 강력한 힘을 발휘하는 이유는 어떤 주장이 너무 당연하다고 생각할 경우에 사람들은 그것이 합리적이라고 믿기 때문이다. 이때 "너무 당연하다"라는 말은 모욕적으로 받아들여질 수 있지만 "그건 상식이다"라는 말은 지속적인 효과를 낸다.

신뢰성(Reliable/reliability): 사람들에게 자동차, TV, 컴퓨터 같은 기술 제품들에 가장 원하는 게 뭔지 물어보면 '신뢰성'이라는 답이 돌아올 것이다. 사실상 신뢰성은 '말썽부리지 않는다'와 '걱정할 게 없다'라는 두 가지 다른 강력한 문구를 조합해 놓은 것과 같다. 신뢰성은 항상 100퍼센트 돌아가면서 결코 멈추지 않는다는 뜻도 담겨 있는데, 그건 신뢰성이 가진 의미의 아주 일부에 불과하다.

사람들이 마케팅과 광고에서 가장 원하는 게 '신뢰성'이다. 그리고 '신뢰할 수 있다'는 건 '진실을 듣는다'는 뜻으로도 해석할 수 있다. 가장 설득력 있는 사람들은 항상 '신뢰할 수 있게 해주는 요소들(사실, 데이터,

증거 자료 등)'을 제시하면서 신중하게 자신의 주장을 펼친다.

편리성(Convenience): 이 말은 특히 직장에 다니는 엄마들에게 먹히는 말이다. 또한 이것은 '가치'의 자매어에 해당한다. 돈이 부족한 사람들에게 편리성과 가치의 조합은 정말로 원하는 것을 더 싸게 파는 다른 곳에서 찾아볼 시간을 내겠다는 강력한 동기를 부여했다. 이베이에서 아마존에 이르기까지 과거 20년 동안 가장 강력한 혁신적 브랜드들 중 일부는 특히 편리성을 제공해 주는 데 강점이 있었다.

결과(Consequences): 나는 이 말을 '설득을 이끌어내는 언어들'의 목록에서 맨 마지막에 넣었다. 이것은 당신의 설득 무기 중에서 유일하게 부정적인 성격을 띠기 때문이다. 지금까지 설명한 모든 단어들은 청자의 신뢰감을 높이는 기능을 한다. 그런데 이 단어는 예외이다.

어떤 행동들은 긍정적인 결과를 낼 수도 있지만, 이 단어가 가진 실제 힘은 이것이 청자에게 불러일으키는 두려움에 있다. 예를 들어 "실패의 결과들"을 나열하면서 연설을 끝마칠 때 사람들은 각자의 사정에 맞게 실패의 결과들을 따져보게 된다. 성공에 도움이 되는 '이기는 말' 9개 중 '결과'는 실패하면 안 되는 이유를 설명하는 데 유용한 유일한 단어이다.

8

/

Persistence

끈기

'노력'을 뛰어넘는
근성을 발휘하라

나는 농구 선수 생활을 하면서 9,000번 이상 슛을 놓쳤다.
나는 300경기 가까이를 패했다.
경기의 승부를 가늠하는 슛을 26차례 던져서 넣지 못했다.
나는 내 인생에서 여러 차례 실패했다.
이것이 오늘날 내가 성공한 이유다.

— 마이클 조던

이기는 데 필요한 모든 자질들 중에서 끈기가 가장 중요하다. 지미 코너스에게 물어보라. 의심할 여지 없이 인류 역사상 가장 위대한 테니스 선수들 중 한 명인 그는 저명한 U.S. 오픈에서 5회 우승하는 등 공식 대회에서 109차례 우승을 거머쥐어 남자 테니스 사상 최고 우승 기록을 세우며 5년 연속 세계 1위 자리를 지켰다.

그러나 코너스가 가장 존경받은 경기는 39세라는 많은 나이로 1991년 U.S. 오픈 준결승에서 벌인 경기였다. 그랜드 슬램 토너먼트 가운데 가장 힘든 것으로 알려진 U.S. 오픈에서 준결승까지 오른 선수들 중 그가 역대 최고령이었다.

코트 위에서 광대 같은 행동으로 관중의 야유를 받기도 했던 코너스는 팔목 수술 후 복귀한 당시 대회에서 과거 그를 야유했던 관중들로부터 존경과 감탄을 얻었다. 코너스는 지금은 놀라울 정도로 조용하고 차분한 사람으로 바뀌었는데, 인터뷰하려고 그를 방문했을 때 나는 그가 그렇게 변했으리라고 전혀 예상하지 못했다.

그는 자신이 최고가 되기 위해서 끈질기게 인내하며 선수 생활을 했다는 데 대해 조금도 후회가 없어 보였다.

나는 미친 듯이 운동했다. 그 방법밖에 몰랐다. 나는 이기기 위해서 경기했고, 내겐 승리만이 중요했다. 승리를 위해서 희생하는 게 두렵지 않았다. 6시간 경기를 연속 5차례 뛰기도 했다. 그래도 힘들지 않았다. 섭씨 40도 넘는 더위도 나를 괴롭히지 못했다.

나는 내 상대들보다 내가 더 유리하다는 걸 알았기 때문에 한낮에 경기하는 걸 더 좋아했다. 나는 그들이 더워서 제대로 숨도 쉬지 못할 정도가 되기를 바랐다. 경기장에 걸어 나가기 전에 이미 나는 경기의 절반 이상은 이겨놓은 셈이었다. 아무도 그런 더위에 나가서 5시간 동안 경기를 하고 싶어 하지 않았기 때문이다.

역경과 실패의 삶을 살았지만 포기하지 않았다는 점에서 에이브러햄 링컨의 실패담은 성공담만큼이나 놀랍다. 그는 "나는 내가 알고 있는 한 최선을 다한다. 내가 할 수 있는 한 최선을 다한다. 그리고 나는 끝날 때까지 계속해서 그렇게 하려고 한다"라고 말했다.

오늘날 링컨은 그가 겪은 실패가 아니라 그가 이룬 성공으로 더 알려져 있는데, 그의 성공은 그의 수그러들지 않는 끈기가 있었기에 가능했다.

역사상 주목할 만한 모든 인물들의 가장 주된 특징은 그들에게 끈기가 있었다는 것이다. 과거 한 역사가가 말했듯이 "콜럼버스가 탐험을 포기했다고 해서 아무도 그를 비난하지 않았을 것이다. 물론 그 대신, 아무도 그를 기억하지 못했을 것이다."

1809 가난한 집안에서 출생

1816 살던 집에서 가족이 쫓겨남

1818 어머니 사망

1831 사업 실패

1832 변호사 시험 탈락

1832 실업, 로스쿨 진학을 원했지만 실패

1833 사업 실패. 파산. 17년 동안 부채 상환

1834 변호사 시험 합격

1835 애인 사망

1836 신경쇠약 걸림

1838 사법부 대변인에 도전해 실패

1840 대통령 후보 선출 선거에서 낙선

1843 총선 낙선

1846 총선 당선

1848 재선 실패

1855 상원 의원 낙선

1856 부통령 도전 실패

1858 상원 의원 낙선

1860 대통령에 당선

끈기는 노력과 다르다

끈기는 노력과는 달리 생활 방식의 일부다. 끈기는 당신을 괴롭힌다. 끈기는 새벽 3시에 당신을 깨워서 한 번 더 확인하게 만들 것이다.

운동에서 제일 중요한 건 준비와 끈기다. 스포츠 캐스터인 짐 그레이는 이렇게 말했다.

준비하지 못하는 건 실패할 준비를 하는 것과 같다. 스포츠에서는 준비가 가장 중요하다. 위대한 선수가 되려면 준비를 해야 한다. 나는 리그 안팎에서 엄청난 재능을 가진 선수들을 많이 봤다. 이 세상 모든 재능을 가져도 끈질기게 준비할 능력이 없으면 그것은 아무 소용이 없다. 위대하게 되려면 준비해야 한다. 또한 위대하게 되려면 인내해야 한다.

할리우드 스튜디오의 최초 여성 CEO인 셰리 랜싱은 "대의가 당신보다 더 중요하다면 당신은 결코 거절을 두려워하거나 거절당해도 다치지 않을 것이다. 많은 경험을 해본 결과 나는 포기하지 않음으로써 성공한다고 생각한다"라고 말했다.

끈기와 노력의 차이는 무엇일까? 이 둘의 차이는 그리 단순하지가 않다. 굳이 차이를 구구절절 설명하기보다는 이 둘의 중대한 차이를 보여주는 다음의 두 진술을 보는 게 더 유용하겠다.

진술 A : "여러분, 일하러 갑시다. 나는 회사에서 밤새우고 싶지 않네요."
진술 B : "우리는 그 일을 올바로 하기 위해 무슨 일이든 해야 합니다."

두 진술은 일을 바라보는 두 가지 다른 태도를 보여준다. 직접 회사를 경영하며 수많은 사람들을 위해 컨설팅을 해주는 사람으로서 나는 이 두 가지 태도에 모든 게 들어 있다고 감히 자신 있게 말할 수 있다. 그렇다면 승자는 A와 B 중 어떤 말을 즐겨 하고, 중간관리자에서 벗어나지 못하는 사람들은 A와 B 중 어떤 말을 더 자주 하는가?

진술 B는 전체의 약 5퍼센트만 공유하는 사고방식이다. 진술 B는 포용적으로 팀원들과 상사를 한 배에 타게 하며, 어떤 노력과 비용이 들더라도 일을 제대로 해놓겠다는 결심을 전달해 준다.

진술 A는 전체의 약 95퍼센트가 공감하는 사고방식이다. 이것은 '우리'보다 '나'를 더 중시하는 사고방식이며, 팀의 성공보다는 한 사람의 희생을 더 강조한다. 이것은 일을 올바로 하기보다는 일을 어떻게든 끝내는 게 더 중요하다는 태도를 보여준다.

"음, 승자 되기가 아주 쉽네"라고 말할지 모르지만, 이것은 승자가 되기 위한 일부 조건에 불과하다. 사실 승자를 범인과 구분하는 신비로운 뭔가가 있는 건 아니다. 그런데도 우리는 왜 모두 승자가 되지 못하는 걸까? 왜 오직 소수의 사람들만이 성공에 이르는 사다리의 맨 꼭대기까지 오를 수 있는 것일까?

이베이, 행동으로 끈기를 보여주다

아는 것과 행동하는 건 별개다. 이베이의 창업자 피에르 오미디어와 맥 휘트먼에게 물어보라. 1999년 당시, 창립 후 불과 4년밖에 되지 않은 신생 기업 이베이는 사용자 수가 급격히 늘어나고 있었기 때문에 컴퓨터 서버들의 용량이 한계에 도달했다. 수집가들과 저가 매수자들이 무리 지어 이베이 사이트로 몰려들었고, 이베이는 사이트 유지에 애를 먹었다.

이때 오미디어는 시스템 붕괴를 막기 위해서 경매 수수료를 올리고, 특정한 날에 사이트에 올릴 수 있는 물건의 숫자를 1만 개로 제한함으로써 서버의 과부하를 막기 위해 노력했다. 그러나 그것은 오히려 부작용만 초래했다.

사용자들이 1만 개 한도가 차기 전에 사이트에 물건을 등록하려고 더 많은 물건들을 더 빨리 올리기 시작했다. 그러자 1999년 6월 12일,《뉴욕 타임스》가 '최악의 인터넷 사고 중 하나'라고 했던, 22시간 동안 이베이의 운영이 중단되는 사태가 벌어졌다.

그날 나스닥에 상장되어 있던 이베이의 주가는 폭락했고, 허술한 관리로 빚어진 사고라고 판단한 사용자들은 이베이에 대고 분노를 폭발했다. 당시 이베이의 CEO였던 휘트먼은 "회사에게 부끄러운 날이었다"라고 말했다. "우리는 로켓선에 탑승해 있었다. 그것은 실리콘밸리의 거품이었다. 그리고 그 일은 '봐라, 우리는 특별하지 않은가!'라는 생각에 찬물을 끼얹었다."[54]

이베이의 경영진은 당시 사태를 패배로 간주하지는 않았다. 그보다 그들은 끈질기게 문제를 정면으로 돌파했고, 그 사태를 미래를 위한 교훈으로 활용했다. 휘트먼은 서버가 다운된 기술적 이유들을 공부한 후 사이트를 재빨리 개편하면서 서버 성능을 더욱 강화했다. 그리고 400명에 달하는 전 직원들을 동원해 회원들에게 사과 연락을 돌렸다.

이런 전례 없는 활동으로 이베이는 평생의 신뢰를 얻게 되었고, 이후로 몇 년 동안 사고가 나기 전보다 더 엄청난 속도로 성장할 수 있었다. 당시 노력으로 이베이는 '성공이 확실할 것 같았던' 다른 인터넷 신생 업체들이 몰락하기 시작하던 때에, 잘못으로부터 배우겠다는 약속과 더 나아지기 위해서 애쓰겠다는 결심의 메시지를 회원들에게 전해주었다.

끈기 있게 일을 추진할 것임을 보여줄 때는 실제 행동으로 해야 한다. 잔꾀나 기술이나 속임수 등을 써서 일이 저절로 잘 마무리되길 바라거나, 다른 사람들이 싸우게 부추겨서는 안 된다. 당신은 차원 높은 결과를 얻는 데 필요한 수준 높은 노력을 기울여야 한다.

나는 지금 일을 끝내기 위한 추진력이 중요하다는 말만 하고 있는 게 아니다. 승리할 때까지 거듭해서 일을 수행하는 게 중요하다는 말을 하고 있는 것이다. 노력은 끈기의 중요한 일부에 불과하다.

어떤 일을 끝내기 위해 평소보다 두 배의 시간을 썼다고 해서 끈기가 생기는 건 아니다. 끈기는 사고방식이고, 생활 방식이다. 또한 그것은 당신이 속한 조직을 위대함을 성취할 수 있는 기회들로 가득 찬 곳으로 바라보는 방식이다.

패배 후 승자들이 하는 말

수필가이자 자연주의자인 존 버로스는 과거 "인간은 여러 번 실패할 수 있지만 다른 사람에게 실패의 탓을 돌리기 전까지 실패하지 않는다"라고 말했다.[55]

나는 그의 이 말에 승리의 개념을 넣어서 바꿔보았다. "인간은 여러 번 성공할 수 있지만 성공했든 실패했든 자신이 하는 모든 일에 책임 지기 시작할 때까지 승자라고 할 수 없다." 이런 사고는 노력과 끈기의 또다른 결정적인 차이점을 보여준다. 즉, 끈기에는 자신이 한 행동에 대해서 기꺼이 책임지고자 하는 의지가 담겨 있다.

성공하기 위해서 열심히 일하는 사람은 어쩔 수 없이 실패하게 될 때 다른 사람들을 비난하지 않는다. 그러나 단순히 노력만 기울인 사람은 자신이 포기할 수밖에 없었다는 걸 정당화하기 위해 비난의 화살을 자기가 아닌 다른 사람들에게 돌리는 방법을 찾을 것이다.

그럴 때 댈 수 있는 변명은 끝도 없이 많지만, 이런 변명들 중 어떤 것도 통하지 않을 것이다. 다음에 나오는 표현들을 얼마나 자주 들어봤는지 아니면 실제로 말해 봤는지 생각해 보라.

- "우리는 승리를 빼앗겼다."
- "그들이 우리보다 낫다."
- "우리는 그걸 가지고 경쟁할 수 없다."
- "그건 공정한 싸움이 아니다."
- "그건 공평한 경쟁의 장이 아니다."
- "우리가 어떻게 그것에 맞서리라 기대할 수 있단 말인가?"
- "그건 가망 없는 일이다."
- "아무도 이걸 사려고 하지 않을 것이다."

이런 말들이 낯익은가? 이건 태도와 관계된 말이며, 승리의 목전에서도 패배를 불러오는 말이다.

나는 NBA의 데이비드 스턴에게 패배에 어울리는 말로 어떤 것이 있는지 물었다. NBA 팀들의 절반은 경기가 끝난 후 반드시 그런 말을 할 수밖에 없기 때문이다.

당신이 브루클린에서 자랐다면 "내년까지 기다려라"라는 말에 익숙할 것이다. 그건 "우리는 최선을 다했고 엉덩이가 닳도록 애썼지만 졌는데, 다시 돌아와서 한 번 더 해보겠다"는 뜻이다.

패배의 말은 "사랑하고 이별하는 게 전혀 사랑해 보지 않는 것보다 낫다"는 셰익스피어가 했던 말을 연상시킨다. 패배할 때 쓰는 말로 이런 말이 적합할 것이다. "우리는 열심히 싸웠다. 우리는 좋은 경기를 했다. 우리는 최선을 다했지만 능력이 약간 모자랐다. 그러나 우리는 다시 체육관에 가서 열심히 연습한 후 내년에 돌아오겠다."

이것은 패배를 가장 긍정적으로 표현한 말이다. "승리를 빼앗겼다"라거나 "우리가 이기겠다"는 말과는 차원이 다르다.

끈기는 누가 잘못했는지 개의치 않는다. 그것은 다만 당신이 제대로 일할 때까지 계속 움직이게 한다. 너무도 많은 사람들이 실패를 설명하거나 정당화하거나 변명하기 위한 언어를 찾는 데 지나치게 많은 시간을 낭비한다. 이제 그런 짓은 그만 둬라!

벽을 향해 걸어가서 거기 벽이 없다고 생각해 봤자 벽이 사라지는 건 아니다. 당신에게 도움이 되는 건 벽을 넘거나 주위로 피해 가거나 벽을 무너뜨리거나 완전히 새로운 길을 찾아서 갈 수 있는 새로운 방법들을 생각해 보는 것이다. 그렇게 하면 당신은 벽을 정복할 수 없는 무적의 장애물이 아니라 도전이나 숨겨진 기회로 만들 수 있을 것이다.

당신은 너무 뜨겁거나 너무 차갑지 않고 꼭 맞는 적당한 한마디로 '이상적인' 접근 방법을 찾아야 한다. 대부분의 사람들은 자신의 능력을 증명하거나 개선할 방법들을 찾고 있다. 기준을 높게 정하면 그 기준에 도달할 기회를 얻게 된다. 반대로 기준을 낮게 잡으면 목표로 삼을 게 사라진다. 그런 기준은 사람들이 깊숙이 숨겨두고 있는 용기를 발휘하도록 자극하지 못한다.

승리의 환희와 쾌감에 집중하면, 위대함으로 향하게 될 것이다. 가는 길에 가로놓인 장애물이 무엇이건 그것을 밀어내고 그것에 맞서면서 계속해서 전진하게 될 것이다.

미션 대 약속

끈기를 가장 잘 표현한 두 단어가 미션(mission)과 약속(commitment)인데, 이 두 단어의 뜻은 확연히 다르다. 미션은 기업 차원에서 끈기를 드러내는 방법인 반면, 약속은 좀 더 개인적이고 개별적인 의미를 갖는다. 미션은 기업이나 기업이 존재하는 이유를 설명해 주면서 목적을 알려준다. 이와 반대로 '기업의 약속'은 그 말을 들은 즉시 "그들이 약속을 지키지 않으면 누구에게 책임을 물을 수 있을까?"라고 생각할 것이기 때문에 사실상 의미가 없다.

그러나 개인이 약속을 할 때는 그 약속에 자신의 평판을 거는 것이다. 그래서 당신이 마무리에 신중한 편이 아니라면 약속을 해서는 안 된다. 실패할 경우 그 피해가 영구적일 수 있기 때문이다.

실패를 관리하는 법

마이크 리히터는 역사상 가장 위대한 아이스하키 골잡이들 중 한 사람이다. 그는 1994년 스탠리 컵에서 뉴욕 레인저스를 우승으로 이끌고, 2002년 동계 올림픽에서 미국 팀에 힘들게 은메달을 선사한 것으로 잘 알려져 있다. 그는 레인저스 선수로서는 처음으로 300경기 승리를 거뒀으며, 레인저스의 영원한 승리의 선봉장으로서 선수 생활을 마감했다.

리히터의 전 팀 동료인 브라이언 리치는 리히터에 대해서 이렇게 말했다. "나는 그만큼 경기에 집중하는 사람을 본 적이 없다. 경기 양상이 치열해질수록 그는 더 뛰어난 기량을 보여줬다."[56]

리히터가 이룬 성공은 승자들의 인생과 역경에 대한 태도를 설명하는 데 도움을 준다. 리히터는 이렇게 말했다.

스포츠 분야에서 뛰는 최고의 선수들을 보라. 아이스하키 선수 마크 메시에는 25년간 선수 생활을 하면서 6차례 스탠리 컵에서 우승했지만 그건 그보다 3배 이상을 우승에 실패했다는 뜻도 된다.

당신은 역경을 이겨내는 법을 배워야 한다. 스포츠란 본래 그런 것이며, 인생 역시 실패의 연속이다. 실패를 이겨낼 방법이 있느냐 없느냐에 따라 당신이 승자가 될지 패자가 될지 결정된다.

작은 실패를 계속할 경우, 시간이 지나면서 누적되어 장기적으로 실패가 지속된다. 그러므로 승리하기 위해서는 그렇게 누적되는 실패의 경험들을 관리해야 한다. 리히터는 덧붙여 이렇게 말했다.

인생의 어떤 분야에서건 리더나 승자나 성공한 사람이 되고 싶다면 바로 자신을 가장 먼저 통제해야 한다. 성공 비결이 무엇인지 깨닫고 그것에 몰두한다. 상황이 여의치 않을 때는 접근법을 바꿔야겠지만, 일관되게 접근해야 한다. 성공 비결이 뭔지를 알고 그것에 매달려라.

슬럼프를 겪고 있거나 기분이 안 좋거나 몸이 지쳐 있지만 여전히 이겨야 한다고 해보자. 경기나 인생은 내 컨디션이 좋지 않다는 이유만으로 중단되지 않는다. 정말로 위대한 사람들은 외부 상황이 어떻게 변하건 상관없이 뛰어나기 위해 필요한 내부의 힘을 모을 수 있다. 내 경우 그런 힘은 '끈기'이다.

위대한 사람들은 무엇이나 잘되는 방향으로 생각하려고 애쓴다. 그들은 처음부터 마지막 순간까지 계속해서 집중한다.

평범한 사람들은 패배를 무기력하게 수용하거나 덜 창피하게 느끼기 위해서 실패한 데 대해 변명을 댄다. 하지만 승자는 패배한 결과를 붙들고 그것을 완전히 뒤집어 분석한 후, 이기는 방법을 연구한다. 승자는 정말로 "그들에게 침을 뱉어봤자 그들은 비가 온다고 생각한다"라는 유대인 속담에 나온 사람들처럼 동요하지 않는다.

대중의 시선을 받는 사람들은 부정적인 평판을 극복하는 게 필수적이다. 아무리 교양 있는 사람들이라도 가끔씩은 실수를 하며, 엄청난 성공 뒤에는 비평이 뒤따른다. 정상에서 내려다보는 장면은 놀랍도록 멋지지만 당신이 오른 것과 똑같은 산을 오르려고 애쓰는 사람들이 엄청나게 많고, 그들은 당신을 무너뜨릴 구실을 찾느라 몰두할 것이다.

내가 지금까지 가까이 보아온 사람들 중에서 루퍼트 머독만큼 대중적인 이미지와 개인적인 모습이 다른 사람을 찾아볼 수 없다. 개인적으로 같이 있을 때는 호기심이 많고 다정다감해서, 그를 비난하는 사람들이 말하는 독재자 이미지 같은 건 전혀 없다. 그의 후덕한 성격은 가히 전설적이다. 그러나 미국이나 유럽 어디서든 머독이라는 이름을 언급하면 아마도 잔혹한 독재자들을 겨냥해서 내뱉는 욕을 계속해서 듣게 될 것이다.

내가 머독에게 비판을 피하는 방법을 개발했는지 묻자 그는 자신에게 해코지하려는 사람들의 마음조차 이해한다며 이렇게 말했다.

나는 나 자신에 대해 쓰인 책은 읽지 않는다. 그리고 나는 얼굴이 아주 두껍다. 언론계의 거물이라서 독재적이라거나 부자라는 등의 소리를 듣기 때문에 사람들은 우리를 질투한다. 사람들은 또 우리에게 분개하고, 우리가 가진 힘을 상당히 과대평가하고 그것에 격분한다. 원래 이 바닥이 그렇다는 게 내 생각이다.

논란에 휩싸이는 걸 두려워하지 않는 신문사들이 상당히 많다. 우리는 다른 사람들에 대해서도 비판하니 우리에 대한 비판도 수용해야 한다. 나의 아버지는 여러 곳의 신문사를 경영했고, 나는 그런 가정에서 성장했다. 학교에서 나는 아버지와 아버지 신문사들 때문에 조롱당하고 욕을 먹곤 했기 때문에 그렇게 사는 게 아주 어렸을 때부터 익숙하다.

우리는 갑자기 겪는 실패 빈도수가 늘어났다는 이유만으로 실패하기도 한다. 모든 실패들에 똑같은 가치를 부여하고 그때마다 낙담하기를 반복한다면 성공을 위해 계속 전진할 수 있을까? 그럴 수 없다. 그렇기 때문에 승자는 부지불식간에 실망을 느끼더라도 그것을 제쳐놓고 열심히 나아갈 수 있게, 패배의 영향력을 낮추는 방법들을 찾아야 한다.

패배가 너무 하찮은 것으로 변해서 더 이상 그것에 신경 쓰지 않아도 될 정도로까지 패배를 중요하지 않은 어떤 것으로 만드는 과정을 지속적으로 수행해야 한다.

승자는 패배나 실패를 그대로 인정하기를 거부한다. 그보다 그들은 패배나 실패를 문제를 해결할 수 있는 새로운 에너지를 주는 기회로 다시 정의한다.

당신이 경영하는 광고 대행사가 대형 글로벌 기업에 당신의 서비스를 홍보할 기회를 얻었다고 가정해 보자. 성공만 하면 당신 회사는 100만 달러짜리 1년 계약을 체결할 수 있다. 당신은 3곳의 다른 광고 대행사들과 경쟁하게 될 것이며, 그중 한 곳은 광고주들 사이에서 평판이 좋은 것으로 알려졌다. 당신은 몇 주 동안 준비한다. 사무실에서 오랜 시간을 보내면서 셀 수 없이 많은 밤을 새운다. 이제 프레젠테이션을 시작하고, 그동안 준비했던 것을 내놓고 결과를 기다린다. 광고주들이 가장 선호한다던 그 회사가 계약을 따냈다는 소문이 들린다. 당신은 결과 통보를 기다린다. 그러나 결국 계약에 실패한다.

바로 이럴 때, 패배를 환영하라. 이런 패배를 어떻게 극복하느냐에 따라 승자가 될 잠재력을 갖고 있는지가 판가름난다.

많은 사람들은 패배를 경험하면 즉시 "광고주들이 좋아하는 곳이 있었으니 내가 기회를 얻지 못한 게 당연해"라고 말할 것이다. 혹은 "우리는 다른 대행사들보다 규모가 훨씬 영세한데 어떻게 이런 큰 계약을 따낼 수 있었겠어?"라고 말할 것이다. 아니면 지금까지 나온 말들 중에서 가장 해로운 말인 "우리는 우리가 할 수 있는 최선을 다했으니 됐어"라고 말할 것이다.

그러나 승자는 이런 경험을 다른 각도에서 바라본다. 따내지 못한 100만 달러짜리 계약에 실망하기보다는 이렇게 자문해 보라. "우리는 왜 계약을 따내지 못한 걸까? 프레젠테이션을 더 잘하려면 어떻게 했어야 하는 걸까? 이번 경험을 바탕으로 다음에 승리하는 방법을 찾아낼 수 있을까? 다른 대행사들은 어떤 일들을 한 걸까? 같은 실패가 되풀이되지 않게 하려면 우리는 뭘 바꿔야 하나?"

중대한 실패로부터 회복할 수 있는 유일한 길은 포기를 거부하는 것이다. 그랬기 때문에 도널드 트럼프도 처음보다 훨씬 더 위대한 '부동산 왕국'을 세웠으며, 그의 아이들은 아버지 이름을 자랑스럽게 알리고 다닌다(20년 전 트럼프는 거의 망하기 일보 직전까지 갔고, 언론 때문에 매일 망신을 샀다).

패배를 재정의하는 것은 자기 평가와 관련된 문제이기도 하다. 문제를 해결하기 전에 당신은 당신의 한계와 당신을 구속하는 것과 당신이 저지른 실수 등 당신 안에서 무슨 일이 일어나는지를 알아야 한다.

끈기는 만들어진다

빌 게이츠, 오프라 윈프리, 워런 버핏은 더 많은 시간 동안 일할수록 더 많이 성공했고, 더 많은 영향을 끼쳤다. 지위 고하를 막론하고 사람들이 당신이 하는 일에 관심 갖게 만들려면 어떻게 해야 하는가? 즉각적으로 얻는 혜택이나 궁극적으로 얻게 되는 보상이 무엇인지 분명하지 않을 때 당신에게 모든 관심을 쏟게 만들려면 어떻게 해야 하나?

끈기는 '만들어진 동기'의 기술이다. 이것이 나쁜 뜻으로 들릴지 모르겠지만 꼭 그렇지는 않다. 관리자가 직속 부하와 대화하거나, CEO가 회사를 상대로 연설하거나, 대통령이 국민을 상대로 연설할 때 목적은 모두 동기를 자극하는 것이다. 즉, 청자들이 흥분하고 관심을 갖고 앞에 놓인 힘든 도전들을 받아들일 준비를 하게 만드는 것이다.

정치 지도자들도 이렇게 하고, 군대 장군들도 이렇게 하고, 스포츠 팀코치들도 이렇게 하고, 영화감독들도 이렇게 하고, 부모들도 이렇게 한다.

어떤 일을 하든 사람들에게 동기부여를 하는 게 중요하다. 만일 사람들이 결승선까지 당신과 같이 뛰겠다고 생각하게 하지 못한다면 당신은 어떻게 성공을 기대할 수 있겠는가? 승자는 계속해서 움직이고자 하는 자연스러운 이유를 갖고 있다. 그게 그들의 '본성'이다. 끈기는 승자가 아닌 사람들에게도 그것을 '본성'으로 삼게 만든다.

래리 버드에게 경기 전 자신에게 어떻게 동기를 부여하는지 물었을 때 이런 답이 돌아왔다.

경기를 하면 나는 코트에 있는 선수들, 심지어 내 팀 동료들까지도 나의 적이라고 느꼈다. 그리고 나는 항상 사람들이 내가 성공하기를 바라거나 내가

지는 걸 원한다고 느꼈다. 그래서 나는 경기장에 있는 모든 사람들에게 내가 그런 어려움을 극복할 것임을 증명해야 했다. 그러나 혼자 힘으로 그렇게 한 건 아니었다. 내가 정말로 의지했던 내 동료들이 있다는 걸 알았기 때문이다.

나는 스스로 동기부여하는 사람이라고 느꼈다. 내겐 감독이 필요 없었다. 팀 동료들의 응원도 필요 없었다. 아침에 그날 경기를 위해서 연습하러 갈 때 나는 정신적으로 바로 뛸 준비가 됐다는 걸 알았다. 일단 연습이 끝나면 그것이 긍정적이건 부정적이건 간에 그날 저녁에 있을 경기를 위해서 동기를 불어넣을 수 있는 모든 걸 찾으면서 시간을 보냈다.

승자는 인간 중심적이기 때문에 다른 사람들에게 동기를 부여하고 팀을 만드는 방법을 안다. 그들은 자신이 가진 끈기의 효과를 배가하고, 그것을 조직 전반으로 퍼뜨리는 방법을 안다. 당신은 장애물이 없다는 것, 즉 승리를 방해할 수 있는 건 아무것도 없음을 알려야 한다.

동기를 부여하는 말은 기회를 주는 말이기도 하다. "계속해서 선전해야 한다"는 메시지를 전달하려면 도전, 차질, 실패를 극복할 방법을 찾아야 한다.

영업권을 다른 회사가 따냈다고 치자. 그러면 당신은 당신이 만든 홍보물을 완전히 다시 더 낫게 뜯어고칠 기회를 갖게 된 것이다.

당신 회사의 신제품이 완전히 실패로 드러났다고 치자. 그러면 당신은 뭐가 잘못됐는지를 알아내서 정말로 뛰어난 신제품을 만들 기회를 갖게 된 것이다.

당신이 잘못된 투자 결정을 내려서 엄청난 돈을 잃었다고 치자. 좋다. 모든 것이 기회가 될 수 있는 건 아니다. 어떤 경우 속만 아플 때도 있다. 그렇다고 해서 그런 잘못으로부터 배울 수 없다는 뜻은 아니다.

한 가지 장애물도 경험해 보지 않고 인생을 순항하는 사람들은 장애물을 만났을 때 어떻게 해야 하는지 전혀 모른다. 장애물들은 우리에게 정말로 힘든 시기가 닥쳐왔을 때 어떻게 해결해야 하는지를 가르쳐준다. 우리는 적어도 포기하지 않고 무사히 어려움을 극복하는 방법을 배우게 된다.

동기부여는 감정과도 관련된 문제다. 사람들이 당신을 믿어주기를 바란다면 그들을 '더 높은 곳'으로 데려가야 한다. 그곳이 바로 끈기와 설득이 만나는 지점이다.

그들을 그곳으로 데려가려면 건조한 숫자와 통계와 사실과 인물을 나열만 해서는 안 된다. 그들이 그 속에 들어가 있는, 멋진 미래가 담긴 그림을 그려야 한다. 너무나 매력적이라서 사람들이 동참하고 싶은 이야기를 말해 줘야 한다. 음악과 시각적 효과도 통하지만, 언어는 사람들의 감정을 불러일으키기 가장 좋은 방법이다. 동기부여를 위한 언어 사용 능력은 연습과 연구와 결심으로 키울 수 있다.

조직을 더 높은 곳으로 이끄는 힘

끈기는 무슨 일이 있어도 포기하지 않는 걸 말한다. 그러니 모든 사건과 모든 커뮤니케이션 기회를 별도의 것으로 간주해야 한다. 매일매일을 완전히 새로운 날로 여기고 살아가라는 뜻이다.

전날 메시지를 전달했더라도 다음 날에도 그것을 전달해야 하고, 그 다음 날 그리고 또 그다음 날에도 그래야 한다. 어제 실패한 일이 있다면 오늘 일을 그 일과 완전히 독립적인 것으로 여겨야 한다. 따라서 내일 또 실패할 수도 있고 아닐 수도 있다. 버락 오바마의 대선 운동이 그토록 성공을 거두었던 이유 중 하나가 그와 그의 선거운동 팀이 매일매일을 전에 아무런 일도 일어나지 않은 날처럼 여겼기 때문이다.

대고객 서비스 분야를 예로 들어보자. 당신이 다국적기업의 대고객 서비스 부서 총책임자라고 가정해 보자. 당신이 맡은 일은 전화 응대를 하거나 회사의 목소리를 대신하는 것이다.

14명의 고객이 방금 당신과 통화하면서 소리를 지르다가 전화를 일방적으로 끊어버렸다. 그러면 당신은 의기소침해지고, 우울해지고, 자기가 하는 일을 역겹게 느낄 수도 있다. 이것이 현장에서 뛰는 사람들이 수도 없이 겪는 일이다. 그들의 사기를 떨어뜨리지 않는 것이 당신이 해야 할 일이다. 이럴 때 당신은 어떻게 해야 할까?

좋은 방법은, 이러한 커뮤니케이션 사건들이 룰렛 게임과 같다고 생각하는 것이다. 각각의 사건은 앞에 일어났거나 뒤에 일어날 사건과는 완전히 독립적이다.

부하 직원들에게 모든 통화는 고객의 하루를 더 낫게 만들어주고, 고객이 처한 문제를 해결해 주고, 당신의 회사를 더 좋은 회사로 만들 새로운 기회라는 걸 상기시켜 줘라. 이것은 승리를 위해 실패를 재정의하는 방법이다. 각각의 사건의 의미와 영향을 최소화하거나 이번 사건을 부정함으로써 부하 직원들은 각각의 '패배'를 극복해 낼 수 있게 된다.

주위 사람들에게 끈기를 설명하는 일은 매우 중요하다. 나는 사람들에게 끈기가 중요한 이유를 잘 설명하는 두 회사에서 일한 적이 있다. 로우스와 페덱스다. 각 회사마다 자체적으로 독특한 교육 방법을 갖고 있지만, 양사 모두 목표는 똑같다. 모든 직원들에게 고객이 중요한 이유와 무슨 일이 있더라도 최대한 예의를 갖춰서 고객을 대해야 하는 이유를 이해시키는 것이다. 고객이 중요하다고 말로만 하고 몸으로 보여주지 않아서는 안 된다.

두 회사는 직원들에게 고객의 역할을 중시하고 고객을 무작위로 들르는 낯선 사람 이상으로 대해야 한다는 걸 가르쳐주는, 인간 중심적인 회사다. 그들은 모든 고객을 항상 즐겁게 해주지는 못하더라도 그리고 처음에는 안 되더라도 그런 노력을 여러 번 되풀이해야 한다는 걸 강조한다. 그것이 기업의 서비스 윤리이기 때문이다.

이들 기업은 사건 하나하나가 모두 중요하고 귀하다는 걸 강조한다. 그럼으로써 매일 항의하고 환불을 원하는 고객들을 응대하느라 지친 직원들이 포기하고 싶은 충동을 느끼지 않도록 예방주사를 준다.

승리의 기본 원칙 중 하나는 성공이 어떤 모습인지를 그려볼 수 있는 능력이다. 당신이 성취하려 애쓰고 있는 게 무엇인지를 아는 것이다. 또한 결승점이 어디에 있고, 결승점 너머에 어떤 일이 당신을 기다리고 있는지를 분명히 보는 것이다. 이렇게 할 수 없다면 당신이 가진 자원을 목표를 달성하는 방향으로 집중하고 조직할 수 없다.

영국의 극작가 윌리엄 셰익스피어의 희극 『십이야(Twelfth Night)』에 말보리오가 마리아의 편지를 큰 소리로 읽는 장면이 나온다. 편지에는 "위대함을 두려워 말라. 어떤 이는 위대하게 태어나고, 어떤 이는 위대함을 성취하며, 어떤 이는 위대함을 쟁취해 낸다"라고 적혀 있다.

2009년 3월 27일, MGM 리조트 인터내셔널의 6만 명 직원들에게 회장이자 CEO인 짐 머렌은 이 세 가지에 모두 해당하는 존재였다. 당시 그는 라스베이거스가 지금까지 겪었던 것 중 가장 심각한 경제 위기의 한가운데서 회장이자 CEO를 맡은 지 불과 4개월밖에 되지 않은 상황이었다. 회사는 130억 달러의 빚으로 허덕이고 있었다. 그 전 한 분기 동안 입은 적자만 11억 500만 달러였기 때문에 파산 전문 변호사를 선임해야 할 지경이었다.

게다가 그들이 추진했던 라스베이거스 역사상 가장 큰 건축 프로젝트로 불리는 시티센터 개발은 불과 준공 9개월을 남기고 좌초 위기에 빠졌다. MGM은 네바다에서 단일 회사로는 가장 많은 인력을 고용했기 때문에 1개월 동안 네바다 주 전체에 긴장감이 퍼졌다.

그날로부터 정확히 1년 뒤 나는 짐 머렌과 자리를 같이했다. 나는 그에게 먼저 그의 회사와 그의 경력이 몰락 위기에 빠졌을 때 어떤 생각을 했는지 물었다. 그리고 그는 말만으로는 승리할 수 없고, 생각과 믿음과 개인적 원칙이 있어야 승리할 수 있음을 분명히 밝혔다.

나는 끊임없는 성공 욕구와 다른 사람들에게는 없는 결단력이 있었다. 당시는 솔직히 절망의 시기였다. 불확실성이 만연했다. 그러나 내 안에서는 수천 개의 일자리를 구하고, 주주들을 확실한 패배로부터 구하고, 우리 회사의 창업자들이 물려준 전통을 보존하자는 강력한 결심만이 있었다. 그리고 마침내 그것은 신념으로 이어졌다.

나는 영적인 의미를 믿는 사람이다. 나는 이유가 있어서 라스베이거스에 살고 있다고 믿는다. 나는 아버지도 이유가 있어서 젊은 나이에 돌아가셨다고 믿는다. 나는 내 동생도 이유가 있어서 믿을 수 없을 정도로 어린 나이에 하늘나라로 갔다고 믿는다. 나는 이 특별한 시간에 내가 적절한 사람이라고 믿는다. 다른 시간이 아닌 바로 지금 그렇다는 말이다.

나는 이사회가 모든 옵션들을 똑똑하고 철두철미하게 검토해 주고, 내가 내린 것과 같은 결론을 내려줄 거라고 믿었다. 나는 은행들도 시티센터와 MGM을 밀어줄 것이라고 믿었다. 왜냐하면 그것이 그들에게도 재정적으로 올바른 일이었기 때문이다. 그리고 나는 우리가 살아서 또 싸울 기회를 얻는다면 다음 전투 때는 또다른 해결책을 찾아낼 것이라고 믿었다.

결국 MGM은 살아났고 시티센터는 준공되었다.

구성원들이 끈기를 가지고 '우리는 포기하지 않는다'며 흔들리지 않도록 당신은 그들이 터널 끝의 불빛을 볼 수 있게 도와줘야 한다. 힘든 일이 계속될 거라고 생각한다면, 무엇을 위해서 그토록 많은 시간과 에너지를 쓰면서 일해야 하는지를 그들에게 정확히 알려줘야 한다. 매력적인 비전을 보여주지 못한다면 그저 "나만 믿어라"라고 말만 하는 것과 같다. 그런 말은 당신 편에 속한 몇 사람에게만 통할 뿐이다.

🎤 끈기 있는 승자들의 '이기는 말'

다음은 끈기를 전달할 때 쓸 수 있는 말들이다.

끈질기다(Relentless): 이 말은 다른 어떤 말보다 '성공을 위해 타협하지 않고 정진하겠다'는 뜻을 잘 전달한다. 렉서스가 '완벽함의 추구'라는 말에 '끈질긴'이란 단어를 추가했을 때 고객들에게 렉서스 자동차는 계속해서 더 성능이 좋아지고 있으며 어떤 장애물도 이들의 추구를 가로막을 수 없다는 걸 말해 주고 있었다. 이 단어보다 끈기를 더 완벽하게 전달하는 단어는 생각하기 어렵다.

결연하다(Determined): '끈질기다'가 기업의 입장에서 적절한 말이라면, '결연하다'는 개인의 입장에서 적절한 말이다. 이 단어는 성공을 위한 개인의 깊은 갈망을 전달한다. 이 말에서 목표에 집중하려는 의도와, 타협하지 않고 그런 목표를 추구하겠다는 의도가 느껴진다.

한 가지에 집중(Single minded focus): 이것은 원칙의 문제다. 이것은 모든 승자들에게서 나타나는 공통된 특징이다. 승자는 집중에 방해가 되는 것을 모두 차단하고 당면한 일에 집중할 수 있는 능력을 가지고 있다. 어떻게든 소비자들의 관심을 끌려고 서로 경쟁하는 정신 없는 세상에서, 이런 능력은 과거 어느 때보다도 가치가 크다.

실천적 접근(A hands on approach): 이것은 사람들이 승자들에게 원하는 것이다. 그렇기 때문에 사람들은 스티브 원의 호텔에 머물거나 스티브 잡스가 만든 제품들을 산다. 잡스가 애플을 떠났던 기간 동안에 애플이 주가가 하락하고 대중의 신뢰를 잃었던 것도 그 때문이다. 잡스가 애플로 복귀했을 때 주가와 대중의 신뢰가 즉시 회복된 이유도 그렇다. 기업을 경영하는 천재가 행동하지 않을 때 그 회사는 몰락할 것이다. 사람들은 직접 팔을 걷어 올리고 '실제로' 일하려고 하는 리더들을 존경하고 신뢰한다.

끝내자(Let's get it done) : 당신의 성공 의지와 기대를 분명히 전달해 주는 말이다. 이것은 행동에 나설 것을 알리는 구호이다. 또한 이것은 인간 중심적인 개인들이 프레젠테이션이나 홍보 활동을 끝낼 때 쓰면 정말로 훌륭한 말이다.

일하자(Let's get to work) : 이 말은 완벽한 연설을 끝내는 완벽한 방법이다. 모든 승자들은 공통적으로 사람들에게 행동에 나설 것을 요구하는데, 실험해 본 결과 이 말이 그런 목적에 가장 어울리는 말이었다. 왜냐하면 일 자체를 강조하는 게 아니라 성공적인 결과를 낳기 위해서 집중하자는 메시지를 주기 때문이다. 이것은 공동의 목표를 성취하기 위해서 함께 나서자는 초대를 의미한다.

9

Principled Action

원칙적 행동

올바른 방식으로
승리하기

- **발신:** 켄 레이〈ken.lay@enron.com〉
- **수신 일자:** 2001년 8월 14일 화요일 오후 3시 59분
- **수신:** 엔론 전 직원
- **제목:** 조직 개편 발표

유감스럽게도 오늘 날짜로 사장이자 CEO인 제프리 스킬링이 엔론을 떠나게 됐습니다. 이사회는 그의 사직을 받아들였습니다. 그는 개인적 이유로 회사를 떠나는 것이며, 그 결정은 자발적으로 내려진 것입니다. 그가 그런 결정을 내린 게 유감스럽지만 그의 결정을 받아들이고 이해합니다.

이제 우리는 미래를 향해 전진해야 할 때입니다.

제프가 떠나자 이사회는 내게 이사회장으로서의 역할뿐만 아니라 사장이자 CEO의 책임을 다시 맡아달라고 부탁해 왔습니다. 나는 이사회의 부탁을 수락했습니다.

나는 여러분에게 회사의 앞날을 지금보다 더 긍정적으로 전망해 본 적이 없다는 확신을 심어주고 싶습니다. 여러분 모두 알고 있듯이 우리 회사의 주가는 지난 몇 달 동안 폭락했습니다. 내가 최우선순위로 삼고 추진할 일 중 하나는 최대한 빨리 추락한 우리의 주식 가치를 회복시켜 놓는 일입니다.

지금까지 우리가 이처럼 강한 실행력을 보이거나 강력한 사업 모델을 가진 적이 없습니다. 지금처럼 우리의 성장이 확실한 적도 없었으며, 무엇보다도 우리는 지금처럼 회사 전반적으로 훌륭하고 진지한 인재들을 확보한 적도 없었습니다. 우리는 오늘날 미국 비즈니스 분야에서 최고로 멋진 조직입니다. 우리 모두 힘을 합쳐서 엔론을 세계 일류 기업으로 만듭시다!

원칙 없는 승리는 짚 없이 만든 벽돌과 같다. 강력한 원칙은 승리를 굳건하게 유지해 준다. 그런 원칙이 없다면, 모든 것이 허물어지는 건 시간 문제다.

엔론은 전설적인 기업이었다. 1996년부터 2001년까지 무려 6년 연속으로《포춘》지는 엔론을 '미국에서 가장 혁신적인 기업'으로 꼽았다.

켄 레이가 1985년부터 2000년 사이에 15년 동안 엔론의 CEO로 일하면서, 후계자로 염두에 둔 제프리 스킬링과 함께 회사를 지역 천연가스 파이프라인 회사에서 전 세계 최대 규모의 에너지 회사로 변화시켰다. 레이가 엔론을 경영하는 동안 엔론의 주식 시가총액은 20억 달러에서 700억 달러로 급등했고, 주주들은 S&P 500 지수 수익률의 3배에 달하는 수익을 올렸다.

2000년 매출이 1,010억 달러에 이르자 엔론은 전기와 천연가스 판매, 화물 수송을 통한 상품 배송, 전 세계적 금융과 위험 관리 서비스 제공

등 여러 다양한 사업에 손을 대기 시작했다. 엔론은 또한 엔론온라인(상품 거래 전용) 같은 웹 기반 서비스를 통해서 온라인 상거래에도 진출했다. 엔론온라인은 1999년 세계 최초의 전 세계 상품 거래 웹사이트로 출범했다.

엔론의 다른 웹 기반 거래 수단들로는, 펄프와 종이와 나무 제품 거래 플랫폼인 클릭페이퍼, 유럽 전용의 에너지 관련 파생상품 거래 플랫폼인 에너지 데스크, 엔론의 미국 가스 파이프라인 사업용 고객 교류 플랫폼인 핫탭, 그리고 심지어 날씨 파생상품 거래 플랫폼인 엔론 웨더 등이 있었다.

제프리 스킬링은 1980년대에 컨설팅 회사인 맥킨지 & 컴퍼니를 대표하여 엔론에서 컨설턴트로 일했다. 거기서 그는 에너지와 화학 분야 컨설팅 업무를 주도했다. 그 기간 동안에 켄 레이는 스킬링의 능력에 매우 감명해서 그를 엔론 파이낸스의 회장이자 CEO로 임명했다. 그는 엔론에서 고속 승진하다가 1996년 말에 사장이자 COO 자리에 올랐다.

회사 내에서 자신의 지위와 신임도가 올라가자 스킬링은 엔론이 전통적인 자산 기반 사업에서 벗어나 훨씬 더 수익성이 높은, 에너지와 물에서부터 광대역 서비스와 날씨에 이르는 거래 분야로 진출해야 한다고 고위 임원들을 설득했다.

혁신적 사고방식과 사업에 대한 열정, 엔론의 고위 임원들을 상대로 새로운 전략적 비전의 필요성을 설득할 수 있는 능력 덕분에 그는 2001년 2월 엔론의 CEO에 지명됐다. 그러나 채 300일도 안 되어 그는 CEO 자리를 떠나게 된다.

파티는 끝날 수밖에 없었다. 우리 모두가 알게 됐듯이 모든 숫자, 즉 회계가 엉터리였기 때문이다. 엔론의 재정 상태를 빗대어 '카드로 만든 집'

과 같다고 말해도 부족할 정도다. 엔론이 이룬 성공은 꿈, 탐욕, 대차대조표 속임수가 빚어낸 허상이었다.

엔론은 승리와는 무관했다. 엔론은 오직 거짓말만 해댔을 뿐이다. 엔론은 직원들을 계속 바쁘게 하고, 주주들을 행복하게 하고, 중앙은행 관계자들이 방심하게 하기 위해서 기회가 있을 때마다 회사 재무 상태에 대해 거짓말을 하고, 모호한 말로 둘러댔으며, 공개를 꺼렸다.

엔론은 2000년 발표한 연간 실적 보고서에서 '도매 서비스' 거래 분야를 거론하면서 "엔론은 선별적인 서비스 자산 소유권, 3자 자산 이용 계약 체결 그리고 시장 지배적 활동이 포함된 네트워크 창조를 통해서 도매 사업을 구축하고 있다"라고 말했다. 구글 번역기를 써도 무슨 말인지 이해하기 어렵다. 당신의 수고를 덜기 위해서 대략적으로 말하자면, 이 설명은 한마디로 "똥이다!"

주어진 기회를 망쳐버린 사람들

승자는 원칙에 따라 일하고 생활하지만 패자는 그렇지 못하다. 매우 신중한 성격의 소유자인 웨슬리 클라크 장군은 기대하지 못했던 철학적 식견을 보여주었다. 그는 "그리스 철학자인 데모크리토스는 좋은 연사가 되기 위해서는 좋은 사람이 되어야 한다고 말했다. 말에만 힘이 있는 게 아니라 그 말을 한 사람에게도 힘이 있기 때문이다"라고 했다.

지금까지 우리는 승자에 대해서 긴 이야기를 나눴다. 패자에 대해서는 제한적으로만 언급했을 뿐이다. 그러나 승자가 되려면 인생의 낙오자가 된 사람들을 분석하지 않으면 안 된다. 그들은 승자의 마지막 조건이면서 가장 중요한 조건인 '원칙에 따른 행동'을 하지 못해서 주어진 기회를 망쳐버린 사람들이다.

다시 엔론으로 돌아가자. 나는 회사를 위해서 자신의 인생을 바친 사람들을 몇몇 알게 됐다. 나는 엔론의 부패한 리더들이 아니라 직원들에게 초점을 맞췄는데, 만나서 이야기를 나눠본 직원들은 회사와 회사의 경영자 두 사람을 믿은, 선하고 예의 바르고 열심히 일하는 사람들이었기 때문이다.

진실이 밝혀지기 전인 2001년으로 돌아가 보자. 당시에 켄 레이는 직원들로부터 사랑과 존경을 받은 아버지 같은 존재였다. 사람들은 그의 확신에 찬 말을 믿고 개인 재산을 투자했다.

나는 직원들에게 엔론의 분식회계에 대한 전모가 밝혀지기 전에 스킬링을 어떻게 생각했는지 물었는데, 그들은 그가 추진력이 강하고, 열정적이면서, 아침에 깨서 잠자리에 들 때까지 거래에 매진한 사람이라고 말했다. 그는 엄청나게 까다로운 사람이었지만 솔선수범하면서 리드했기 때문에 직원들은 그를 인정했다.

그는 말과 행동이 서로 다르지 않았다. 그는 열심히 일했고, 다른 모든 사람들도 똑같이 열심히 일해 주기를 기대했다. 스킬링은 자신이 일주일에 7일, 하루에 20시간씩 일할 수 있다면 직원들도 그렇게 할 수 있다고 믿었다. 그리고 자신이 성공하면 직원들도 성공할 거라고 믿었다. 하지만 자신은 24시간 일하면서 천문학적인 돈을 받았지만 직원들은 그렇지 못했다는 사실에는 신경을 쓰지 않은 게 분명했다.

제프 스킬링은 내가 꿈꿀 수 있는 최악의 악몽이다. 이런 책을 읽고 전략적 언어와 교훈을 익힌 후, 선한 사람들이 잘못된 결정을 하게 만드는 게 스킬링 같은 사람이 하는 짓이다. 그들은 승리의 8가지 원칙은 완벽하게 알고 있지만 마지막 한 가지 원칙을 무시하거나 조롱한다. 그들은 대단한 지위에 오르겠지만 승자가 되지는 못할 것이다. 그리고 결국에는 그지위에서 추락할 것이다.

스킬링은 사람들이 엔론이 '성취하고' 있던 것의 결과로 얻은 부와 즐거움을 공유하도록 초대했다. 그는 사람들을 어느 정도 부자가 아니라 정말로 큰 부자가 될 수 있는 마술 카펫으로 초대했다. 그들은 적어도 경제적 차원에서는 승자였다. 그러나 그가 그토록 열정적이고 설득적이고 매력적이었기 때문에 사람들은 절벽 끝까지 그를 따랐으며, 결국 절벽 끝에서 떨어지고 말았다.

또한 엔론에게는 매일매일이 새로운 땅을 개척하거나, 새로운 시장을 정복하거나, 과거 어느 때보다도 더 많은 걸 만들기 위한 새로운 기회였다. 엔론이 한 달 동안 한 일을 다른 기업들은 1년이나 걸려서 했다.

그러나 엔론은 그렇게 계속 버텨낼 수가 없었다. 은폐와 불법 행위, 거짓말과 속임수에 의존해야 했기 때문이다. 엔론은 결국 자기가 놓은 덫에 걸려 무너지고 말았고, 경제적 차원에서 엄청난 피해를 초래했다.

엔론의 몰락은 엔론의 부흥보다 더하면 더했지 덜하지는 않았다. 몇 년 동안 이뤄놓은 성공은 며칠 만에 무너졌다. 그러나 엔론은 그렇게 될 수밖에 없는 운명이었다. 엔론에게는 원칙이 결여되어 있었기 때문이다.

원칙에 따른 행동이 중요한 이유

엔론은 미국 기업들의 모든 오점들을 드러내는 상징이 되었다. 엔론의 경영진이 경영 정신보다는 이윤과 분기 실적에만 신경을 썼기 때문이다.

승리는 겉으로 드러난 물질적 성공을 거둔다고 얻을 수 있는 게 아니다.

승리는 수십억 달러의 은행 계좌나 개인 요트가 있다고 얻을 수 있는 것도 아니다. 승리는 방으로 걸어 들어가서 직원들의 가슴에 공포심을 집어넣는다고 얻을 수 있는 것도 아니다. 승리는《포브스》에 이력이 실린 다거나《월스트리트 저널》에 온갖 미사여구가 동원된 기사가 실린다고 얻을 수 있는 것도 아니다.

승리를 얻기 위한 핵심은 성취, 리더십, 올바른 업무 수행이다. 인생을 더 의미 있게 하고, 가능하리라 생각했던 것보다 더 많이 다른 사람들을 위해서 기술과 재능을 사용해야 승리를 얻을 수 있다. 항상 더 나아지도록 스스로를 채찍질해야 한다.

엔론의 켄 레이와 제프 스킬링이 승자가 될 수 없는 사람들의 전형이라면, 아메리칸 익스프레스의 CEO 켄 셔놀트는 뛰어난 CEO의 전형이다. 그는 세계에서 가장 인간 중심적인 회사들 중 하나인 아메리칸 익스프레스에서 변화하는 상황에 맞춰 사람들이 보유한 기술들을 미세하게 조정할 줄 아는 인간 중심적인 리더이다.

사람들이 선망하는 회사 목록에 계속해서 이름을 올리는 아메리칸 익스프레스는 진정으로 원칙을 지킬 줄 알며 '고객 중심적' 접근법을 활성화시켰다. 이 회사가 월가를 강타한 금융 스캔들로부터 비교적 온전히 빠져나올 수 있었던 것도 이 때문이다.

셔놀트는 내가 본 어떤 CEO보다도 긍정적이면서 원칙주의적이다. 그는 리더십은 배워서만이 아니라 "책임감과 특권 의식을 함양해야 얻을 수 있다"고 밝혔다.

다수의 CEO들은 자신의 지금 자리를 '일해서 얻은 결과'라고 말할 뿐 '희생하는' 자리라고 말하는 법이 드물다. 모든 CEO가 갖는 특권이란 사

CEO로서의 자질 중 무엇이 가장 중요한가?

자기 자신부터 시작해서 위에서 아래까지 회사에 됨됨이의 기준을 제시한다.	58%
더 나은 것을 믿는다. 항상 더 나은 접근법, 더 나은 제품, 더 나은 서비스, 회사와 고객과 지역사회가 직면한 여러 도전들에 대한 더 나은 해답을 찾는다.	41%
긍정적인 업무 환경과 모든 직원들을 존중하는 문화를 만든다.	41%
솔선수범하며 리드한다. 가장 열심히 일하는 직원만큼 열심히 일한다.	37%
지위 고하를 막론하고 모든 직원들과 지속적, 공개적, 효율적으로 소통한다.	26%
적극적으로 경청한다. 그러면서 혹시 있을지 모를 좋은 아이디어를 찾는다.	21%
기업의 사회적 책임에 집중하고, 지역사회 활동에 적극적으로 참여한다.	18%
할 수 있다는 태도를 갖는다. 변명을 대지 않는다. 항상 임무를 완수하기 위한 방법을 찾는다.	17%
다른 무엇보다도 대고객 서비스를 최우선시한다.	14%
회사 제품과 서비스에 열정과 지식이 있음을 증명한다.	13%
실적, 수익성, 투자자와 주주들에 대한 고려에 집중한다.	10%
《포브스》, 《포천》, 《월스트리트 저널》처럼 평판이 좋은 매체에 의해서 가장 존경받는 CEO들 중 한 사람으로 선정된다.	8%

출처: The World Doctors, 2010

람들을 존중하고, 사람들에게 감사해야 하며, 사람들에게 빚을 졌다는 걸 뜻한다. 자기 자신뿐만 아니라 주위 다른 사람들을 위해서 승리하는 자가 진정한 CEO다.

셔놀트는 리더십이 있었으며, 9·11 사태 이후 지역사회와 고객들과 직원들의 요구에 예민하게 대응함으로써 전성기를 누렸다.

아메리칸 익스프레스의 건물은 9·11 사태의 공격 대상이었던 트윈 타위의 맞은편에 있었다. 타워 7에서 일하던 250명을 포함해서 4,500명이 넘는 직원들이 트윈 타워와 지척에서 일했다. 그러다 결국 회사의 직원 11명이 숨지고, 수십 명이 넘게 부상을 당했으며, 다수의 직원이 가족과 친구를 잃었다. 또 사람들은 트윈 타워가 붕괴되기 직전 살기 위해 안간힘 쓰는 모습을 무기력하게 지켜봐야 했다. 경제적으로 따져봤을 때 아메리칸 익스프레스는 그날 벌어진 참사의 직접적인 결과로 9,800만 달러의 손실을 입었다.

9·11 사태가 터진 날과 그 이후 몇 주 동안 셔놀트는 직원들과 전체 아메리칸 익스프레스 고객들의 가족에게 미칠 충격을 누그러뜨리기 위해서 무수히 많은 결정을 내렸다. 그는 카드 회원 수백만 명의 연체 수수료를 탕감해 주고, 신용 한도를 확대해 주었다.

극심한 강도로 정신적 충격을 받은 5,000명의 직원들을 2001년 9월 20일에 뉴욕 파라마운트·극장으로 초대했다. 그는 직원들 앞에서 자신도 비통한 심정을 억누를 수 없어 심리 상담을 받았다고 실토하면서, 회사의 이익 중 100만 달러를 9월 11일에 숨진 직원들의 가족들을 위해서 기부하겠다고 밝히며 안도감을 심어주었다.

경제적으로 엄청난 고난의 시기가 닥치면 매일 새로운 백만장자들이 탄생한다. 그들은 혼란 속에서 기회를 탐지하는 방법을 아는 사람들이다. 엄청난 곤경의 시기에는 새로운 정치 지도자들이 탄생한다. 그들은 사람들과 소통하고, 사람들에게 영감을 주는 방법을 알기 때문이다.

그리고 국가가 모든 사람들과 모든 것들을 불신할 때에 어떤 기업들은 번창할 것이다. 왜냐하면 그들은 더 적은 이익을 얻고도 더 많이 베푸는 방법을 알기 때문이다. 그런 걸 분명 성공이라고 말할 수 있겠지만 이것만으로는 부족하다.

경기 침체 후의 새로운 비즈니스 어휘

	경기 침체 전	현재
브랜드 약속	기업은 기회를 찾기 위해서 전념한다.	기업은 안전성, 예측성, 소비자 보호를 추구하기 위해서 헌신한다.
제품	효과가 보장되는 품질 좋은 제품과 서비스를 제공한다.	기대치를 넘어서는 완벽한 만족감을 선사한다.
방법	고객과의 협동 작업으로 성취 가능한 혁신적 사고와 견줄 데 없는 이슈 장악력을 바탕으로 한다.	고객의 말을 경청하고, 고객이 원하는 걸 원하는 때에 정확히 이해하고 제공하는 걸 중시한다. 고객이 통제하고 결정한다.
문화	기업은 그 문화가 뛰어남을 강조하고, 서비스 라인과 국경을 초월해서 활동하는 사람들의 재능과 다양성에 의존하기 때문에 그 문화를 전달할 수 있다.	더 나은 것을 믿는다. 우리가 섬기는 사람들을 존중하는 문화를 만들고, 모든 직원들은 고객과 함께 서로에게 책임을 진다. 어떤 변명도 허용되지 않는다.
기업	제품, 방법, 문화는 기업의 서비스 규모와 범위 및 강력한 비즈니스 전략에 의존한다.	완벽함에의 추구에 몰두한다. 고객의 욕구에 완벽히 일치하는 제품과 문화를 만든다.
핵심 가치	팀워크, 수월성, 리더십	책임감, 엄격한 기준, 타협할 수 없는 진실함

지금은 진실성의 시대, 즉 정부의 지침, 윤리 강령, 기본 원칙, 도덕적 의무 이상으로 행동하는 시대이다. 지금은 지속적으로 개선해야 하며, 현 상태에 안주할 수 없는 시대이다. 과거의 성공이나 실패와는 상관없이 항상 더 많은 일을, 그것도 더 잘하기 위해서 고군분투하고 있다는 걸 알리면 소비자들의 마음과 생각과 돈을 얻게 된다.

아무도 정부가 상황을 바로잡아 줄 거라고 믿지 않는다. 따라서 최소한의 기준을 지키고 머물 뿐이라면 정부가 쳐놓은 무능력의 장막 뒤에 몸을 가리고 숨어버리는 것이나 다름없다. 당신은 더 높은 곳을 향해 움직여야 한다.

누구도 기업들이 돈벌이에만 관심이 있지 그 외에 다른 것에는 관심이 있으리라고 기대하지 않는다. 따라서 당신이 물건을 팔아서 이익을 챙기는 일에만 전적으로 관심을 쏟는다면, 사람들에게 당신이 경영하는 기업도 다른 기업들과 대동소이할 뿐이며 소비자들이 처한 어려움에 무신경하다고 실토하는 것과 같다. 당신은 자신의 가치를 입증하는 한편, 오늘날 필요한 희생을 공유해야 한다.

지난 1년 동안 우리는 기업들이 경제 붕괴로 인해 잃어버린 고객의 신뢰와 충성심을 다시 얻을 수 있게 돕고자 온갖 주제와 메시지와 언어를 시험해 봤다. 그 어떤 것도 '끊임없이 소비자의 기대치를 넘어서는 기업'만큼 더 효과적인 건 아무것도 없었다. 정말이다.

'끊임없이 소비자의 기대치를 넘어서는 기업'이라는 문구는 기업이 소비자들이 평가할 수 있는 약속을 하고, 소비자들을 위해서 헌신적으로 애쓰겠다는 것을 보여주는 증거이다. 이런 표현은 소비자 친화적이면서 가치를 인격화한 것이다. 돈을 지불한 것 이상을 얻을 수 있다고 생각해 보라. 이런 확신이 든다면 소비자는 그것에 돈을 지불할 것이다.

어떤 원칙을 지킬 것인가

미국의 여섯 번째 대통령인 존 퀸시 애덤스는 "당신의 행동으로 다른 사람들이 더 많이 꿈꾸고, 더 많이 배우고, 더 훌륭한 사람이 되고자 하는 동기를 갖게 된다면 당신은 리더이다"라고 말했다. 이 책은 상처뿐인 승리가 아니라 원칙을 지킨 승리의 이야기를 다룬다. 당신이 그런 승리를 할 수 있느냐 여부는 당신이 어떤 사람이 되느냐 만큼이나 중요하다.

기업, 스포츠, 정치 그리고 엔터테인먼트 세계에서 우리는 목적이 수단을 정당화한다는 생각의 덫에 빠지지 않도록 주의해야 한다. 승리하지 않고서는 상위 5퍼센트의 성취자들 중 정말 극소수에 해당하는 승자의 명단에 이름을 올릴 수 없다. 또한 승리하기 위해서는 쳐다보는 사람이 아무도 없을 때라도 옳은 일을 해야 한다.

셔놀트는 이 책에서 묘사된 승리의 모든 조건들을 갖추고 있다. 그는 열정적이다. 그는 끈기가 있다. 그는 전략적 파트너십을 만들었다. 그리고 그는 완벽주의자이다. 이런 모든 특성들이 그의 성공에 일조했다. 그러나 그와 한 번이라도 일해 본 적 있는 사람들은 그가 표방했던 인간 중심주의가 가장 기억에 남는다고 한다.

또다른 원칙을 지키는 롤 모델로 코스트코의 CEO 제임스 시네갈이 있다. 시네갈은 이익을 늘리기 위해서라면 물불을 가리지 않기로 월가에서 악명 높았던 금융인 고든 게코 같은 사람과는 거리가 멀다. 그는 게코와는 완전히 정반대의 인물이다. 그렇기 때문에 그는 직원들 사이에서는 영웅이며 주주들 사이에서는 수수께끼 같은 사람이 되었다.

투자자들의 구루 워런 버핏과 마찬가지로 시네갈은 항상 그의 회사의 장기적인 잠재력을 중시했다. 월가의 분석가들은 그에게 대놓고 그가 직원들에게 주는 소매 기업 평균 이상의 임금과 전례 없는 수준의 직원 복지 혜택으로 코스트코의 주가가 하락할 것이라고 누차 경고했다. 하지만 그의 경영 전략은 조금도 바뀌지 않았다.

2005년도에 가진 《휴스턴 크로니클》과의 인터뷰에서 그는 자신이 가장 중시하는 두 가지 우선순위는 주주가 아니라 직원 행복과 고객 만족이라고 말했다. 투자자들은 투자한 기업이 당장 더 높은 이익을 올리기 바랄지 모르지만 시네갈은 그와 다른 미션을 추구했다.

그는 "우리는 지금으로부터 50년, 60년이 지나도 여전히 이곳에 존재할 기업을 만들고 싶다"라고 말했다. 소매 업계 분석가들이 코스트코가 시장에서 여전히 최저 가격을 유지할 수 있음에도 소비자들에게 더 많은 비용을 전가하지 않는다며 비난을 퍼부었을 때조차 그는 그저 "옳은 일을 하는 게 회사에 도움이 된다"라는 자신의 신조를 되풀이했을 뿐이다.[57]

그는 분기 주식 보고서에서 좋은 평가를 얻고자 직원들이 누릴 복지 혜택을 축소하는 걸 거부했고, 직원들에게 전체 비용의 90퍼센트를 회사가 대납하는 건강보험을 들어주었으며, 경쟁 업체 누구도 따라올 수 없는 최고 수준의 임금을 베풀었다. 이런 전략은 통했다! 코스트코는 어떤 경쟁사들보다도 직원 절도 비용을 줄이고 직원 이직률을 낮추면서 수백만 달러의 비용을 아낄 수 있었다.

CEO에게 가장 필요한 게 무엇이라고 생각하는가?

CEO에게 가장 원하는 것

자신의 행동과 그 행동의 결과에 책임을 진다.	52%
고객, 직원, 대중의 말을 끊임없이 경청한다.	45%
단기 목표와 꾸준한 장기 성장의 조화를 이룬다.	23%
혁신과 지속적 개선을 꾀한다.	21%
실적만큼이나 사회 개선에 집중하면서 훌륭한 기업 시민으로 거듭난다.	21%
더 자주, 더 효과적으로 소통한다.	14%
실제 실적을 알린다.	13%
동기를 부여한다.	11%

출처: The World Doctors, 2010

우리는 높은 자리에 앉아 있는 사람들에게 많은 걸 기대한다. 우리는 그들이 정직하고, 신뢰감 있고, 솔직하고, 예의 바르고, 비전 있고, 이해심과 동정심과 배려심이 있기를 기대한다. 그런데 어떤 경우는 그들에게 너무 많은 것을 기대하고 요구하기도 한다.

인간은 누구나 실수한다. 그럼에도 다른 것보다 더 중요한, 승자만이 가지는 자질과 성격이 존재한다. 'CEO에게 가장 원하는 것' 목록의 맨위에 있는 것들을 곰곰이 따져보라. 이를 지키는 개인과 기업들은 간혹 잘못을 하더라도 용서받게 될 것이다.

사람들이 기업에게 원하는 원칙을 정리해 놓은 아래 목록도 흥미롭다. 《포춘》지 선정 500명의 CEO들은 거의 모두 회사의 성공 비결이 자신

기업과 기업의 행동에서 가장 중요한 원칙

책무성	37%
책임감	32%
측정 가능한 결과	22%
효율성	20%
인간적 접근	20%
도덕적 잣대	18%
리더십	14%
측정 가능한 영향	11%
투명성	10%
영감과 상상력 부여	7%
창조적 비전	6%

출처: The World Doctors, 2010

의 '비전'에 있다고 생각하지만, 그것은 이 목록 순위의 맨 아래쪽에 적혀 있다. 마찬가지로 언론은 대중이 좋아할지 모를 신제품이 주는 '영감'과 '상상력'을 강조하는 걸 좋아하지만, 사람들은 그런 것들에 특별한 가치를 두지는 않는다. 내가 좋아하는 용어인 '투명성'은 거의 모든 연례 보고서와 기업의 사회적 책임 문건에 등장하지만, 그것은 그것의 사촌 격인 '책무성'과 '책임감'보다 순위가 훨씬 더 처진다. 그리고 '측정 가능한 영향'도 '측정 가능한 결과'보다 훨씬 덜 중요하다.

올바른 단어를 떠들고 올바른 감정을 전달하는 것만으로는 충분하지 않다. 이런 원칙들을 진짜로 지키는 게 중요하다. 만일 이런 원칙들을 지키지 못할 경우 곧바로 지금까지 누려왔던 모든 영광이 덧없는 것이었음을 아주 고통스럽게 배우게 될 것이다.

올바른 의도는 더 올바른 결과를 낳는다

모든 영광은 덧없이 사라진다. 그러나 올바로 하는 일은 오래 남는다.

올바른 일을 하는 건 승자의 공통된 특징이다. 내가 연구한 모든 승자들은 '소소한' 일도 올바로 했다. 훨씬 더 크고 좋은 일을 하더라도 역시 마찬가지로 그렇게 했다.

어려움에 처한 개인을 돕는 소소한 일이건, 주요 기업을 완벽하게 경영하는 것처럼 거대한 일이건 상관없이, 승자는 그들이 하는 모든 일을 '올바로' 하겠다는 약속을 공유한다. 그것은 책임 있게 일하겠다는 의미이기도 하다. 승자는 중요한 건 자신이 아니라 다른 사람들이란 걸 이해한다.

모든 승자들은 대부분의 사람들의 절반에도 못 미치는 짧은 시간 동안만 잠을 자면서 일한다. 이것은 결코 놀라운 사실이 아니다. 그들은 잠을 적게 자도 되는 게 아니라 눈을 감고 싶지 않을 뿐이며, 자고 일어나 가시적인 성과를 이루기 위해 다시 나설 때까지 기다릴 수 없을 뿐이다.

인터뷰 대상자 30명 중 5명만이 전통적인 의미에서의 '일'에 대해 말했다. 당신에게는 '일'에 해당하는 게 그들에게는 '인생'이다. 그리고 그들은 인생이 흥미롭다고 생각한다. 그들은 주위에 있는 모든 걸 흡수하고, 질문하고, 배우고 창조하고 혁신할 수 있는 기회를 찾으며 온종일 시간을 보낸다. 그들에게는 매일매일이 뛰어날 수 있는 또다른 기회이다.

승리는 그들의 생활방식이다. 또한 그것은 그들의 존재와 그들이 하는 일에 스며든 습관이다. 그들은 다른 사람들과 지속적으로 교류하고 그들로부터 배운다. 결국 그들은 궁극적으로 다른 사람들의 욕구를 충족시켜 줌으로써 그들을 더 잘 배려할 수 있다.

이 책 내내 나는 승자에게만 있는 공통적인 특성들과 그들이 특별한 성공을 성취하기 위해서 사용하는 언어를 탐구했다. 우리는 '승자가 되는 비결'을 논의했다. 그러나 이제 우리는 '승자가 하는 일'을 물어야 한다.

모든 승자들이 공통적으로 갖고 있는 '제품'은 무엇인가?

그들이 이기려는 명분은 무엇인가?

승리의 목적은 간단히 말해서 무엇인가?

진정으로 승자가 되기 위해서, 즉 세계에서 가장 위대한 극소수의 사람들 중 한 명이 되기 위해선 그들이 했던 일을 기꺼이 따라서 하고, 받는 것보다 더 많이 줄 의사가 있어야 한다. 우리가 논의했던 모든 승자들이 많은 것을 얻었다는 점을 감안했을 때 이 사실은 그들이 정말로 엄청나게 베풀었다는 뜻도 된다.

내가 알거나 인터뷰했거나 같이 일해 본 거의 모든 승자들은 무한하게 열린 마음을 갖고 있다. 그들은 사람에 대한 열정(사람들의 욕구를 충족시키고, 그들의 삶을 개선해 주려는 열정)과 함께 우리 모두의 자긍심을 능가하는 국가에 대한 자긍심을 가지고 있다.

당신 눈에는 그들이 이룬 엄청난 재산만 들어올지 모른다. 어쩔 수 없다. 그러나 그들이 진정 승자인지를 판단하기 위해서 그 사람 전체와 그들이 남긴 모든 기록들을 평가해야 한다. 그리고 '그들이 동료들을 섬기는가, 아니면 사욕만 가득한가?'라는 질문을 가지고 전체 그림을 그려봐야 한다.

승자는 그들이 이룬 부나 그들이 받은 트로피, 심지어 그들 자신의 이름보다 훨씬 더 오래 남는, 지울 수 없는 흔적을 사회에 남긴다. 이것이 그들이 승자인지를 알아보는 최종 테스트이다.

당신이 지금까지 내가 설명한 승리의 원칙들을 모두 정복했더라도 그 원칙들을 올바로 실행하는 데 실패한다면 아무 소용이 없다. '원칙적 행동'을 제외하고 나머지 8가지 승리 원칙들을 다시 곱씹어보면, 그 원칙들이 자신보다 훨씬 더 큰 무엇과 어떻게 상호작용하는지를 알게 될 것이다.

승자는 돈을 벌기 위해서 패러다임을 깨는 게 아니다. 그들은 인류를 수십억 광년 발전시키기 위해서 기대를 산산이 부수는 것이다. 패러다임이 깨지고 그다음에 생기는 모든 것들은 이전 사람들이 가능하다고 생각했던 것들보다 더 우위에 있을 것이다.

승자는 강력해지기 위해서 열정을 키우는 '연습'을 하지 않는다. 그들은 본래부터 자신의 꿈을 수천 명, 아니면 아마도 수백만 명에게 혜택을 주는 현실로 바꿔놓으려는 욕구를 갖고 있다.

승자는 사랑받는 게 좋아서 '인간 중심주의'가 되는 건 아니다. 그들은 인간의 욕구를 찾아내서, 자신이 할 수 있는 어떤 일을 해서라도 그 욕구를 충족시키는 데 집중한다.

승자는 다른 사람들이 쏟은 수고로부터 이득을 보기 위해서 파트너십을 구축하는 건 아니다. 그들은 최고 수준의 승리는 모든 사람들이 혜택을 같이 누릴 때 오는 것임을 이해한다. 그리고 그들은 성공을 공유하는 게 더 값진 일임을 알고 있다.

진정으로 "내가 이 세상을 더 좋게 변화시켰다"라고 말할 수 있는 사람은 소수에 불과하다. 이것은 승자의 전형적인 특징이다.

올바른 일로 진정한 승자가 된 사람들

더 좋은 세상을 만들고, 자기 이익만을 챙기는 성공에 안주하기를 거부하는 승자들로 누가 있을지 생각해 보니 마이크 밀컨이 떠오른다.

밀컨은 지구상 최고 부호 500인 중 한 명이다. 보유한 순자산의 가치만 수십억 달러로 추정되고 있다. 밀컨은 자기 이익만 챙기기보다는 보유한 재원, 지적 능력, 개인적 관계 그리고 열정을 동원해서 획기적인 암 연구 지원과 조직 활동을 하면서 수천만 명의 사람들이 겪는 고통을 치유하기 위해 동분서주하고 있다.

일단 그는 직접 세운 전립선암 재단을 통해서 20개국 200개 연구소의 1,500개가 넘는 프로그램을 재정적으로 후원했다. 이 재단은 전립선암 연구를 위한 기부액 부문에서 세계 1위이다. 《비즈니스위크》는 밀컨의 '암 치료 노력'을 표지 기사로 다루면서 "과학자들은 전립선암의 생물학적인 세부 지식까지 찾아내는 데 가까이 다가선 것으로 확신한다. 그리고 밀컨이 다른 누구보다 이 연구를 발전시키는 데 더 많이 기여했다"라고 보도했다.

이 정도로 충분하지 않다면 또 있다. 밀컨은 싱크탱크이면서, 그곳 직원 말에 따르자면 '행동 탱크'인 패스터-큐어스의 설립자이자 회장이다. 패스터-큐어스는 생명을 위협하는 질병의 치료 속도를 높이고, 치료 결과를 개선하는 일에 매진하고 있다.

밀컨이 그동안 추진했던 모든 패러다임 파괴적 프로젝트와 마찬가지로 패스터-큐어스는 전체 연구 과정을 완전히 뒤집어보면서 연구의 장애물들을 파악하고, 사람들과 조직들이 더욱 집중력 있게 협력 활동에 참여하게 하고, 과학적 발견 속도를 앞당기기 위해서 경제적 인센티브와 규제 효율화 방안을 제시했다.

이런 노력을 높이 사, 2004년 11월에 《포춘》지는 표지 기사에서 밀컨을 '의약계를 바꿔놓은 사나이'라고 불렀다. 밀컨과 그의 의학 연구가 없었다면 세상은 더 아프고 더 어두운 곳이 됐을 것이다. 단 한 사람의 열정적 노력으로 인해서 인간의 생명은 연장되고, 가족들 중 암 사망자가 줄어들고, 수백만 명이 함께 더 오랜 시간을 즐기며 살게 될 것이다.

물론 이것만으로 마이크 밀컨에 대한 모든 이야기가 끝나는 건 아니다. 그를 비판하는 사람들과 그를 지지하는 사람들 모두 그가 미국 기업의 경영 방식에 일대 변화를 일으켰으며, 1980년대 엄청난 경제성장의 단초를 만드는 데 일조했다는 의견에 동의할 것이다.

그는 정크본드 시장에 일대 혁명을 일으키면서 테드 터너, 론 퍼렐먼, 칼 아이칸, 스티브 윈을 포함, 지난 30년 동안 미국의 위대한 기업가들의 경제적 사고 배양에 도움을 주었다. 결과적으로 그는 《에스콰이어》지에 의해서 '20세기가 낳은 가장 영향력 있는 75인' 중 한 사람으로 뽑혔다. 그가 활동하던 시기 이전이나 그 이후 모두 그와 비견될 만한 사람은 없었다.

밀컨은 패러다임을 파괴했다. 그는 또한 규칙을 어겼기 때문에 22개월 동안 옥살이를 할 수밖에 없었다. 비판가들은 그를 가리켜 1980년대 월가 탐욕의 본보기라고 불렀다. 그러나 밀컨은 정말로 진정한 승자이기 때문에 그런 실패들에 의해서 자신이 규정되도록 내버려두지 않았다. 그는 자신의 열정을 사람들에게 쏟았고, 21세기 루이 파스퇴르가 되었다.

승자가 완벽한 건 아니다. 승자도 실수를 저지른다. 사실상 승자가 저지르는 실수는 종종 다른 사람들이 저지르는 실수에 비해서 더 중요하고, 더 파괴적이다. 승자가 더 큰 위험을 감수하기 때문이다. 그러나 승자는 범인과 달리 계속해서 더 나아지기 위해 애쓴다. 승자는 더 나아지고, 더 많은 일을 하고, 승리의 원칙을 원칙적으로 적용하기 위해서 애쓴다. 그리고 결국에 그들은 올바른 일을 한다.

빌 게이츠, 멜린다 게이츠, 워런 버핏은 내가 승자가 어떻게 원칙에 따라 행동하는지를 설명하고 묘사하기 위한 내러티브를 개발할 때 베일을 벗고서 정말로 원칙에 따라 행동한다는 걸 직접 증명해 주었다.

세 사람은 모두 보유 재산의 절반 이상을 자선단체에 기부하자고 세계의 다른 억만장자들에게 호소하고 있다. 이런 기부는 희생한 것만큼의 가치를 창조할 수 있다. 《포춘》지는 《포브스》 선정 미국 부자들 중 400명만이라도 모두 이 세 세람이 주도한 기부 서약 운동인 더 기빙 플렛지에 서약할 경우 자선단체 기부금이 6,000억 달러에 이를 것으로 추산했다. 그 정도 액수면 플로리다 주의 10년치 예산에 맞먹는다.

진정한 승자의 전형인 버핏과 게이츠 부부는 리더로서 솔선수범하고 있다. 두 사람은 이미 자신들이 세운 재단에 280억 달러가 넘는 돈을 기부했고, 이후 추가 기부를 약속했다. 버핏은 보유 재산 99퍼센트 이상을 자선단체에 기부하겠다고 약속했다. 그렇다. 99퍼센트이다! 버핏의 공식 발표는 분명 놀라우리만큼 심금을 울린다.

승자는 솔선수범하며, 자신이 하는 모든 일의 인간적인 차원을 이해한다. 버핏은 오늘날 경제적으로 어려움을 겪고 있는 가족들이 느끼는 감정을 실감하지 못할 수는 있다. 하지만 다른 사람들이 겪는 일에 매우 많은 관심을 쏟기 때문에 그들과 계속해서 소통할 수 있고, 또 실제로도 소통하고 있다.

스티브 잡스에게 아이폰이 전부가 아니듯 버핏에게도 돈이 전부가 아니다. 중요한 건 인간적 경험이다. 버핏의 타인에 대한 존경과 자신이 이룬 성공에 대한 겸손의 말을 직접 들어보자.

나는 전쟁터에서 타인의 목숨을 구한 사람에게 메달로 보상하고, 부모들이 위대한 교사에게 감사의 메모를 적어 보내는 동안, 저평가된 주식을 발굴해 내면 수십억 달러의 부를 거머쥘 수 있게 해주는 경제계에서 일했다.

나와 내 가족은 이례적으로 많은 우리의 재산에 죄의식이 아니라 감사를 느낀다. 우리가 가진 재산의 1퍼센트 이상을 쓴다고 해도 우리의 행복이나 복지가 늘어나지는 않을 것이다. 하지만 나머지 99퍼센트의 재산은 다른 사람들의 건강과 복지에 엄청난 영향을 미칠 수 있다. 그런 사실은 나와 내 가족에게 나아갈 길을 분명하게 정해준다. 즉, 필요한 만큼은 갖고 나머지는 사회가 필요로 하는 데에 기부하는 것이다.

버핏은 "필요한 만큼은 갖고, 나머지는 사회가 필요로 하는 데에 기부하겠다"라고 하면서 진정한 승자를 만드는 데 무엇이 중요한지를 정의하고 있다. 그것은 자기 자신보다 타인을 그리고 다른 어떤 것보다 원칙을 더 중시하는 것이다.

무엇이 진정으로 중요한 것인가?

누구나 자신이 직접 정한 개인적 기준에 책임을 지면서 살게 될 것이다. 승자는 자신조차 원하는 모든 일을 할 수는 없다는 걸 안다. 결과적으로 우리는 모두 인간일 뿐이다. 도널드 트럼프 같은 일벌레조차 "일과 즐거움 사이의 '균형'을 억지로 맞추려고 애쓰지 말라. 그보다는 당신이 하는 일을 더욱 즐거울 수 있게 하라"라고 말했다.

폴 총거스 상원 의원은 내가 지금까지 만나본 사람 중에서 가장 품위 있는 사람 가운데 한 명이었다. 그는 친절하고 배려심이 깊었다. 그리고 대선에 뛰어들어 빌 클린턴을 거의 이길 뻔한 적도 있다. 총거스는 암을 극복한 사람이기도 하다. 그는 최고의 암 전문가들이 예상했던 것보다 5년을 더 살았다.

여러 압박과 고난에도 그는 워싱턴 정가의 많은 사람들이 하지 못하는 일을 할 수 있었다. 즉, 그는 일과 개인적 생활 사이에서 균형을 유지했다. 총거스가 따른 규칙은 간단했다. 미국 상원에서 무슨 일이 벌어지더라도 업무 시간이 끝나면 귀가해서 부인과 딸들과 식사를 같이 하는 것이다.

워싱턴 정가에서 활동 중인 의원들은 블랙베리를 놓고 화장실에 가겠다는 생각을 할 수조차 없다. 그러나 총거스는 달랐다. 그는 저서 『귀가

(*Heading Home*)』에서 가족과의 저녁 식사 결정이 자신의 삶에 미친 영향에 대해 이렇게 기술했다. "이 마을에 10년 동안 살았지만 머릿속에 남을 만한 기억은 내가 아내를 사랑했다는 것이다."[58]

총거스의 생각이 옳았다. 직업적·경제적인 성공을 거두기 위해 매진하다가 우리는 우리에게 가장 중요한 의미 있는 것들을 잊어버리고 마는 경향이 있다. 총거스가 내린 결정은 분명 그와 동료 상원 의원들이 그에게 부여한 또다른 리더로서의 직위보다 그의 부인과 아이들의 삶에 훨씬 더 큰 영향을 미친 게 분명하다. 그는 결과적으로 대선에서는 패배했지만 가족에게는 존경을 받았다. 그렇다면 그는 승자인가 아니면 패자인가?

원칙적으로 행동하는 승자들의 '이기는 말'

다음은 오늘날 사람들이 기업과 정부, 리더들에게 듣고 싶어 하는 말이자 보고 싶어 하는 자질이다.

책무성(Accountability): 이것은 오늘날 기업 사회에서 가장 많이 요구되는 조건이지만 불행하게도 가장 부족한 것으로 여겨지기도 한다. 책무성은 권력을 쥔 사람들이 그들에게 권력을 준 사람들의 물음에 대답해야 하는 걸 말하며, 잘못된 일이 생겼을 때 올바로 정정하는 것을 뜻한다. 또한 똑같은 잘못을 재차 되풀이하지 않는 것을 뜻한다. '책무성'을 말할 때 열심히 경청하는 사람들이 있다. '책무성'을 생활화하는 이 사람들이 번창한다.

엄격한 기준(Strict standards): '엄격한 기준'의 부족은, 2010년 BP, 도요타, 골드만삭스를 비롯한 많은 커뮤니케이션 재난에 희생된 기업들을 고

원칙적인 행동을 표현하는 핵심 문구들

1. 책무성
2. 엄격한 기준
3. 기업 문화
4. 도덕적 잣대
5. 사회적 책임
6. 객관적이고 중립적인
7. 타협할 수 없는 진실성
8. 단순한 진리
9. 최고윤리책임자
10. 진심만을 말하고, 말을 했으면 지켜라

난에 빠뜨린 원인이었다. 사람들은 회계법인 아서 앤더슨이 엔론에게 그랬던 것처럼 기업이 바람에 흔들리지 않기를 바란다. 아서 앤더슨은 결국 엔론의 분식회계 사건에 휘말려 2002년에 파산했다. 기준만으로 충분한 건 아니다. 중요한 건, 부지런하고 엄격하게 기준을 지키려는 태도이다.

기업 문화(Corporate culture): 2000년대 초 분식회계 사건이 터질 때까지 이 말은 강력한 역할을 하지 못했지만, 지금 이 용어는 기업 경영 원칙을 뜻하게 되었다. 부모와 자식이 저녁 식사 자리에서 나누는 대화가 가족의 화목한 관계에 대해 많은 걸 말해 주듯이, 회사의 기업 문화는 회사의 성격과 함께 회사의 경영 원칙을 드러내준다.

승자는 자신들의 기업 문화를 정확히 꿰뚫고 있으며, 자기 자신을 정의하듯이 그것을 정의하기 위해서 애쓴다. 승리한 기업들에서 목격되는 가장 공통적인 문화는 혁신적이고 적극적이며 심지어 파괴적인 성격을 띤다.

도덕적 잣대(Moral compass): '도덕적 잣대'와 개인의 관계는 기업 문화와 조직의 관계와 같다. 기업과 정치 지도자들은 사회적으로 허용되지 않는 행동을 해서는 안 된다. 부적절한 관계를 맺거나 불법 행위를 저지르는 CEO는 기업이 아무리 흑자를 많이 내도 용서받을 수 없다. 도덕적 잣대가 없다면 사람보다 이익이 더 우선순위에 놓이게 된다.

사회적 책임(Social responsibility): 이는 사람들이 기업시민주의보다 더 간절히 원하는 것이다. 이때 사회적 책임은 첫째 직원 존중, 둘째 대고객 책임감, 셋째 지역사회 봉사를 뜻한다.

객관적이고 중립적인(Objective and unbiased): 이 말은 사람들이 기업과 정치 지도자들에게 얻고 싶은 정보의 성격을 정의해 준다. 사람들은 한 번 걸러진 정보가 아니라, 온전한 정보를 듣기를 원한다. CEO가 기업 연례 실적 보고 때 보내는 일방적이고 솔직함이 결여된 편지들은 좋은 반응을 얻기도 힘들고, 가장 성공한 기업의 신뢰조차 크게 훼손시킬 것이다.

타협할 수 없는 진실성(Uncompromising integrity): 이것은 증명하기 힘들다. 그러나 당신이 그런 진실성을 갖고 있다고 사람들이 믿는다면 그들 눈에 비친 당신은 승자다. 나는 특히 '타협할 수 없다'는 표현을 강조하고 싶다. 이것은 '진실성'만큼 중요하다. 기업이든 개인이든 호시절일 때나 쉬운 결정을 내릴 때 평가받는 게 아니다. 승자를 다른 보통 사람과 구분해 주는 건, 어려운 시절에 어려운 결정을 내릴 수 있는 의지의 유무이다.

단순한 진리(The simple truth): 이것은 미국인들이 정치 지도자들로부터 마땅히 얻어야 하는데도 얻지 못하고 있는 걸 스티브 윈이 말한 것이다. 그러나 이것은 정치 분야뿐만 아니라 기업 분야에도 적용된다.

우리가 2010년 실시한 조사를 보면 '단순한 진리'는 사람들이 책무성 다음으로 정치 분야에서 원하는 가치이다. 이것은 많은 사람들이 현대 생활의 복잡함과 타협 문화 속에서 상실됐다고 믿는 근본적이고 상식적인 원칙을 대변한다. 이것은 또한 그런 진리가 복구되는 모습을 보고 싶은 사람들의 바람에도 호소한다.

최고윤리책임자(Chief ethics/ethical officer): 모든 기업과 조직이 두고 있어야 하는 것이다. 본질적으로 최고윤리책임자는 윤리 경찰에 해당한다. 그는 그들이 저지른 행동과 행위에 책임을 지게 만든다. 그는 일종의 옴부즈맨이지만 책무성을 주입시킬 수 있는 권한은 C등급 정도로 낮다. PR 차원에서 봤을 때 최고윤리책임자만큼 사람들에게 신뢰감을 주는 직책도 없다.

내부의 시각에서 봤을 때 직원들은 최고윤리책임자가 내린 결정을 더 경청하고 받아들일 가능성이 높다. 기업이 이런 자리를 만들기 위해 윤리적 진실성에 대해서 충분히 고민했다는 사실이 알려지면, 그 기업은 신뢰성을 얻고 신뢰 문화를 창조하는 데 도움이 된다.

진심만을 말하고, 말을 했으면 지켜라(Say what you mean and mean what you say): 사람들이 정치와 기업 지도자들에게 원하는 것이 바로 이것이다. 워런 버핏은 미국인들이 이런 바람직한 조건을 갖고 있다고 가장 많이 믿고 있는 기업 리더의 가장 좋은 본보기이다.

에필로그

당신을 승자로 만드는 비법 같은 건 없다. 그러나 모든 승자들 사이에는 많은 공통점들이 있다. 그 공통점들을 자신의 스타일과 목표에 맞게 고쳐서 받아들여야 한다. 열정과 설득의 중요성을, 우선순위와 원칙을, 사람과 이익을 비교하고 검토해 봐야 한다.

당신이 이 책을 끝까지 읽었다면, 승자가 되고 싶은 마음이 간절하다는 뜻이다. 그런데 왜 승자가 되고 싶은가? 당신 자신을 위해서인가, 아니면 다른 사람들을 위해서인가?

아마도 당신은 이 질문에 대한 답을 찾아내지 못할지도 모르고, 혹은 이미 답을 찾았을지도 모른다. 모든 승자들은 다른 사람의 가치를 끌어올림으로써 자신의 가치도 함께 끌어올렸다. 그런 의미에서 이 책은 단순한 자기계발서가 아니다. 타인을 돕는 책이다.

당신이 승리의 원칙들을 원칙적으로 적용할 수 있다면 진정으로 승리할 것이다. 당신이 자기보다 다른 사람들을 더 중시하고, 그로 인해 자신뿐만 아니라 다른 사람들을 더 높은 곳으로 올려놓는다면 진정한 승자가 될 것이다.

다음은 어머니가 처음으로 내게 읽어주셨던 시이다. 이 시는 지금까지 내가 한 말을 잘 정리해서 보여준다. 이 시를 읽고 이 책에서 배운 모든 교훈들을 적용해 본 다음, 승리를 향해 걸어라.

만일(IF)

러디어드 키플링

만일 네 주위 사람들이 모든 걸 잃어버리고선 그것을 네 탓으로 돌리더라도

네가 침착함을 유지할 수 있다면,

만일 모든 이들이 너를 의심하더라도 네가 네 자신을 믿을 수 있고

그들의 의심 또한 감수할 수 있다면,

만일 네가 기다리면서도 그 기다림에 지치지 않을 수 있다면,

혹은 속았어도 속이고자 하지 않는다면,

혹은 미움받아도 미워하지 않는다면,

그리고 네가 너무 착해 보이거나 너무 지혜로운 말을 하지 않는다면,

만일 네가 꿈을 꿀 수 있지만 꿈이 너의 주인이 되지 않게 할 수 있다면,

만일 네가 생각할 수 있지만 생각을 너의 목표로 삼지 않을 수 있다면,

그리고 만일 네가 승리와 재난을 마주쳤을 때 그 둘을 똑같이 대할 수 있다면,

만일 네가 말한 진실이 나쁜 이들에게 왜곡되어

바보들을 가두는 덫이 됐다는 말을 듣고도 참을 수 있다면,

혹은 한평생 다 바친 것들이 무너지는 것을 보더라도

그리고 허리 숙여 그것들을 낡은 연장들로 쌓을 수 있다면,

만약 네가 너의 성과를 모두 걸고

한 차례의 도박에 위험을 감수할 수 있다면,

그래서 져도 처음부터 다시 시작할 수 있다면

그리고 너의 실패를 다시는 언급하지 않을 수 있다면,

만일 네가 너의 심장과 신경과 힘줄을

그것들이 엉망이 된 후에라도 너를 위한 일에 쓸 수 있다면,

그리고 네 안의 그들에게 '참아보자!'라고 말하는 의지밖에 남지 않았을 때
에도 버틸 수 있다면,

만일 네가 사람들과 이야기하면서 네 미덕을 지킬 수 있고,

혹은 왕과 함께 걸으면서도 대중에게 친화력을 잃지 않고,

만일 원수든 사랑하는 친구든 누구도 네게 상처를 줄 수 없다면,

만일 모든 사람이 너와 같이 수를 세도 누구도 너무 과하지 않게 센다면,

만일 네가 힘든 1분을

60초에 버금가는 장거리 달리기를 하며 채울 수 있다면,

그렇다면 지구와 그 안에 있는 모든 것은 네 것이고

게다가, 너는 남자가 되는 것이다, 아들아!

감사의 말

책 내용에 관한 자문을 구하기 위해 출판사에 원고를 보내기 전에 지금까지 했던 전문가 인터뷰들을 다시 검토해 보았다. 그러다 내가 《포브스》가 선정한 미국 부호 400명 중에서 10여 명이 넘는 사람들을 인터뷰했다는 사실을 깨닫고 새삼스럽게 놀랐다. 나는 이 책에 소개된 사람들에게 정말 많은 신세를 졌다. 그들이 내게 가르쳐준 교훈에 대한 고마움을 평생에 걸쳐도 갚지 못할 것이다.

인터뷰에서뿐만 아니라 오랫동안 친분을 쌓아오면서 그들이 내게 해준 말이나 제안, 혹은 그들의 과거는 내가 성공할 수 있고, 관리자로서의 결점을 깨달을 수 있는 원동력이 되었다. 그들이 내게 가르쳐준 교훈을 독자 여러분과 공유하여 그들에게 진 빚의 일부라도 갚고자 한다.

나는 기업인과 정치인, 스포츠계의 아이콘 30여 명을 만나 진행했던 인터뷰 내용을 이 책에 실었다. 농구계의 전설이자 명예의 전당에 이름을 올린 래리 버드, 마이클 블룸버그 전 뉴욕 시장, 〈위기의 주부들〉의 크리에이터이자 프로듀서인 마크 체리, 웨슬리 클라크 장군, 사모펀드 천재 짐 데이비슨, 암웨이의 공동 창업자인 리치 디보스, 배우 리처드 드레이퍼스, J. 크루의 CEO 미키 드렉슬러, 전설적인 TV 쇼 진행자 데이비드 프로스트, 경영계의 구루 마이클 조지, 노트르담의 전설적인 축구 감독인 루 홀츠, 라디오계의 유명 인사인 돈 아이머스, 깁슨 기타 CEO인 헨리 저스키위츠, 셰리 랜싱 전 파라마운트 픽처스 회장, 자동차 업계의 구루 밥 루츠, 디스커버리 랜드의 CEO 마이크 멜드먼, 코미디언 밥 뉴하트, NHL 명예의 전당에 이름을 올린 전 프로 아이스하키 선수 마이크 리히터, 도널드 럼스펠드 전 국방장관, 셰릴 샌드버그 페이스북 최고운영책임자, 아널드 슈워제네거 전 캘리포니아 주지사, 아이스하키계의 전설 브렌던 샤나한, 필라델피아 플라이어스 아이스하키 팀의 구단주 에드 스나이더, 피닉스 대학 창립자 존 스펄링, 데이비드 스턴 NBA 협회장, 그리고 명예의 전당에 이름을 올린 또다른 농구 스타 제리 웨스트를 만났다.

시간과 지혜를 아낌없이 내주었고 내 인생에도 중요한 영향을 미친 몇몇 분들에게도 특별히 감사하다는 말씀을 드리고 싶다. 그중 한 분은 폭스 뉴스 창업자이자 CEO인 로저 아일스이다. 그는 TV 뉴스에 출연한 사람들 중 가장 웃긴 사람이다.

다이아몬드 리조트의 회장이자 CEO 스티븐 클루벡은 내게 '긍정의 의미'를 가르쳐준 사람이다. 앞으로 10년 뒤에 클루벡이라는 이름은 메리어트와 힐튼이란 이름과 쌍벽을 이룰 것이다.

스포츠 캐스터인 짐 그레이는 스포츠에 대한 내 사랑과 커뮤니케이션에 대한 내 열정을 합칠 기회를 여러 번이나 만들어주었다. 그는 최고의 아이디어 뱅크이다. 스포츠계가 그의 말을 경청하기를 바란다.

다이버사이파이드 에이전시 서비스 회장이자 CEO 톰 해리슨은 관리자로서 내가 첫 출발하여 기업 인수에 나설 수 있게 지도해 주었다. 지금까지도 그는 내게 생각의 안내자 역할을 하고 있다. 그는 누구보다도 인간 본능과 인간 행동에 조예가 깊다.

루퍼트 머독은 틀에서 벗어난 사고를 하기보다는 틀이 아예 없는 것처럼 사고하는 법을 가르쳐줬다. 그가 하는 말을 항상 이해할 수 있는 것은 아니지만 나는 항상 그의 가르침을 따른다.

MGM 리조트 인터내셔널의 회장이자 CEO 짐 머렌은 회사가 부도난 후 불과 몇 분 만에 6,000개가 넘는 일자리를 구한 사람이다. 통찰력 있고 열정적이며 부하 직원을 위해 싸우겠다는 각오도 넘치는 인물이다.

스텔라 매니지먼트의 공동 CEO인 롭 로자니아는 고객들을 무시해 왔던 건설 산업 분야에 대고객 만족 원칙을 적용함으로써 수천 명의 아파트 거주자가 더 윤택한 삶을 살 수 있게 만든 장본인이다.

페덱스 창업자 프레드 스미스는 정말 자격이 충분한 CEO이다. 누군가 내게 아메리칸 드림에 대해 가장 잘 알 수 있는 방법을 묻는다면 나는 단연코 그를 추천한다.

스티브 윈은 내가 지금까지 만나본 CEO 중 가장 뛰어난 달변가다. 연설 분야에서 그는 피카소라 할 수 있다.

스티브 윈이 구어에 능통하다면 보스턴 부동산 회장이자 《뉴욕 데일리 뉴스》와 《U.S. 뉴스 & 월드 리포트》의 소유자인 모트 주커먼은 문어에 능통한 인물이다.

버트 슈거먼과 메리 하트는 내가 지금까지 해온 모든 노력을 지원해 주고, 지혜가 듬뿍 담긴 조언을 아끼지 않았다. 나는 언제나 그들에게 유용한 정보를 얻고 배우고 환대를 받는다. 이것은 내게 최고의 행운이다.

1장 인간 중심주의 _ 사람을 먼저 얻어라

1. http://www.actupny.org/campaign96/rafsky-clinton.html

2. http://www.salon.com/politics/feature/2000/10/12/debate

3. http://www.destinationcrm.com/Articles/Columns-Departments/ Insight/Required-Reading-Nordstroms-Class-of-Service-43256.aspx

4. classes.bus.oregonstate.edu/winter-07/ba495/Articles/nordstrom%20 pres.ppt

5. 위와 같은 자료.

6. http://video.google.com/videoplay?docid=4436420281715600110#

7. 《Women's Wear Daily》, 2002년 3월 15일자.

8. http://www.getmotivation.com/trobbins.htm

9. http://ezinearticles.com/?Tony-Robbins---The-Power-of-Questions &id=3534127

10. http://www.marketwatch.com/story/storm-clouds-gather-for- airlines-but-southwest-ceo-has-a-plan

11. http://www.forbes.com/2009/06/09/worlds-richest-women-walton- bettencourt-business-billionaires-wealth.html

12. http://archives.media.gm.com/servlet/GatewayServlet?target=http:// image.emerald.gm.com/gmnews/viewpressreldetail.do?domain= 2&docid=56132

13. http://politicalticker.blogs.cnn.com/2010/02/26/cnn-poll-majority- says-government-a-threat-to-citizens-rights/?fbid=VXZnfhrDp-z

2장 패러다임 파괴 _ 최초가 된다는 것의 가치

14. The American Heritage Dictionary of the English Language, Fourth Edition.

15. http://www.washingtonpost.com/wp-dyn/content/article/2009/06/26/ AR2009062603457.html

16. http://retailindustry.about.com/od/frontlinemanagement/a/mcdonald
    sraykrocquotesbrandfranchise.htm

17. http://money.cnn.com/magazines/fortune/fortune_archive
    /2007/04/30/8405481/index.htm

18. http://www.usatoday.com/money/companies/management/
    advice/2009-06-14-andrea-jung-avon_N.htm

19. http://en.wikipedia.org/wiki/Ford_Model_T#cite_note-3

3장 우선순위 결정 _ 하나에 집중해야 전부를 얻을 수 있다

20. http://www.charlierose.com/view/interview/8784

21. http://walmartstores.com/AboutUs/

22. http://www.businessweek.com/the_thread/brandnewday/archives
    /2007/09/walmart_is_out.html

4장 완벽함 _ 왜 위대함만으로는 충분하지 않은가?

23. http://news.bbc.co.uk/2/hi/health/3815479.stm

24. http://www.bts.gov/publications/national_transportation_statistics/
    html/table_04_23.html

25. http://www.usatoday.com/money/autos/2010-01-08-prius-tops_N.htm

26. http://www.businessweek.com/news/2010-04-01/lexux.tops-
    mercedes-in-u-s-luxury-auto-sales-in-march-quarter.html

27. http://www.breakingglobalnews.com/iphone-4g-problems-3/
    12211431

28. http://www.dailymail.co.uk/sciencetech/article-1289321/Apple-
    iPhone-4-Steve-Jobs-advice-complaints-new-phone-loses-
    reception-held.html

29. http://blogs.wsj.com/digits/2010/07/16/live-blogging-apples-press-
    conference/tab/liveblog/

30. http://money.cnn.com/magazines/fortune/fortune500/2009/
    industries/182/index.html

31. http://en.wikipedia.org/wiki/Meditation_17

32. http://www.online-literature.com/donne/409

33. http://content.usatoday.com/communities/greenhouse/post/2010/06/bp-tony-hayward-apology/

34. http://www.washingtonpost.com/wp-dyn/content/article/2010/06/16/AR2010061605528.html

35. http://www.democracynow.org/2010/06/18/hawyard_testimony

36. http://www.nytimes.com/2009/10/24/us/24prison.html

37. http://www.cca.com/about-cca

38. http://www.everymac.com/articles/q&a/macintel/faq/why-did-apple-switch-to-intel.html

39. ebay.about.com/od.ebaylifestyle/a/el/history.htm

40. http://www.ebayinc.com/sustainability

41. http://www.numberof.net/number-of-aaa-members/

42. http://www.goodhousekeeping.com/product-testing/history/good-housekeeping-seal-history

43. http://www.washingtonpost.com/wp-dyn/content/article/2008/01/01/AR2008010100642_pf.html

44. 위와 같은 자료.

45. http://www.goodhousekeeping.com/product-testing/history/good-housekeeping-seal-faqs

46. http://www.consumerreports.org/cro/about-us/index.htm

47. 위와 같은 자료.

6장 열정 _ 흥분과 열정을 혼동하지 말라

48. http://money.cnn.com/magazines/fortune/fortune_archive/2006/10/30/8391725/index.htm?postversion=2006102506

49. http://usatoday30.usatoday.com/travel/news/2007-05-15-airline-survey-usat_N.htm

50. http://www.cbsnews.com/stories/2007/08/30/sunday/main3221531.
shtml

51. http://www.fastcompany.com/magazine/04/hiring.html

7장 설득 _ 승자는 설교하지 않고 설득한다

52. http://en.wikipedia.org/wiki/Franklin_Roosevelt

8장 끈기 _ '노력'을 뛰어넘는 근성을 발휘하라

53. http://lifejourneycoach.wordpress.com/2007/11/22/abraham-
lincoln-on-success-and-failure/

54. http://usatoday30.usatoday.com/educate/college/carees/Career%20
Focus/cf3-22-05.htm

55. http://www.brainyquote.com/quotes/authors/j/john_burroughs.html

56. http://en.wikipedia.org/wiki/Mike_Richter

9장 원칙적 행동 _ 올바른 방식으로 승리하기

57. http://usatoday30.usatoday.com/money/industries/retail/2004-09-
23-costco_x.htm

58. http://news.google.com/newspapers?nid=1755&dat=19970123&id=w
W4fAAAAIBAJ&sjid=GnoEAAAAIBAJ&pg=3006.2284677

이기는 말

초판 1쇄 2015년 4월 29일

지은이 | 프랭크 런츠
옮긴이 | 이진원
펴낸이 | 송영석

편집장 | 이진숙 · 이혜진
기획편집 | 박신애 · 박은영 · 임지선
디자인 | 박윤정 · 김현철
마케팅 | 이종우 · 허성권 · 김유종 · 한승민
관리 | 송우석 · 황규성 · 전지연 · 황지현

펴낸곳 | (株)해냄출판사
등록번호 | 제10-229호
등록일자 | 1988년 5월 11일(설립일자 | 1983년 6월 24일)

121-893 서울시 마포구 잔다리로 30 해냄빌딩 5 · 6층
대표전화 | 326-1600 **팩스** | 326-1624
홈페이지 | www.hainaim.com

ISBN 978-89-6574-479-5

파본은 본사나 구입하신 서점에서 교환하여 드립니다.
이 도서의 국립중앙도서관 출판예정도서목록(CIP)은 서지정보유통지원시스템 홈페이지(http://seoji.nl.go.kr)와
국가자료공동목록시스템(http://www.nl.go.kr/kolisnet)에서 이용하실 수 있습니다.(CIP제어번호: CIP2015011467)